柬埔寨
被詛咒的國度

CAMBODIA'S CURSE

THE MODERN HISTORY OF A TROUBLED LAND

喬·布林克里
JOEL BRINKLEY

楊芩雯——————譯

東南亞簡圖
律賓

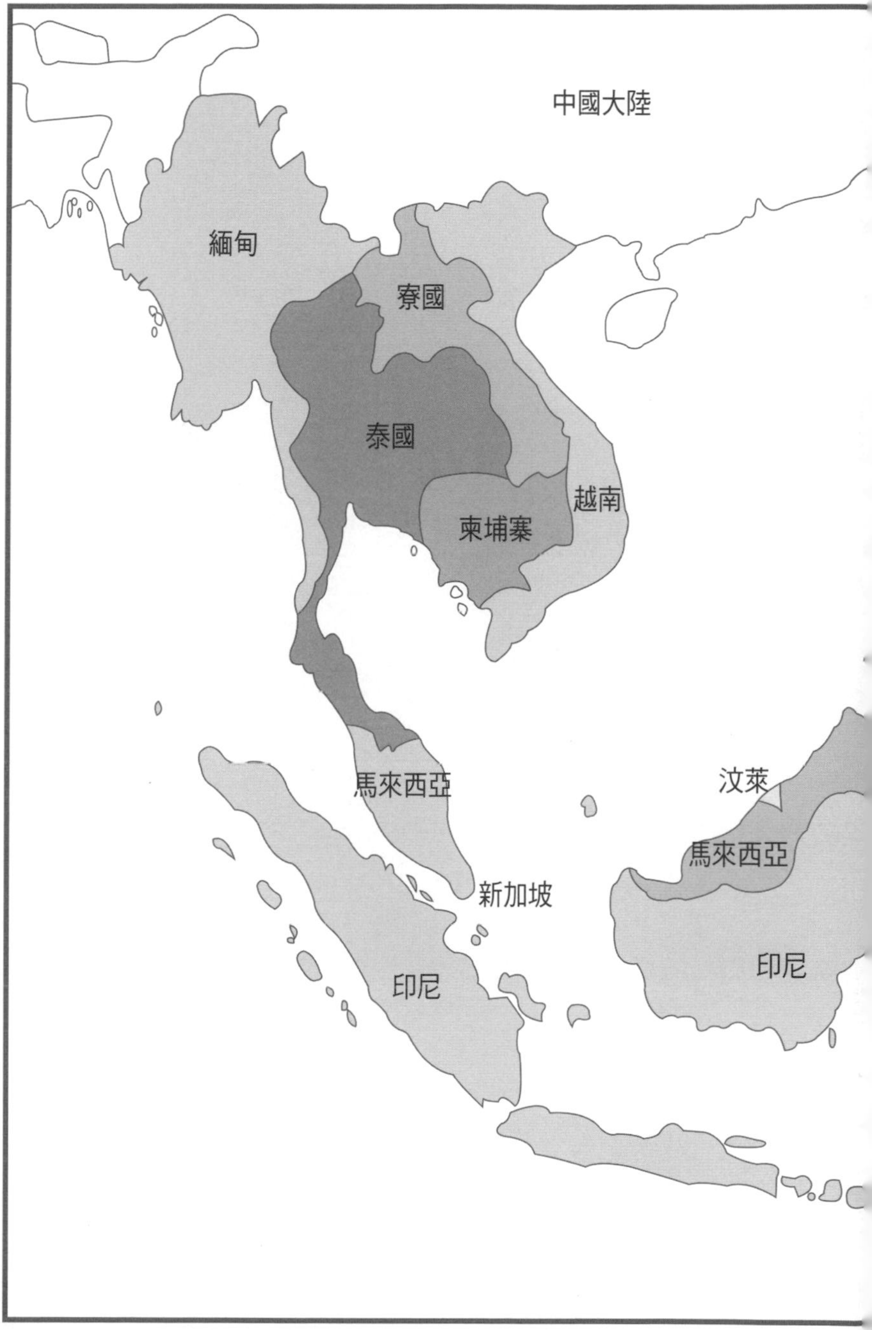
中國大陸
緬甸
寮國
泰國
越南
柬埔寨
馬來西亞
汶萊
馬來西亞
新加坡
印尼
印尼

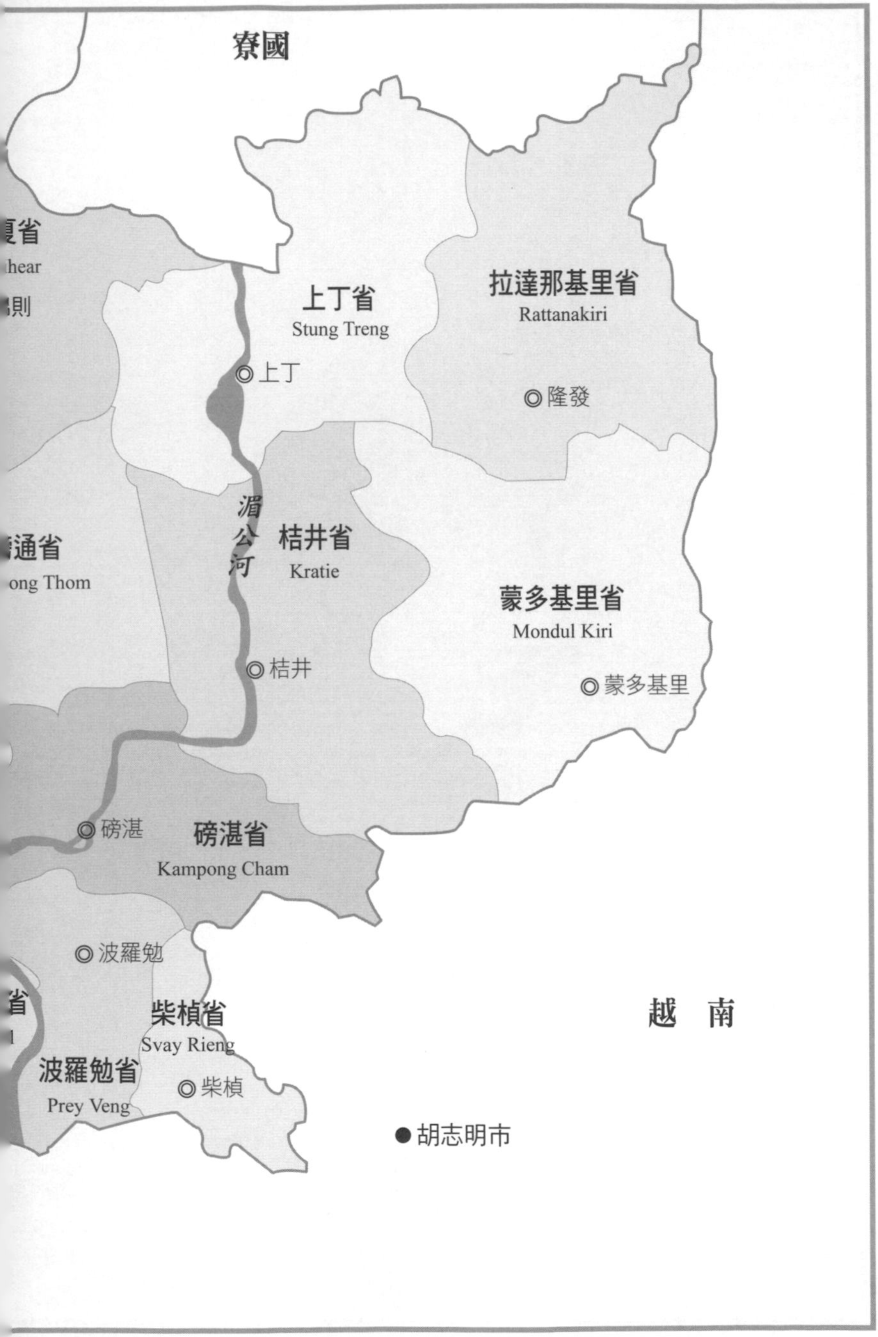
寮國
上丁省
Stung Treng
上丁
拉達那基里省
Rattanakiri
隆發
湄公河
桔井省
Kratie
桔井
蒙多基里省
Mondul Kiri
蒙多基里
磅湛
磅湛省
Kampong Cham
波羅勉
柴楨省
Svay Rieng
柴楨
波羅勉省
Prey Veng
越南
胡志明市

柬埔寨簡圖

◎省城名
●首都
奧多棉芷省
Oddor Meanchey
◎三隆
班迭棉吉省
Banteay Meanchey
◎亞蘭
◎詩梳風
暹粒省
Siem Reap
▲吳哥古蹟
◎暹粒
◎馬德望
泰 國
◎拜林市
馬德望省
Battambang
洞里薩湖
◎菩薩
菩薩省
Pursat
磅清揚
Kampong
◎戈公市
戈公省
Koh Kong
實居省
Kampong Sp
暹羅灣
貢布省
Kampot
◎西哈努克市
◎貢布

柬埔寨
被詛咒的國度

目次

推薦序

覺醒才能終止詛咒

知名作家 陳柔縉

這個國家的人不喜歡孔雀，千萬不要去那裡開工廠、做生意，設計個有孔雀的商標。

這個國家的人民多信仰佛教，所以，他們不喜歡大聲講話，爽朗的哈哈大笑到那裡會變得有點不太禮貌。

入了這個國境，看見無邪的可愛兒童，也別想摸他們的頭，否則就犯禁忌了。

這個國家有世界遺產，十二世紀留下的吳哥窟，巨大的岩石完美堆積，沒有一根釘子，任何人站在那裡，都要為七、八百年前王朝的能力和鼎盛，發出讚嘆。

以上是讀一般介紹柬埔寨的書，會得到的親切資訊，像從旅遊中心拿到的旅遊導覽一樣，總是有最漂亮的風景和最親切的國民笑顏。這類書會說，柬埔寨的政治體制是王國，已逝的老國王西哈努克「功勳卓著」，娶了法國和柬埔寨的混血美女，他「多才多藝」，喜歡體育、藝術，會創作歌曲；又會說，首相才握有實權，是真正的國家領導人，現任首相洪森在位快三十年，「愛讀書，鑽研理論」。

但是，這本《柬埔寨：被詛咒的國度》不講這些味道偏甜的民俗風土，也不用社交辭藻去吹捧政治人物，反而形容洪森「沒受過什麼教育，既聰明又殘忍」，是「一位狡猾的前赤柬師長」。筆下對老國王西哈努克也不客氣，指他「喜歡在痛罵貪汙者的同時，過著難以想像的奢靡生活，而他的財富來源一直是個謎。」並引用九〇年代美國國務卿貝克的助理親眼所睹，早上十點，僕役為西哈努克國王遞上香檳，「他彎腰倒了一杯給狗喝，行為跟路易十六沒有兩樣。」

作者布林克里是美國知名的國際記者，三十幾年前曾赴柬埔寨，揭露赤色高棉大屠殺後難民的苦境，獲得普立茲國際報導獎。相隔快三十年，他再度深入柬埔寨，花了兩年的時間，採訪了兩百多位國際組織派駐柬埔寨的外國人、柬埔寨官員和民眾。資深記者功力非凡，**全書不似平板資料彙整的國情報告，而是深具批判力與解析力，並充滿了如小說般的片段。哀傷處，更加活生生；驚悚處，更加血淋淋。**

一九五三年結束法國的殖民統治後，柬埔寨至今經過幾個戲劇般轉換的階段，以統治者來大略區分，先是老國王西哈努克，而後是龍諾將軍、紅色高棉的波布、韓桑林，到今天的洪森，他們背後各有不同的國家支持，包括中國、美國和越南；柬埔寨猶如虛弱的掌中布偶，其間的換手，無不經由無止盡的戰鬥、燒殺與政變，近代柬埔寨人民的苦難可想而知。波布掌控的三年半，更有兩百萬人遭到屠殺，等於每四個國民就有一個被殺，結果，柬埔寨損失了八〇%的老師和九五%的醫生。**近代國家中，再沒有比柬埔寨更悲慘的了。**

一九九三年，聯合國出馬了，給了柬埔寨民主選舉的制度，一切似乎要步上康莊大道，然而，**民主空殼裡頭，卻包裹著暴力和獨裁**，每次大選都有人要死於暗槍。作者多次提到一個典型的場景，兩個騎摩托車的人，戴著黑色頭盔安全帽，拿著槍，殺了揭弊的記者或反對黨的幹部。**而國際懷著救贖心理的捐款，也往往提供貪汙溫床更滋養的肥料而已**。柬埔寨人民仍在黑暗深淵裡。

一九九七年，台灣首次民選總統的第二年，金邊一場反政府的集會，被丟了幾枚手榴彈，有孩童的臉瞬間炸開，大人被炸成兩半。在場有一位美國共和黨的人也受傷了，聯邦調查局探員飛去追查。多人指證丟手榴彈的人從現場政府警衛隊伍中出來，又被開道掩飾躲回去。聯邦探員追到最後，跟現場指揮的少校對質。探員問少校當時人在何處，少校否認他在隊伍中，探員拿出照片，少校啞口無言，只剩忿怒，突然，房門開了，一列警衛隊轟然衝進來，一陣亂聲，他們身上全掛著手榴彈、機關槍、突擊步槍，護在少校的身後。

作者除了訪問聯邦幹員，得到如電影般的駭人情節，也到農村訪問老百姓，追查社會結構的弊病。有人幫軍官盜捕保育類動物穿山甲謀利，路上穿山甲抓破袋子逃走，軍官火大，找來爪牙把這個人淋了汽油、點了火。嚴重燒傷的男人被轉送進大醫院，醫生告訴家屬傷口需要清創，必須付醫生一百美金，傍晚又加到一百五十，男人的太太哭出來，說她沒錢，醫生說，那不必清傷口了，邊說邊脫掉手套，然後走人。家屬再沒看過這位醫生，他們把痛到哭不停的男人包起來帶回家，第二天他就離開人間了。

這本書講了很多悲哀的故事，解析近一、二十年來柬埔寨的政治暴力、司法黑暗、官商勾結、強奪人民土地，看醫生，被索紅包，連小孩子上學，老師也天天跟小學生要「贊助費」。

近代亞洲國家多被列強侵略殖民過，但也為千百年停滯的農鄉狀況注入現代文明的契機，最可貴的是帶來新式教育。明治初期，日本馬上覺悟，拚命學習西方，大興基礎教育。過了三十年，日本統治台灣，也鼓勵孩童入學。太多台灣學生都因為日本老師不厭其煩，再三到家裡勸說父母，才能受教育。第一代學生當上醫生和老師，扭轉身分地位和財富後，台灣人慢慢了解教育的價值。二〇年代掀起的爭權抗日行動，也來自這樣的知識基礎。

日本給台灣人一個金字塔式的教育結構，文盲大幅下降；英國給殖民地印度的就不同了，反金字塔式，設很多大學，看似漂亮，卻只是培育了菁英階層。法國對於柬埔寨，則更糟糕了，如本書所說，一九三〇年代，法國人才創辦第一批高中和初中，而且全數集中在金邊，「法國占領者對於為了更好的柬埔寨社會而教育下一代並不感興趣」。到今天，柬埔寨也未施行義務教育。

這個國家先天不足，後天失調，讓人嘆息，簡直不知道從哪一點救起，國家才能走上正常成長的路。

近一、兩年，財經新聞總把柬埔寨捧成投資致富的新天堂，但柬國裡，誰賺走了錢？中國元朝的周達觀在十三世紀末出使到柬埔寨，他看到人們以竹蓆為牆，棕櫚葉為屋頂，在戶外升火，用瓦鍋煮食，「就地埋三石為竈」，本書作者所見仍然一樣，千年真真如一長夜。柬埔寨政經社結構性的問題還待時機解決。

受苦的柬埔寨，必須人民先受教育，因教育而能覺醒，擺脫對外國的依賴心，自己推翻獨裁，才有可能從惡性循環的漩渦爬出來。去年夏天的選舉作弊，引發強烈抗議，年底並有工人大規模示威，逼迫當權者略有讓步，取消集會禁令。祈禱這不是一次性的火花，有一天，柬埔寨的人民終於掌握住了自己的命運。

自序

世上最不被善待的一群人

一九七九年，初訪

第一次外派去柬埔寨的時候，我二十七歲。那時才從大學畢業四年，在美國肯塔基州的《路易威爾信使報》（*Louisville Courier-Journal*）工作，主跑傑佛遜郡的教育線，寫些學測成績和高中畢業紀念冊銷售量的報導，最近的成果是編了一本小手冊，整理秋季班的校車行程表。我曾做過最接近國際新聞報導的事，只不過是飛到加拿大艾伯塔省的埃德蒙頓待一晚，採訪一家購物商場。

我的編輯主管考克斯（Bill Cox）可沒管那麼多，有天下午他拍拍我的肩膀說：「喔，對了，我們想派你去寫越南入侵柬埔寨的新聞，還有難民造成的問題。」喔，對了——他這種說法，簡直像在暗示：如果你沒別的事好做的話，那就去吧！

一開始我不太相信考克斯是講真的，畢竟他是個愛開玩笑的人。之前馬戲團來城裡的時候，考克斯不知道用什麼辦法說動了馬戲團團長，請他們把一頭成年水牛運到報社。考克斯牽水牛搭貨運電梯上樓，然後騎在水牛背上逛遍整個編輯室，手中還揮舞一頂大牛仔帽。所以我自己做了點調查，發現還真有這麼一回事。報社的攝影同事馬瑟（Jay Mather）在電視上看到有位來自路易威爾市的外科醫生，曾赴泰柬邊境醫治難民。馬瑟向他的攝影主管提議派一位文字記者和一位攝影到泰柬邊境去，報導那位醫生和他背後的故事。

那時是一九七九年，距離越戰畫下句點僅僅過了四年，然而越戰在鄰近國家引起的騷亂，經年來仍未平息。西貢❶淪陷後，一群被稱為赤柬（Khmer Rouge）❷的共產黨叛軍把龍諾（Lon Nol）❸拉下台，過去龍諾是華府安插在柬國首都金邊的軍事獨裁領袖。

時至今日，赤柬犯下的罪行舉世皆知。**在波布（Pol Pot）❹執政的三年半期間，有兩百萬名柬埔寨人遭到殺害，等同整個國家人口的四分之一**。他執意摧毀所有二十世紀生活的產物與圖騰，處決柬埔寨八〇％的老師、九五％的醫生和幾乎每個受過教育的人。就像波布樂於宣稱的，**柬埔寨被迫回歸到「紀元零年」**。

駭人屠殺在一九七九年秋天還鮮為人知，偶有傳言流出，波布政權全盤否認。這時有一小群赤柬的擁護者在西方政局埋下種子，他們規模雖小，卻日漸茁壯。有些政府人員向上呈報柬埔寨的慘狀，但是在美國幾乎無人肯聽信。越戰的創傷猶新，美國佬最不願關注的地方就是東南亞，況且能源危機、情報單位醜聞和伊朗大使館人質事件接連爆發，占據他們的心神。

一九七八年十二月越南入侵柬埔寨，很快就推翻了赤柬政權。接下來的幾個月，成千上萬柬埔寨難民步履蹣跚逃往泰國，隨身行李是已無法治癒的疾病、因飢餓而削瘦枯槁的身體，還有那些駭人聽聞難以置信的悲劇——這是紅色恐怖第一次向世人明白展露他們的醜惡面目，而那就是我正要去的地方。

在網路還沒出現之時，報社的錢滿口袋，《信使報》想要趕在會計年度結算前把差旅預算花完，免得來年的預算被砍。我很高興能幫上忙。於是在一九七九年十月，我準備動身前往東南亞，起初促成這件事的攝影師馬瑟也同行。

有天午後，我們到傑佛遜郡衛生局接種疫苗，一位把灰白頭髮盤在後腦杓的年長護士問我們要去哪兒，我回答柬埔寨。

「柬埔寨？」她問，「怎麼寫？」

我告訴她之後，她翻遍檔案櫃，終於抽出一張年久泛黃的破爛紙張。護士掛上髒兮兮的老花眼鏡，念出一長串致命傳染疾病的名字：「我看看，你們必須打瘧疾、霍亂、肺結核、破傷風、傷寒跟白喉。」

我說：「好啊，我們全部都打。」

❶ 譯註：西貢是越南最大的城市，一九七五年越戰結束後併入北越管轄，隔年改名為胡志明市。

❷ 譯註：柬埔寨共產黨又稱赤柬或紅色高棉，一九七五至一九七九年統治柬埔寨。

❸ 譯註：柬埔寨西哈努克國王（Norodom Sihanouk）的軍事大臣，一九七〇年主張聯合美國，趁西哈努克出國發動政變建立高棉共和國，實行高壓統治。一九七五年遭西哈努克和赤柬聯手推翻，流亡美國，一九八五年過世。

❹ 譯註：柬埔寨共產黨總書記，赤柬頭號人物，主導執政期間的大屠殺，一九八八年死於柬埔寨山區。當時遭到屠殺的人數難以精確統計，據信約一百七十萬到三百萬人之間，是當時人口的五分之一至三分之一。

護士搖搖頭。「不行」，她堅持，「一次只能打三種。你們得挑三種疫苗打。」

「妳覺得我們該打哪三種？」

「抱歉」，她邊搖頭邊說，「我不能幫你挑選，每個人都得自己選擇。」

我選霍亂、白喉跟破傷風，回來時卻得了傷寒。

多年以後，我替《紐約時報》工作，被派駐外採訪，有幸享受大報提供給國際特派員的福利：司機、嚮導、翻譯和助理。而那時攝影馬瑟和我什麼都沒有。我們只能靠自己，而且我們還只是新手。

當時記者要去柬埔寨首都金邊並不容易，仍有赤柬鬥士與越南軍隊交火。馬瑟跟我從曼谷開始，我先做幾個採訪，然後我們開車往柬埔寨邊境去，那幾個小時的車程路況很差，衝到路上的水牛幾乎跟車子一樣多。我們在泰柬邊境上小城亞蘭（Aranyaprathet）的旅館住下，房間的門上有金屬扣，留給房客自己決定要不要買個鎖。房間裡頭，床板上是一張草蓆，洗手檯底下空空如也，一開水就直接打在我的腳上，流往房間正中央的排水口。

隔天我們繼續開往邊界。一位泰國官員看了看護照以及在曼谷取得的許可證，然後示意說還缺了另一樣東西——看樣子是得蓋章。他揮揮手要我們開回曼谷。我們不會說泰文，完全不知道該如何是好，只好沮喪地調頭。往曼谷的路上，我們看到一座廢棄的美國空軍基地，最靠近馬路的大樓前面停了幾輛車。或許裡面有人會說英語，可以教我們該怎麼做。

走進去有位軍官坐在桌子後頭，是泰國人，他也不會說英文。我拿出許可證，向他比畫這有問題。他把許可證拿去，手伸向抽屜，拿出戳章蓋下去。馬瑟和我轉頭看向彼此，露出笑容。我們真是幸運星。

我們越過邊界，一路尋找難民營。過沒多久，路上出現一輛大卡車，載著麻袋裝的米疊得老高，我們決定尾隨。後來駕駛停在一間隨意搭建的避難所前，幾十名生病垂死的柬埔寨人躺在裡面，他們全都穿黑色長袍，也就是赤柬建立的國家「民主柬埔寨」要求人民穿的服裝，每個人都一樣。離避難所不遠處有個大型難民營，往地平線看去卻不見盡頭。我們在那裡待了一天，之後數日又發現另外幾個難民營。我寫下這些字句：

> 憔悴消瘦，目光呆滯，失去國家。他們蜷伏於炎熱之中，又餓又病，縮在一小塊如岩石般僵硬的乾燥土地上。而他們等待。
>
> 他們排著整齊的隊伍等待好幾個小時，才能分到國際人道組織今日的食物配給：一碗稀飯、兩根香蕉和一桶褐色的飲用水。
>
> 他們等待醫生來治癒他們。
>
> 有些人等待親人的消息，雖然更多人知道家人早已死去。他們記得曾親眼目睹自己的兄弟、姊妹、父母、子女被殺害，或是在餓死前掙扎著嚥下最後一口氣。
>
> 他們等待另一次受欺侮，泰國軍人會強暴他們的女人，越南軍隊也可能發動全面攻擊，逼使他們必須跨越邊境逃入泰國。

還有一些人等待著，看看自己悲慘的命運還能演變至何種境界。於此同時，他們渾身流汗，不時揮打蚊子，呼吸的空氣滿是惡臭，來自身旁成千上萬受苦垂死的同胞。眼前盡是死亡與空乏。

自一九七五年以來，七百萬名柬埔寨人被困於這兩種苦難之中。其中大約三百萬人已經死去，許多活著的人很快也將因疾病和飢餓而亡。

比較幸運的一百多萬柬埔寨人，逃出共產赤柬的魔爪，躲過越南入侵者的子彈，行囊裡完全沒有食物，或是只帶了極少口糧，跋涉數百哩路來到泰國邊境的難民營尋求庇護。

然而，這算是什麼樣的庇護？

對許多人來說，只是一小角像桌面那麼大的硬土地，上頭空無一物。

頭頂有塑膠布供遮蔽，離地不遠，低到有些人睡覺時，布會挨到鼻子上。

汗水、糞便和屍體的腐敗味道撲鼻而來，一百萬隻蒼蠅與一萬個咳嗽聲交疊，永不間斷。

一排又一排神情空洞的受難者，他們的未來沒有指望也無從喘息。

難民營的生活如地獄，令人無法忍受。國際志工在第一天的工作結束之時眼眶濕潤，不全是漫天塵土的錯。然而跟一九七五年以後的柬埔寨相比，許多難民說，這樣的境遇也不算太壞。

跟他們說說話。

當他們訴說西方人聽來難以置信的連年恐怖慘狀時，臉上面無表情，話語音調平淡，彷彿在形容一個無趣的工作日。他們的故事以微微地點頭作結，印證這個國家與它的文化已死去。

我在回家的路上覺得自己病了，一路從香港和芝加哥轉機，在感恩節的前幾天回到路易威爾。本地的醫生沒見過熱帶疾病，一開始誤診，聲稱有可能是瘧疾。後來抽血檢查的結果揭曉，他才確定我得了傷寒。打了抗生素之後，我躺在家裡的床上，發燒冒汗而且還產生幻覺。感恩節那天，朋友帶了一隻很大的火雞腿來，但是我沒有半點胃口。大約過了十天我才逐漸好轉，回報社寫下連載五天的柬埔寨報導。

當年還沒有網際網路，甚至沒有Nexis和其他的報社資料庫，在地方報紙上寫的東西，別的城市不會有人看到。柬埔寨的報導也是如此，讀者只限於肯塔基州和南印第安那。此後，我們寫過的文字和拍攝的照片埋入記憶之中，畢竟那時候在報社工作誰不是如此。

二〇〇八年，再訪

事隔二十九個年頭，二〇〇八年夏天，我終於決定要回到柬埔寨。在那段歲月裡，我離開《信使報》到《紐約時報》工作，當過記者、編輯和國外特派員，在《紐約時報》待了將近二十五年。為了採訪，我去過的國家超過五十個，就是沒有機會回柬埔寨看看。我心中一直有個大問號。

越南在一九八九年撤離柬埔寨，距離發動入侵已有十年之久，留下一個馬克思主義的傀儡政府。赤柬仍由波布率領，與入侵者和他們扶持的政權持續打游擊戰。這個國家看似無法靠自己的力量爬出泥沼。

一九九二至九三年，聯合國接管柬埔寨。這是聯合國第一次試著展現如此強力的作為，也是最後一次。聯合國在柬埔寨維安兩年期間，前後有一萬六千名部隊和五千名行政官員進駐，總花費共計三十億美元。從赤柬屠殺倖存下來的五百萬名柬埔寨人民，在這兩年過後，終於擁有現代民主國家規格的政府組織，足以保障基本人權和其他權利。舉行大選時，有九〇%的柬埔寨人出來投票，比例之高出乎各界的意料。聯合國宣稱，柬埔寨人表達了他們對民主的飢渴。新政府一上任，聯合國馬上打包撤離。

沒有任何國家曾經獲得這麼好的待遇。全世界懷抱著對柬埔寨人集體的罪惡感和關心（也少不了自我利益考量），要把這個小國家拉出困局，給他們一個重新開始的機會，成為現代文明的一分子。後來呢？這個經由民主選舉誕生的全新政府，帶著前所未有的不凡贈與，後來有哪些作為呢？於是在二〇〇八年秋天，我準備好啟程上路，回柬埔寨一探究竟。❺

抵達金邊的第三個早上，我在洲際飯店吃早餐——跟一九七九年在亞蘭住的那個破房間真是天差地遠！我拿起當地的英文日報《金邊郵報》（*Phnom Penh Post*），目光停留在第三頁的一則小新聞，如果不是置身在餐廳裡，我一定會跳起身來大叫。

柬埔寨總理洪森（Hun Sen）的侄兒洪謝（Hun Chea），在金邊市區高速駕駛他的凱迪拉克凱雷德豪華越野車，撞斷一名機車騎士的手和腳。

報紙上說洪謝企圖肇事逃逸，但是撞擊使他的一顆輪胎破損，不得不靠邊停。接下來才是吸引我注意的地方：那位機車騎士的身分是起重機駕駛，當他躺在街道上眼看就要失血致死時，「許多交通警察路過肇事現場，卻沒有一個人停下來；趕來的是大約二十名憲兵，連忙把洪謝的車牌拆下來。」

為什麼要把洪謝的車牌拆下來？過了幾天，我向柬埔寨的新聞部長喬甘哈里（Khieu Kanharith）問起這樁車禍。警察為什麼要拆車牌？他思考了一陣子，終於想到該怎麼回答我：「把車牌弄掉，因為出過車禍的車比較不好賣。」身為一名記者，你總是會碰到沒辦法隱藏情緒的時候。不過我得承認，在柬埔寨當新聞部長還真是件苦差事。

重獲新生？

歷時兩年的研究，加上兩個夏天長駐柬埔寨的採訪報導，我找到了答案：得到聯合國移交的獨一無二絕佳餽贈之後，柬埔寨做了什麼？事實證明，**柬埔寨在二十一世紀淪落至腐敗的獨裁專制之手**。以後見之明來說，**聯合國高估了它轉型踏上民主之路的能力**。

柬埔寨是二十世紀末受到扶持建國的首要對象，還有兩個戲劇化的前例，是稍早的德國和日本。後兩者成為欣欣向榮的民主政權，他們證明了事有可為。然而，這兩個國家都曾俯首稱臣，被戰爭徹底擊潰摧毀。當勝利軍隊進駐時，德日均無殘存的領袖或獨裁政權，沒什麼好堅持守護的。人民張開雙臂擁抱西方占領者促成的民主轉型，改變是一片坦途，沒有過去的達官顯要攔路追討財富或權力。這是德國、日本得以成功轉型的原因。

❺ 美國《外交》雜誌（*Foreign Affairs*）請我撰寫探討相關議題的報導。本書的部分內容最早刊載於該雜誌。

柬埔寨的情況就不同了，不過聯合國的高官似乎無法判別。蘇聯解體後一、兩年，聯合國成員對於突然能採行廣泛的跨國合作感到熱切。當然囉！如果美國、俄羅斯、中國、歐洲、日本和越南全都同心協力，應該沒什麼事辦不到。畢竟柬埔寨跟德日一樣，都經歷過戰火蹂躪。在美國華府，國務院跳下來規畫這檔子事，助理國務卿索樂文（Richard Solomon）攬在身上全力推動，儘管有些資深官員忍不住表達疑慮。

事實上，柬埔寨的「戰爭」在一九七九年結束，聯合國進駐的時間點已是十餘年後。舊領袖重返榮耀之時，新勢力早已崛起。大多數柬埔寨人擁戴的**西哈努克國王**（Norodom Sihanouk）自一九四一年統治柬埔寨，享有至高無上的權力，直到一九七〇年遭到軍事政變推翻。赤柬迎他復位，表面上說他是國家領導，實際上那幾年都將他軟禁在宮中。接著是一九九二年，聯合國軍隊開進柬埔寨，再次尊奉他為名義上的國王。西哈努克一心只想討回他舊有的一切——擁有實權的統治者，就像是一直以來統治柬埔寨的歷代國王。不過他現在有競爭者了。

在越南占領柬埔寨期間的一九七九至一九八九年，曾是赤柬一員的年輕人**洪森**被任命為總理。他沒受過什麼教育，既聰明又殘忍——被赤柬和越南軍隊訓練出來的年輕人不就是如此。總理的職位在一九八五年交到洪森手上，他可沒打算放棄。

第三勢力虎視眈眈。**拉那烈**（Norodom Ranariddh）是西哈努克國王的其中一個兒子，他領導的游擊組織受到美國資助，目標是把越南趕出柬埔寨，包括他們建立的洪森政權。越南撤出後，拉那烈也想要掌權。他對於國家治理既不了解也不關心，一心只想當上總理撈點油水。拉那烈雖不如洪森聰明，但是他的皇家血統使他立於不敗之地。

正因為如此，德國、日本甚至南韓的往例，全都無法作為聯合國這場浩大實驗的有力佐證。就實際狀況而言，柬埔寨的險峻前所未見。即使在聯合國的軍隊撤退以前，三方角力急切爭權，壓根沒把全國大選的結果放在眼裡。往後這樣的鬥爭還要持續好幾年。

軍隊或許離開了，聯合國還沒走，許多慈善組織留在這片土地上肩挨著肩打拚——聯合國兒童基金會（UNICEF）、聯合國教科文組織（UNESCO）、世界糧食計畫署（WFP）和其他單位。美國國際開發總署（USAID）、世界銀行和其他主要的人道救援組織，也從世界各地湧入柬埔寨，與聯合國站在同一陣線。據統計，多達兩千個不同的金主與非官方組織在柬埔寨設立辦公室。當權力鬥爭日漸升溫，甚至漸趨殘暴，民選政府同時愈形腐敗，這個時候挺身而出的唯有這些金主，他們對執政者施壓，要求政府遵守照顧人民的承諾。

洪森、拉那烈與西哈努克國王除了嘴上答應以外，並沒有做太多實質的行動，不過這好像就夠了。金主繼續給錢，好幾億、好幾億的給，年復一年。直到柬埔寨的權力鬥爭漸漸走向武力攤牌來一次解決，這樣的情況還是沒有改變。

接連幾任美國駐柬大使各自有他們的角色。第一任是唐寧（Charles Twining），他驚嘆於柬埔寨的新生奇景，傾向扮演慈善家，即便很快就發現情勢惡化。接任的昆恩（Kenneth Quinn）做出看似合乎邏輯的決定——他所能做到最好的狀況，就是跟洪森總理維持緊密關係。然而洪森當時在華府被視為柬埔寨的惡狼，美國人不喜歡他的腐敗與高壓統治。昆恩因此成為爭議人物，他獨自站在總理這一邊，為洪森辯護。

除了昆恩之外，美國跟其他西方國家一致同情**森朗西**（Sam Rainsy），無論怎麼解讀，他都是柬埔寨僅存而孤立的反對黨領袖。森朗西持民主主義者的論調，不過他在華府遠比在自己的國家受歡迎。他歷經反覆的法律訴訟攻訐，也躲過一次暗殺行動。然而隨著時間過去，盟友開始注意到他是怎麼用獨裁的手法領導政黨，他們無從斷定森朗西會不會是個只在口頭上信奉民主的人。

拉那烈與洪森的戰爭最終在一九九七年爆發。結束之後，洪森的領導地位再無人可動搖。接下來的幾任美國大使各有立場。新近發生在盧安達、波士尼亞和達爾富爾（Darfur）的屠殺景象，取代了逐漸在記憶中褪去的波布罪行。以魏德曼（Kent Wiedemann）為首的接任駐柬大使，傾向於冷眼旁觀柬埔寨政權的腐化與收賄，就算帶有同情也是幾近於無。魏德曼坦承，他有效地使美國政府放手，轉而讓人權組織為柬埔寨發聲。華府再也不管了。

聯合國投入多年努力和三十億美元，最終卻撒手不理——這並未阻止他們誇口自己立下的功績，即便柬埔寨的政治領袖早已走回老路，自私自利且不改邪惡。也因此，**直到今天柬埔寨人民仍淪為世界上最不被善待的一群人**。

前言

陷於「紀元零年」的國度

仰賴大自然存活

若是美國觀光客打算踏足柬埔寨，曾任駐柬大使的穆索梅利（Joseph Mussomeli）[1]會用一種像在演戲的口吻建議：「千萬小心！**柬埔寨絕對是你所能踏足的最危險之地。你會愛上柬埔寨，然而到頭來這地方也將令你心碎。**」

他說得沒錯，屠殺和戰亂已是數十年前的事了，現在的柬埔寨是很迷人，充滿異國風情且平和。許多西方人想起赤柬恐怖時期喪命的兩百萬人，還是會滿懷同情，甚至覺得自己也該負點責任。來到柬埔寨的訪客臉上常掛著微笑，因為他們目睹柬埔寨人普遍過著相對平靜的生活。穆索梅利大使觀察：「美國人所知關於柬埔寨的全部就是赤柬政權。」莫怪遊客與來訪者

[1] 譯註：穆索梅利於二〇〇五至二〇〇八年擔任美國的柬埔寨大使，現在是斯洛維尼亞（Slovenia）大使。駐柬埔寨之前，他曾在北韓和埃及從事外交工作。

一見到今日的柬埔寨就會「愛上它」。

在金邊的街道上，年輕人騎乘的幾百部機車呼嘯而過，後頭載著他們的妻兒。路上的小貨車千奇百怪、千態萬狀——有的載床墊、有的載大塊玻璃，甚至載豬和其他種類的家畜。機車跟汽車的數量至少是五十比一。義式咖啡吧和時髦的餐廳妝點都市景觀，主要的消費者是數千名仍住在此地的國際志工。一棟二十七層的高樓、一家銀行和許多其他建築物正在施工，快速爬升爭奪城市的天際線。

放眼所及，熱帶土地上總有盛開的花，樹叢裡鮮豔的紅、黃、橘和藍色花苞外露，隨著輕柔微風沙沙作響。時不時會看到野生猴子在枝頭跳躍，即使在市中心也如此。從椰子樹或芒果樹下抬頭望，總有成熟的椰子和果實等人去摘

柬埔寨農人自製載物架，載活豬到市場。（全書照片均由馬瑟拍攝）

採。在棄置路旁的垃圾之中，你會發現毛茸茸的紅毛丹外殼，以及上頭開個小洞插著吸管的椰子殼——在美國的話，大概會是壓得半扁的百威淡啤（Bud Light）易開罐和裝水的寶特瓶。

這正是柬埔寨社會面臨的主要難題。國家的物產如此豐饒，用當地人的話來說，一直以來柬埔寨人都能夠「靠大自然存活」——人們種稻、撿拾水果、捕魚，住在用樹木和茅草搭建的房子裡。如果自然資源取之不竭，誰還需要現代社會？

在非洲的撒哈拉沙漠、巴西的亞馬遜雨林和其他的遙遠所在，部落土著依此法則生活。而**柬埔寨超過四分之三的人口，依舊過著與千年以前差不多的生活，是唯一一個國境內大部分地區還過著原始生活的國家**。一九六〇年代，走出首都之外，柬埔寨就沒有學校了。人民仰賴村落裡的僧侶教導佛教信條，除此之外通常別無其他，沒有任何一所中學、高中或大學。大部分地區直到一九九〇年以後才有第一所學校，但是某些偏遠地方的孩童仍然沒能上學。所幸如今大部分的村落已經有了學校，各地區也設有診所。不過其他方面就沒什麼改變了。

拜林市（Pailin）位於柬埔寨最西邊，靠近泰柬邊境。在拜林以南幾哩的地方，天恩（Ten Keng）坐在傳統高腳屋裡剝剛採收的玉米，她的臉上沒有笑容。「我沒受過教育」，她說。天恩的表情沒有一絲羞愧，她認識的大部分人都是文盲。事實上，根據柬埔寨教師協會統計，**這個國家六〇%的人口沒有讀寫能力**。

天恩三十六歲，她的八歲女兒就讀小學一年級，坐在媽媽後頭的板凳上寫作業——柬埔寨文課本上的練習題。如果這個小女孩跟大多數人一樣的話，她會在讀完二或三年級時離開學校，回到家中的玉米田或稻田幫媽媽的忙。柬埔寨近半數的兒童都是如此。

高腳屋約略是十五乘二十呎（約八．四坪），只有一個幾乎空無一物的房間，下有木頭支柱，離地十呎（約三公尺高）。屋裡沒有水電，也沒有可供燒飯的瓦斯桶或瓦斯管線，沒有電話線路、廣播收音機、電視等任何現代世界的明顯痕跡。天恩要煮飯給家人吃的時候，她會用小樹枝升火，堆三顆石頭再把陶土鍋放在上面。

竹框架構成房屋外牆，內編細長棕櫚葉。茅草覆蓋屋頂，粗製木梯通往敞開的門廳。下層掛的吊床是一家大小安睡的地方，屋後的溝渠就是廁所。

環顧四周，芒果樹結實纍纍，成串將熟的椰子高掛枝頭，還有一棵生氣蓬勃的山竹樹，產出幾十顆紫褐色果實等待摘取。有一籃滿盛的小黑籽安置在防水布上，等待陽光曬乾。「那是芝

柬埔寨婦女在高腳屋裡剝剛採收的玉米。

麻」，天恩一邊告訴我，一邊發出「噓」的聲音趕走啄食的雞和鴨；小鴨的毛色灰白駁雜，大公雞則是渾身黑毛。這籃芝麻價值六、七十美元，賣到市場上能讓她賺點小錢。即使自然物產不虞匱乏，天恩的家人仍然需要這筆收入。

要是雨量充足，在好的一年裡，天恩一家能賺兩百萬柬埔寨幣（riel），約五百美元。若遇乾旱之年，她說整年的收入會銳減到一百二十五美元，平均一天只進帳美元三十四毛。而乾旱年卻來得日漸頻繁。他們種植稻米和玉米、摘水果、捕魚，「有許多年食物只是剛剛好夠吃」。天恩說這句話的時候，臉上沒有半點悲傷或自憐，也沒有笑容，彷彿她覺得生活本該如此。柬埔寨人大抵有著頑強的性格，生活中很少快樂的事，**他們面對的每一天都是掙扎**。

像天恩一家這般赤貧的家庭，在當地並不少見。每個國家都存在極度貧窮的族群，甚至美國也有。但在柬埔寨，天恩家的狀況卻屬於常態。柬埔寨住在鄉間的一千三百四十萬人，也就是**全國至少八〇%的人口，或多或少過著跟天恩家類似的生活**。

社會工作者梅森（Paul Mason）在柬埔寨服務近二十年，他回想起幾年前和一位同事去到鄉間，站在剛收割完的稻米田邊，同事爬到汽車頂上舉目四望，不禁脫口而出：「這地方可能跟三百五十年前看起來沒兩樣！」梅森說，他還是目睹了些許改變，例如極少數的鄉間住屋如今換上了金屬屋頂——在人類學家眼裡這可是社會進步的衡量標準。更有甚者，近來有些高腳屋外開始出現機車停靠，即使房子本身看起來仍屬中世紀所有。

然而此般進步代價高昂。一台轉手多次的機車通常要價兩百至兩百五十美元，幾乎是一般柬埔寨人半年的收入總額。「柬埔寨人常為了買機車而賣掉部分土地」，人權觀察組織柬埔寨代表科姆（Sara Colm）描述，「我在偏遠村落見過這種情形。」未受過教育的買主急於得到新交通工具，對於後果沒想太多，等發現大事不妙時為時已晚。「然後他們僅存的土地連餵飽自己都成了問題」，科姆搖搖頭說。

在國境之中，有些人擁有黑白電視，以汽車電池供電。那幅景象看起來並不協調：小小的茅草屋邊上綁著高聳的竹竿，電視天線就架在上面。

「看到了嗎？」木寧（Mou Neam）問我的時候，開懷地露齒而笑。他是一個小聚落的村長，地點位於柬埔寨東部，靠近越南邊界。他剛剛轉開他那台小電視，地板上放著電池、胡亂纏繞的電線和幾個鱷魚夾。過了不久，螢幕上出現泰國肥皂劇的黑白影像，略顯模糊。木寧誇耀地說：「用一顆電池，我們可以看一整個星期的電視！」

到頭來，把少許現代生活的碎片注入仍然過著舊時生活的社會，**這麼做帶來的是破壞，而不是促成更廣泛的進步**。

赤貧的國度

柬埔寨位在一大片赤貧區（指東南亞）的中心點，然而**無論用哪種標準來衡量，它都是裡頭最貧窮的國家**。

柬埔寨人通常矮小且削瘦，在這裡，肥胖不再是社會通病。「大多數居住在鄉間的窮人只吃米飯」，聯合國世界糧食計畫署駐柬辦公室負責人馬傑里（Jean-Pierre de Margerie）這麼說，他是一位充滿熱忱的法籍加拿大人。只吃米飯、只攝取澱粉的飲食，會導致身高與體重發育不良。他補充：「七〇%的人口平均一週僅能吃肉一次，藉此補充蛋白質。」

天恩說，她能夠負擔的買肉頻率「大概是一個月兩到四次，可是一次只能買個幾公克。」一個人每日攝取熱量的低標大約是兩千大卡，柬埔寨卻有數百萬人連足以供應低標熱量的食物都買不起，後果是營養失調。因此，孩童苦於發育不良，**他們的身心都因為飲食中缺乏蛋白質而難以健全發展**。這意味著他們的身高較為矮小，而且許多案例發現智力也受到影響。「如果在兩歲前未能供應幼兒均衡的飲食，孩子將蒙受生理與心理發展遭到損害的風險，而且長大後將無法治療挽回」，馬傑里警告，「我們的目標是五年內使孩童發育不良的比例降到三〇%。」於此同時，幾乎

居民同聚一堂收看村裡唯一的電視，由汽車電池供電。有位誤踩地雷的受害者躺在吊床上。

十名孩童中就有一人活不過五歲，死因既非疾病也不是營養失衡。跟鄰近的越南或泰國相比，柬埔寨的兒童死亡率高出六〇%。

然而，如果到金邊的政府部門走廊晃一晃，你會遇到這個國家僅有的胖子——資深政府官員。他們的飲食從來不缺脂肪，有錢人把身體肥胖視為財富的展示，正如同古代的王公貴族。

泰國是柬埔寨西邊的鄰居，人均國內生產總值（GDP）比柬埔寨四倍還多。一名泰國人的平均年收入大約三千美元，柬埔寨人僅有將近六百美元，在亞洲排行倒數第二。不過泰國久處承平之世，上一次大規模軍事行動要回溯到十六至十九世紀入侵柬埔寨。

在東南亞國家中，如果以人均收入的數值來看，只有緬甸更為貧窮。話雖如此，一九九九年接任美國駐柬大使的魏德曼，依他前幾年主管緬甸臨時辦公室的經驗，觀察到緬甸人普遍「比柬埔寨鄉間居民更具有生產力，而且以物質條件來看，緬甸人過的生活明顯要好得多——即使他們處於更惡劣的政權統治之下。」**甚至北韓人民都過得相對富足，他們的人均收入幾乎是柬埔寨的三倍**。

問任何一位柬埔寨政府高官：為什麼鄰國大多經濟繁榮，柬埔寨卻停滯在不景氣當中？每個人都會怪罪於赤柬執政的那幾年。

「我們是被戰爭徹底摧毀的國家，剛從灰燼裡站起身來不久。」金邊省政委會主席南桐（Nam Tum）在二〇〇九年這麼形容。此後有數十個人附和他的說法，儘管赤柬失勢已是三十年前的事了。在金邊，聯合國與柬埔寨政府曾聯合逮捕好幾名赤柬領袖，送入法庭審判。然而審判曠日廢時，當年的殺人頭子如今衰老又孱弱，有好幾個人大概撐不到宣判就會死去，而波布早就身亡多年。

觀察越南在同一段時間的發展，柬埔寨官員的立場只會顯得更加不牢靠。一九六〇至七〇年代，越南跟美國打的那場毀滅性戰爭，帶走三百萬名越南人的生命，並且摧毀大部分的國家基礎建設，與赤柬政權（以及美國轟炸柬部省分）對柬埔寨造成的傷害相去不遠。

一九七九年赤柬潰走，越戰僅僅提前四年結束。然而現今的越南GDP卻幾乎是柬埔寨的十倍之多。相較於柬埔寨仍有超過三分之一的經濟收入來自農產，越南只有一九%靠農業；越南製造藥品、半導體與高拉力鋼，柬埔寨則是T恤、橡膠和水泥。越南人的平均壽命有七十四歲，**柬埔寨人平均只能活到六十一歲，在全世界排行吊車尾**。（美國人的平均壽命則是七十八歲。）

大部分越南學生至少就讀到十年級❷，而柬埔寨的十年級學生大多輟學，僅剩下一三%仍在學。教育程度反映在識字率上，越南的成年人識字率達九〇%，聯合國相關單位宣稱柬埔寨的識字率徘徊在七〇%左右，然而證據顯示這個數據仍然過於樂觀❸。年紀大於三十五至四十歲的柬埔寨人，普遍沒受過教育，即使曾經就學，教育程度也偏低。**這許多文化與經濟的分歧**

❷ 譯註：十年級是美國學制，等同於臺灣的高中一年級。

❸ 聯合國兒童基金會在網站上載明，柬埔寨的識字率約是七〇%。不過就我的觀察，我在城市以外遇到的人幾乎都不識字。

發展，部分原因來自於兩國各自的起源。越南人的先祖是中國人，柬埔寨則由來自印度半島的移民組成。越南人從中國人身上繼承的觀念，包括渴望受教育與追求成功，這些在柬埔寨文化裡卻不被鼓勵。

儘管艾利斯（David Ayres）在他談論柬埔寨教育的《危機剖析》（*Anatomy of a Crisis*）一書中指出，越南的「教育傳統有一連串艱難的中文考試，提供社會階層流動的管道」，另一方面，「柬埔寨的教育制度卻加強了無能為力的觀念，人們認為自己無法決定自身的社會地位。」村落僧侶教導孩童，一旦他們在七歲或八歲離開學校，人生唯一的道路就是設法靠那片稻田養活自己，如同家中代代親族的生存方式。

這兩個國家交戰多年，早在越南還叫做占婆王國的時候就紛爭不斷，當時人民聚居在國家北邊。至於南邊富裕豐饒的湄公河三角洲，好幾個世紀以來屬於柬埔寨，直到一九四九年六月四日法國同時占領這兩國，直接把這塊富裕土地賞給越南。早期越南人主要居住的北方，物產不如柬埔寨充足，因此越南人民未曾有過「靠大自然存活」的信念。

彷彿擁有今日南越的豐沃土地還不夠，另一個大自然的偶然產物始終帶給柬埔寨援助。洞里薩湖（參見前頭地圖）位於柬埔寨中心，湖水養育了一條河流，在金邊匯入湄公河。每年春季是湄公河的豐水期，湄公河的強勁水流使得洞里薩河逆行，夾帶大量豐饒多產的泥濘富土以及數以百萬計的幼魚注入湖裡。等到湖水在雨季上漲時，方圓成千上萬英畝的土地又受惠於新產出的肥沃土壤。一年到頭，產自湖裡的漁獲足以供應數百萬人飽餐。

柬埔寨的文明發源自洞里薩的湖岸與河岸，它的自然奇觀是許多柬埔寨人之所以能「靠大自然存活」的可靠支柱。正因如此，**現代社會一點也吸引不了他們。**

赤柬的遺毒

美國空軍在越戰期間投射了一千五百萬噸的炸彈和武器，然而損害幾乎集中在北部。於此同時，美國的援助人員和外交使節卻砸下數百萬美元，幫助南越現代化。

在一九六〇年代晚期至七〇年代早期，昆恩是美國派駐西貢南部的年輕外交官。他記得當時替農夫建設灌溉渠道，並引進高產量的新品種稻米，從一年收成一次進展到三次。他說，過沒多久農民已經有辦法存點小錢。

昆恩在越南還學到一件事，他稱之為「道路的神奇力量」：

> 路開多遠，米就種得多遠。從西貢一輛輛開出來的卡車會載走稻米。沿路上的劇烈轉變在相對較短的時間內發生，很快你就會看到金屬屋頂取代了茅草。有些屋子裡傳來收音機的聲音，不久後電視天線就會出現。接著你開始看到計程車，專門接送小學畢業的孩童到隔壁城鎮讀中學。更重要的是越共（Vietcong）愈來愈難召募這群年輕人，他們的宣傳伎倆不再具有說服力。然而道路終止處，生活水準的進程也隨之停滯，那裡的居民過得跟一百年前沒有兩樣。

越南人樂見這些改變，柬埔寨人卻從未接納。昆恩派駐越南二十年後，梅森在柬埔寨鄰近越南邊界處協助當地農作。他回憶，「在我們這邊，眼見盡是褐色乾裂的土地，而僅僅數公尺之遙的另一邊，卻滿是青翠綠地。」直到今天，柬埔寨超過九〇%的道路仍未鋪上柏油。**柬埔寨的農民一年收成一次，是全亞洲唯一沒能一年多穫的國家，農地少有灌溉設施。**

越南擁抱改變，柬埔寨傾向拒絕。即使到了今天，柬埔寨農業部仍然無法說服大多數農民採用能夠增加稻穫的現代耕種方法，導致柬埔寨淪為產量最低的主要產稻國家。「想要快速灌輸這些觀念是不可能的」，農業部資深官員基善（Kith Seng）說，「人們是否有能力理解，跟他們置身的環境、教育程度和經濟狀況都有關。」

赤柬政權於一九七九年失勢，餘黨在其後的二十年持續在國土西邊的叢林打游擊戰。一九九九年，最後一名游擊軍領袖被捕，柬埔寨歷經數十年之後再度嘗到全境和平的滋味。赤柬無疑地導致這個國家回到「紀元零年」，**幾乎所有受過教育的人民都被殺害，多數基礎建設全毀或荒廢**。然而，一九七五年四月十七日波布軍隊開進金邊時，柬埔寨其實還很原始，少有學校、工廠、醫院或其他二十世紀、甚至十九世紀的文明產物可以破壞。柬埔寨的基礎建設從一九七九年開始重建，現在的硬體設施已經比當時先進得多。然而這個國家的人民又是另一回事了。

詹蘇法（Chan Sophal）是暹粒省政委會主席，這是柬埔寨幅員最廣的省分之一。他是個嚴肅、聰明而堅毅的人，擔任重要職位已久。在他十八歲那年赤柬掌權，把他和其他數百人下放到班迭棉吉省挖掘灌溉渠道。

相隔三十年再問起這段往事，他講述回憶的語調逐漸升高，坐在椅子上的身體躁動不安。

「執政者試圖把所有的權力抓在手上，不讓我們有半點自主權。我們必須努力工作以達成目標，不然就會死。」他身體前傾，講到一個段落手就在空中猛揮一下。

工作非得做完不可，我們每天從早挖到晚。他們不供應食物，每個人都骨瘦如柴。我還記得我父親被拖走殺害的畫面。如今有些時候，我讀到關於那段日子的文件，或是遇到當時的朋友，所有發生過的事頓時歷歷在目，盤踞心頭。許多事物喚起回憶，而且不只在夢裡，清醒時也會。有時讀了雜誌的文章，我就想到自己的故事，我是如何活下來的。好多人被抓起來押到刑場，有些人說他們只差那麼一點就無法逃生。我也會想到我的鄰居，他被抓走之後死於非命。白天這些情景浮現我的眼前，晚上也出現在夢裡。

他抬頭瞪著天花板，聲音突然之間充滿絕望和悲傷，雙手捧著臉龐發抖地說：「那種飢餓，令人焦躁、驚恐。整天看著人們被殺。讀到當時的文件，記憶全都回來了。還有拷打折磨，身邊的人隨時會餓死。」

說著說著，他彷彿進入一種自我孤立的狀態，愈講情緒愈激昂。他把手覆蓋在心臟位置，宣稱：「他們故意在大庭廣眾之下逮住某人，擺明了要讓大夥兒看到，嚇唬大家。讓我們知道，只要做出跟這個人一樣的行為就難逃同樣的下場。」

接著他突然安靜下來，眼睛圓睜，眨也不眨地凝視不遠處，用深沉悲愴的拖長語調說：「我告訴你，我很餓，非常非常餓。我太餓了，根本睡不著。」

詹蘇法表現出明顯的創傷後壓力症候群，是一種受過折磨後嚴重創傷者的心理病症。他並不孤單，許多研究顯示，**從赤柬時代存活下來的柬埔寨人，有三分之一到二分之一患有創傷後壓力症候群**，即使倖存了還是背負著過去的傷口。諸如眼睜睜看著年輕士兵處決自己的家人，或是醒來時發現躺在你身旁的人已經餓死了。根據一起臨床病例調查，一九八〇年代早期逃到美國、現居加州長灘市的柬埔寨人中，有六二％診斷出創傷後壓力症候群，而診斷時間已是創傷發生的二十五年後。

伴隨此種病症而來的是抑鬱、失眠、呆滯與消極，提到創傷時還可能突發暴力行為。它會破壞患者的社會關係和工作能力，對於窮人和未受教育者影響尤其大。

「我是高棉人，我了解他們。」菩薩省法官英寶霞（In Bopha）說這話時語帶諷刺，「**柬埔寨人被掙扎求生的觀念給毒害了。**」

「我們是一個殘破的社會」，長期擔任菩薩省長的采沙銳（Chhay Sareth）斷言。

難道這個國家無法從創傷中重生嗎？畢竟今日全柬埔寨有將近三分之二的人口都在三十歲以下，他們出生時赤柬已經下台了。然而實情並非如此。**全世界唯有柬埔寨人民把創傷後壓力症候群以及相關心理病症傳到下一代**。

「怎麼不會呢？」有醫生身分的婦女事務部長坎莎霞薇（Ing Kantha Phavi）拋出問題。「大家都知道，從小遭受家庭暴力的孩子，長大後也會有對家人施暴的傾向。下一代也是如此。」

赤柬遺毒即使在年輕人心頭也很沉重，儘管他們並不太了解當年的全貌。全國人民的個性都改變了，人與人之間的關係也不再相同。」已屆中年的精神科醫生慕尼索薩拉（Muny Sothara）回憶，「當我還是個小男孩時，勇敢是普世價值，學校老師教我們，柬埔寨人的天性是英勇的。我們有偉大的國王，遼闊的土地。我們曾是一個不容忽視的國度。」

辛林畢（Seanglim Bit）在一九七五年離開柬埔寨，驚恐地看著赤柬摧毀他的國土。十五年後，他寫了一本書《戰士傳承》（*The Warrior Heritage*），從柬埔寨人的觀點剖析這個國家，裡頭有他年輕時的記憶。「當一個柬埔寨人，就要成為一名戰士，像是建造吳哥窟的國王一樣。」辛林畢寫道。「更準確地說，當一個柬埔寨人，要有身為吳哥王朝後代的自覺，正是我們的先人建造出如此偉大的建築，成就超越任何一個古文明國家。」然而在辛林畢眼中，「**現今的柬埔寨人被動消極，倖存者是那些善於裝聾作啞的人。**」

裕昌（Youk Chhang）管理柬埔寨檔案中心，專門蒐集赤柬時期的史料。他對這個國家人民的轉變有稍稍不同的解釋。「我記得我們整村的人都被叫出去，看（赤柬）處決一對夫妻。沒有人有反應，每個人都靜靜地站著，這樣才能活下來。你得假裝自己什麼都沒看到。」戰爭結束之後，「人們隱瞞過去那段時間自己做過什麼事，因為你必須偷竊、行騙、說謊、揪出別人，甚至殺人，才能夠生存下來。事過境遷，大家都對當時的行為感到羞愧。」

柬埔寨駐美大使恆韓（Hem Heng）就是一個例子。他說，他的家人在村落裡備受尊敬，然而在一九七八年，赤柬下令要殺他全家。村民向士兵提出交易：殺另外一家人作為代替。於是，他們就真的處決了「村裡的一個中國人家庭」。恆韓回想起這件事，他皺起眉頭，盯著地板，陷入沉默。

戰爭過後，裕昌說許多人覺得有罪惡感，而且很慚愧。「所以我們就變得消極，習慣充耳不聞，好隱瞞過去的作為。問題是人們不覺得這樣有什麼不對勁，現在已經變成常態了。這樣很可怕。」

後來，柬埔寨人對執政者的惡行普遍不作回應，從赤柬時期養成的習性也是原因之一。當官員公然中飽私囊，住進小型飯店等級的豪宅時，人們默不作聲。當政府踐踏人民受憲法保障的權利時，他們幾乎不發一語。當警察和軍隊犯下沒有任何一個國家的法律會容許的竊盜與殘暴行為時，他們似乎沒有看見。當政府把人民的土地賣給富商，警察在夜裡強迫驅逐居民的那一刻，人們仍舊保持沉默。

然而在千年以前，偉大吳哥王朝統治下的社會，此般痛苦情狀屢見不鮮；當權者偷盜人民的行為顯然存在血脈之中。千年不變的風俗習慣留傳到現代的柬埔寨，堅定程度超越世上幾乎所有國家。

CAMBODIA'S CURSE
THE MODERN HISTORY OF
A TROUBLED LAND

第一章

從吳哥王朝到今日柬埔寨

盛極一時的吳哥王朝

數十年前，洪森總理年僅三十二歲，柬埔寨國王賜封他一個象徵意味濃厚的頭銜「殿下」，代表「至為高貴」的意思。隨著年歲漸長，他冠上愈來愈多形式上的稱號，以至於寫完他全部的頭銜幾乎要占去一整行：「高貴—至高無上—偉大—全能的統領—總理洪森」。雖然是自小輟學的鄉間農民之子，卻無礙於洪森自視為柬埔寨偉大王朝的繼承人。他的身邊只差幾頭大象了。

不像洪森，最早在吳哥城稱王的高棉帝國君主可懂得大象的用處。**西元九世紀時，闍耶跋摩二世（Jayavarman II）統一高棉帝國，吳哥城成為穩固的區域權力中心**。那時英格蘭尚未建國，周圍島嶼落入維京入侵者之手；穆斯林軍隊幾乎攻占整個伊比利半島，此地後來成為西班牙。而法國才剛開始有一個國家的雛形。

即將步入十四世紀之際，帝國首都（仍叫吳哥城）是世界上最大的城市。人口逼近一百萬，盤踞的土地面積比兩個洛杉磯還要大。一二九六年至一三〇八年在位的國王因陀羅跋摩三世（Indravarman III）是闍耶跋摩的子孫，他所統治的亞洲帝國幅員擴及大半個東南亞，包括泰國、寮國、越南和馬來西亞。當他離開皇宮出巡，每每以炫目排場來宣示皇威。

當時的帝國景況，流傳至今最詳實的記載出自中國元朝歷史學家周達觀❶，他在一二九五年至一二九六年出使。他描寫當時景況：「諸軍馬擁其前，旗幟鼓樂踵其後」❷，下一個列隊有「宮女三五百」，手持巨型蠟燭，即使在白天也燒得紅亮。其後是羊、鹿和馬拉的輪車，動物身上戴有金飾。

接著出現在隊伍中的是騎著大象的官吏和皇親國戚，「遠望紅涼傘，不計其數。又其次，則國主之妻及妾媵，或轎或車，或馬或象，其銷金涼傘何止百餘。其後則是國主，立于象上，手持金劍，象之牙亦以金套之。打銷金白涼傘凡二十餘柄，傘柄皆金為之。其四圍擁簇之象甚多。」

如此壯觀的行伍，有助於因陀羅跋摩塑造出「神王」的形象。如同世代統治高棉的其他帝王，因陀羅跋摩奴役無以數計的人力建造寺廟和神殿，供奉他信仰的神明。這些廟宇是吳哥王朝唯一留存至今的遺跡，也記錄著龐大的奴隸勞力投入。其中最著名的一座是吳哥窟，建於十二世紀早期。起初吳哥窟供奉印度教的毗濕奴神（Vishnu），然而隨著柬埔寨人在大約十一至十三世紀時改信佛教，吳哥窟遭改建為佛教寺廟。

印度教對柬埔寨的影響源遠流長。印度半島有文明出現的數個世紀後，移民遷徙至吳哥城，是王朝的先祖。考古學家曾在洞穴中發現西元前四千年的陶器碎片，是這區域最早的人居遺跡。已出土最古老的高棉文手寫石板，碳定年法的結果是西元六百年。同時期的石板有的記載著梵文，是古老的印度語言。諸如神殿和宗教儀式等印度教的特徵，仍是今日柬埔寨社會的

❶ 周達觀描寫柬埔寨吳哥時期的文字取自《柬埔寨的紀錄：土地和人民》（*A Record of Cambodia: The Land and Its People*），哈里斯（Peter Harris）翻譯。

❷ 譯註：此處所引為周達觀原文，出自《真臘風土記校注》（正中，一九七六）。

一部分。

每年有幾近兩百萬旅客造訪吳哥窟的不朽建築，以及這個古老城市的其他現存神殿。然而吳哥王朝的平民住家、商鋪和日常建物，早已灰飛煙滅。西元二四五年，中國皇帝派遣使節團前往柬埔寨一探究竟，當時的柬國稱為扶南[3]。勘查報告記載「人們住在架離地面的屋子裡」，房屋簡陋，僅有一室。以竿架高，使居民免於年年洪水肆虐之苦；富有者竿愈高，以示地位。這種現象在今日柬埔寨的部分地區依舊看得到。周達觀則記載「彼居於高屋」，以竹蓆為牆，棕櫚葉為頂。人們在戶外升火，用瓦鍋煮食，「就地埋三石為竈」。

周達觀書中寫道，幾個家庭共用一個茅坑，一旦味道臭不可聞，就掩埋原來的，再挖一個新的。糞坑的位置不是與城市的地下水層交疊，就是相去不遠。因此，痢疾是當時常見的致命疾病。

柬埔寨全年天候炎熱潮濕，熱帶的陽光形同火炬。為了抵抗炎熱，吳哥王朝的男人全身上下僅著纏腰布，女人只穿裙子。出身於重視禮教的中國，周達觀對於柬埔寨裸露乳房的女子以及社會的自由性觀念投以高度關注。人民過著一種無禁忌且隨從本性的生活。西元二四五年的中國出使報告[4]記載，人們天性多欲且貪婪。「男孩和女孩隨心所欲，無所拘束。」高棉國王為了享樂，廣納妻妾高達上百人，直到二十世紀末都是如此。

吳哥王朝的血脈是稻米。當時的國王建造大型糧倉，也蓋了許多灌溉水道。稻米收穫是國王的財富來源，根據周達觀探查，灌溉設施使得稻米一年可收割三至四次。農人用牛車載米到市場，車身是粗製未拋光的木頭，輪子是一刀一刀劈砍成形。吳哥城的雕刻保存了當年農用牛車的樣貌，與現代柬埔寨農人駕的牛車外型相仿。廣大壯觀的農民網絡撐架出國家的經濟命脈，到今日仍是如此。

關於這點，周達觀提到部分線索：「每日一墟，自卯至午節罷❺。無居鋪，但以蓬席之類鋪于地間，各有常處，聞亦有納官司賃地錢❻。」

柬埔寨許多歷史學家引述周達觀的文本以及吳哥的雕刻，斷言國王販售官職圖

❸譯註：當時由東吳孫權派康泰和朱應出使扶南，可惜著作皆散佚，僅在其他史籍中得見轉載紀錄。

❹西元二四五年中國出使柬埔寨的資料來自《吳哥王朝與高棉文明》（*Angkor and the Khmer Civilization*），柯伊（Michael D. Coe）著，第五七頁。

❺編按：「墟」指農村定期的市集，因下午太熱，每天自早晨六點開市至中午。

❻編按：繳納少許費用給官員。

建於12世紀的拜翁寺（Bayon），牆上雕刻的牛車幾乎與今日柬國鄉間村民使用的一樣。

利。付錢買官的人有權搜刮稻穫，自己留一部分，其餘往上傳給較資深的官員。長此以往，最後皇室就會收到可觀的農穫。

沒人質疑過這種作法。這是吳哥王朝自古秩序的一部分，階級為上。王朝的每個子民都畫歸於三種階級：農民、官員或皇族。家庭的階級從屬無法改變，從上一代繼承到下一代，從這一個千年傳到下一個千年。數個世紀過去，吳哥的國王不曾覺得自己該對人民負責。這無礙於老百姓希求國王的關愛，他們在貧窮時哀求施捨，或是請國王對土地糾紛做出仲裁。畢竟爭奪土地是柬埔寨特有的風土毛病。

有人犯罪或是未能扮演好階級角色時，國王就會介入。周達觀記載，「民間爭訟，雖小事亦必上聞國主。」懲罰很野蠻，甚至稱得上殘忍。對待有罪之人，「止於城西門外掘地成坑，納罪人於內，實以土石，堅築而罷。其次有斬手足指者，有去鼻者。」

事實顯示，吳哥國王視人民為人質，以滿足自身需求。王室徵召了數千名奴隸不說，其他人的命運更悲慘，因為國王的外交政策無端葬送性命。當時的國王習於對彼此宣示效忠，因陀羅跋摩深知如何討占婆國王歡心。「遇夜，則多方令人於城中及村落去處」，周達觀敘述，「遇有夜行者，以繩兜住其頭，用小刀於右脇下取去其膽，俟數足，以饋占城主。」這些無辜百姓的內臟，很可能成了占婆國王的盤中飧。

柬埔寨人相信身體裡住有獨一無二的靈魂，因此，當你吃下另一個人的內臟就能吸收他的力量，看來占婆國王信奉同樣的論調。這種迷信至今尚存。在一九七〇年的政變中，暴徒殺了總理龍諾的弟弟龍尼（Lon Nil）和另一位議會成員。他們割下兩名受害者的肝，帶到一家中國餐館，命令老闆切成薄片烹煮，與在場群眾分食。

柬埔寨國王耗費龐大財富與無以計數奴隸的性命來建造寺廟與王宮，除此之外，他們只蓋對維繫經濟有幫助的建設，好持續供應王室財富。歷史學家錢德勒（David Chandler）[7]描述，從最早的國王開始，主要的公共建設不外乎是道路、橋梁和糧倉，全都和種植稻米與運送稻穫息息相關。

同樣的情形延續到今天。在金邊東方數百哩的村落磅士告，村長木寧被問到政府有何作為時，毫不遲疑地回答：「道路、橋梁和水井！」

磅士告約有六百八十位居民，他們住在竹竿架高、離地數呎的小屋裡，屋頂覆以茅草，竹蓆為牆。他們把陶鍋放在三顆石頭上，在外升火煮食。廁所是位於房屋後頭的深坑，再往下一點就是地下水層。痢疾在西元兩千年間與一千兩百年左右同樣常見。

吳哥王朝的消亡

歷史學家相信，吳哥王朝的衰落始自十五世紀，執政期間長於羅馬帝國。雖然沒有人真正知道帝國何以迷途，試圖提出解釋的大有人在。最可信的一種是吳哥城擴張至過大的規模，再也無法自給自足。柬埔寨人一向擁有大家庭，縱然到了今天，常見赤貧夫婦卻養育多達八到

[7] 譯註：西方最著名的柬埔寨當代歷史學者，有多本相關著作。

十個孩子。很可能是吳哥王朝的人口膨脹，超越自然環境足以供養的界限。再加上當時屢逢乾旱，以及亞洲的經濟型態在一六〇〇年間轉型邁入商業與國際貿易的時代。

傳統吳哥式生活遭到的威脅日益升高，人們開始遷離吳哥城。他們拆除結構簡單的房屋，裝到牛車上，搬到高棉帝國任何一片能夠種稻、撿拾果實和捕魚的土地上。

然而吳哥王朝消亡後，柬埔寨人的精神似乎也隨之逝去。直到僅僅五百年前，柬埔寨人還擁有一個如此偉大的民族國家，強大、自信、富有權力，並且受到人們尊崇與畏懼。眼看國家日漸衰敗，柬埔寨國王變得無助、甚至悲觀，淪為鄰國的諸侯。

鄰國很快就掌握柬埔寨的弱點。西邊的暹羅[8]和東邊的越南，於一五〇〇和一六〇〇年間開始逐步侵吞柬埔寨的領土。越南人往南遷，直到他們在湄公河三角洲的人數超過柬埔寨人。隨著時間過去，越南人成為三角洲區域實際上的統治者。試圖侵略的暹羅軍隊則從西邊發動襲擊。

年復一年，一任任的國王和王室成員與泰國或越南統治者結盟，他們認為結盟國會幫助柬埔寨抵禦另一國的入侵。與國王不和的王室成員，有時會密謀與國王結盟國的另一國私通。然而儘管有著錯綜複雜的與外結盟關係，柬埔寨還是持續遭受侵略與內戰。

於是柬埔寨的統治者頭一次養成新的人格特質：**一種巨大的依賴感**。對於眼前的問題，他們無法靠自己解決，必須跨出國境之外尋求援手——一位擁有宏偉輝煌帝國的中世紀君主，期盼以巧妙手段獲取軍力，然而終將事與願違。

吳哥王朝衰退後，泰國和越南對柬埔寨人的敬意隨之蕩然無存，他們的觀點不留情面。文獻記載，越南君主明命帝在一八三四年稱呼柬埔寨為蠻夷之邦，因為「那裡的人不知道怎麼種植作物」❾。明命帝埋怨，他們在稻田裡僅用雙手揮舞十字鎬和鋤頭，甚至不懂得驅牛犁田。歷代吳哥國王打造的精巧灌溉系統早已腐朽，而國家的其他地區則是從未產生灌溉田地的念頭。「米只要足夠一天吃兩餐就好了」，明命帝評論，鄰國人民看不出增加收成有什麼利益。在不使用灌溉系統的情況下，雨水成為柬埔寨人種稻的唯一水源依靠。當雨水如預期降臨時，他們一年至多一穫，與吳哥王朝的農人相比，境況堪憐。

幾年過後，明命帝派手下最得力的將軍張明講（Troung Minh Giang）去教化柬埔寨人。但是過不了多久，將軍就放棄了。他回報，「全盤了解之後，我們確信柬埔寨官吏只懂得如何賄賂與收賄。官位可以買賣，沒有人執行命令，人人只為自己打算。」

數個世紀以前，吳哥王朝的君主建立了仰賴贊助的經濟模式。國王把官位賣出去，買官者遭發派至自己的領地後，就得到向領地農民徵收稻穫的權力，自己可以留下其中的十分之一。隨著時間過去，這個模式逐漸演變成**徹頭徹尾的腐敗**。

貪腐政權「吃掉王國」

包括高棉帝國時期以至於二十世紀，柬埔寨沒有任何學校。只有僧侶在鄉間寺院裡教男孩

---

❽ 暹羅（Siam）泰國的舊名，一九四九年正式改稱泰國。

❾ 明命帝的觀察出自錢德勒的《柬埔寨的一段歷史》（*A History of Cambodia*），第一五二頁。

雕刻，或許還有閱讀；女孩則是沒有半點受教育的機會。這導致靠送錢而買到宮廷官位的人，欠缺行政管理方面的訓練和知識，他們大多不識字，所謂「為人民求福祉」只是遙遠的外來觀念。這些官員只為自己著想，他們把這份職業當作累積個人財富之道，除此之外別無其他。這樣的情形延續好幾個世紀，從來沒人質疑。

柬埔寨農民對政府心存疑慮，甚至抱著恐懼。男人肩負著隨時受軍隊徵召的義務。此外，普通家庭跟政府的互動，僅有官員現身收「稅金」的時候，他會拿走每次收成的一〇%。這也難怪在柬埔寨文中，「統治」的字面意思等同於「吃掉王國」。

因此，**大部分柬埔寨人缺乏野心和期望去過更好的生活，豪不令人意外**。他們信仰的上座部佛教（Theravada Buddhism）教導人們屏棄社會地位並拋開物欲，如同僧人至今仍掛在嘴邊的一句話：「知足常富」。打從在寺院學校裡，僧侶就向孩童布道，要他們滿足於現有生活，不抱有更多渴求。十四世紀時，上座部佛教在柬埔寨與鄰近區域廣為流傳，原因很可能是它的信條與柬埔寨的現實生活一拍即合。幾乎每個柬埔寨人都認為社會進步不可能發生，無論哪一種。物質生活的富足遙不可及。上座部僧人勸告人們滿足於現況，柬埔寨人沒有其他選擇，除了遵從別無他法。

數個世紀後，這種人格特質遭到越南鄙視。在明命帝的眼中，缺陷「源自於柬埔寨人的懶惰」。他的說法，成為外國人心中揮之不去的柬埔寨負面印記。

泰國同樣信奉上座部佛教，但是他們也認為柬埔寨人懶惰且笨拙。有位十九世紀的泰國軍事將領昭博丁德差（Chaophyraya Bodin）曾批評：「所有的高棉領袖、貴族、地方首長和平民全都是無知、愚昧、荒謬可笑、天真易受騙的人。他們沒有分辨真假的能力。」

時序進入十九世紀中期，泰國和越南為了爭奪柬埔寨的主權而戰，沒有外力介入的情況下，眼看兩國就要達成瓜分柬埔寨國土的商議。由此可見，柬埔寨這個國家已演變到何種羸弱不幸的地步。然而就在一八〇〇年代中，以人質身分在泰國皇室度過青年歲月的諾羅敦國王（King Norodom）[10]，一舉改變了柬埔寨的歷史進程。

諾羅敦國王在一八六三年與法國簽訂條約，以伐木和採礦權交換對鄰國侵略的保護。法國可以輕易解決越南的威脅，因為他們不久前占領了越南。泰國的問題就比較棘手些。

在條約簽訂後的最初幾年，法國是良善的守護者，他們只要求金錢回報。到了一八七〇年間，他們開始要求僵化的柬埔寨政府做出改變。在逼迫之下，諾羅敦國王應允廢除奴隸制度，以及所有土地強制屬於王室的規矩，他也保證會改善失控成形同偷竊的「稅收」制度。但是諾羅敦國王採取一種「消極式激進」的策略——他簽署所有改革命令，然而私底下卻拒絕實行。這種策略在柬埔寨成為常態，即使到了現代仍是如此。

法國人注意到國王的伎倆。接下來的數十年，他們對於柬埔寨人愈來愈失望。如同之前的泰國人和越南人，法國人也認為這群人無知且遲鈍。至於政府的官僚系統，一位具有歷史學者

[10] 編按：諾羅敦・安・吳哥（一八三四—一九〇四），登基名為諾羅敦，史稱諾羅敦一世，一八六〇—一九〇四年在位。

身分的法國官員徒利（John Tully）將其比喻為「被蟲啃食的殘骸」。一如往常，政府的法務和行政官員只在意圖利自身，根據法國統計，他們中飽私囊的財富占國家歲收四〇%。

而諾羅敦國王本身也是另一個問題所在，法國人常對他的龐大後宮表示不滿。國王的妻妾多達四、五百人，另外還要加上一千名親戚與子嗣。在徒利一八九四年寫的一份法文報告中，他譏諷國王的後宮每年要花掉政府十六萬法郎，在一百年前那是非常可觀的數字。國王的鴉片癮和沉迷酒精也惹毛了法國人。

諾羅敦國王在一九〇四年過世時，他的繼位者西索瓦國王（King Sisowath）與法國聯手，終於把泰國人從柬埔寨西邊的領土上趕走。就其他方面來說，他是一位順服的國王。掌權不久後，他真正落實廢除奴隸制度，完成諾羅敦國王四十年前立下的承諾。西索瓦國王了解，假使希望法國將他的國家從可恨的敵國之手拯救出來，他就必須放棄某些事物。

共黨勢力崛起

法國確保了柬埔寨的領土完整，除了課徵繁重的稅收作為回報之外，直到二十世紀中葉，法國人要的並不多。一九三五年，他們在金邊蓋了這個國家的第一所高中。主要教育的對象僅止於王室成員，以及訓練官員的小孩日後服務於法國行政機關。

從二十世紀中葉開始，法國人把幾十名有天分的學生送到巴黎讀書，希望其中幾個人日後能在殖民地政府裡擔任重要職位。他們都很年輕，年紀大多是二十歲出頭，沒有接觸過金邊或居住地以外的世界。他們從未看過電視，很可能甚至沒聽過廣播，而柬埔寨的報業才剛起步，他們自然對於世界一無所知。

這群年輕學生到了巴黎，置身於未知的社會。以柬埔寨的標準來看，法國人相當富裕，最讓他們驚訝的是法國人可以自由去做自己想做的事。對許多柬埔寨人來說，這是具有改變力量的。一夕之間，他們開始質疑從高棉帝國時代延續至今的信條。誰說人們不能希求更多、過著法國人過的生活？又是為什麼柬埔寨人被灌輸應該毫不遲疑地接受落後的生活，並且感到滿足？

其中一位學生在文章裡明白表示上述觀點，發表在柬埔寨文的學生雜誌中。他寫道：「國王是專制的。當人民處於弱勢，他試圖摧毀人民的喜好。專制的國王會用好聽的字眼，但他的心仍然是邪惡的。」這篇文章出自二十七歲的學生**桑洛沙**（Saloth Sar），**日後以別名波布（Pol Pot）聞名於世**[11]。

當時共產黨盛行於歐洲，桑洛沙和其他一些柬埔寨人投入共黨懷抱，並把共產主義運動帶回國內。歸國後，他們發現越南的謀反者也抱持相同理念，與法國對抗，爭取國家自由。

年輕時的桑洛沙絕不是一位純粹信奉意識型態的人。他的姊姊桑洛良（Saloth Roeung）是下一任國王莫尼旺（Sisowath Monivong）的愛妾，桑洛沙在年紀尚輕時喜歡到皇宮拜訪她，很可能是因為成群嬉笑的小妾會聚集到他身邊，用她們的手提供性服務。

[11] 青年桑洛沙為文評論國王的片段，出自艾利斯的《危機剖析》（*Anatomy of a Crisis: Education, Development, and the State in Cambodia*，一九五三—一九九八），第四二頁。

莫尼旺國王在一九四一年逝世時，桑洛良隨侍在他的床邊。法國人選了莫尼旺的侄孫西哈努克（Norodom Sihanouk）繼任為王，他年僅十九歲，法國人猜想他會是一位順從的國王。事實不然，一九五三年西哈努克成為從法國人手中贏得獨立的國王，就在越南打贏奠邊府（Dien Bien Phu）戰役重回自由之身的前一年。

西哈努克是一個心思複雜的人，他聰明且自負，以極權手段統治柬埔寨二十九年，並在其後數十年造成深遠影響。有目共睹的社會改革是他的功勞，然而嚴重的損害也得記在他帳上。嘴裡說著有限民主（limited democracy）的論調，對付政敵下手卻殘忍不留情，好幾百人就這麼憑空失蹤。縱使開展了柬埔寨的民主序曲，他真正想要的是成為國家的政治領袖，而不是只當個安於王位的統治者。因此在一九五五年，他從王座上退位，成立政黨，此後十五年以國家元首西哈努克親王的身分統治柬埔寨。

他建立學校和大學，主要目的是為了在國際會議上吹噓政績，可是這些學校卻因為找不到教職人員而閒置。一九四六年，西哈努克舉辦議會成員的選舉，這是柬埔寨頭一次民主大選。當他發現結果對自己不利時，竟與結盟者發起政變，拒絕接受人民的選擇。

撇開西哈努克親王做出的改變不談，柬埔寨的文化照常延續千年來的傳統。歷史學家維克瑞（Michael Vickery）形容，在西哈努克的統治下，政府官員「愈來愈富有，然而公家帳本上盡是赤字」，經濟方面則是「沿用傳統陋習，官員從替國家徵收的總數中攔截一定的比例，卻不見任何菁英階層的人為此遭到偵訊，或是償還他們從公家庫房拿走的數目。」由此可見，千年過去後什麼都沒改變。

將近一個世紀以來，法國擔任柬埔寨的保護者。獨立後不久，美國趕來填補法國走後的空缺，提供大量外援。西哈努克描述，美國給的錢多到柬埔寨不得不服從於「美元之神」。而他的官員們照例不忘從外援帳戶裡分得豐厚的一杯羹。

西哈努克喜歡在痛罵貪汙者的同時，過著難以想像的奢靡生活，而他的財富來源一直是個謎。到了一九九〇年代早期，美國國務卿貝克（James Baker）到巴黎的柬埔寨大使官邸造訪西哈努克，同行助理波頓（John Bolton）回憶：「那時候是早上十點，侍者為他送上香檳。」波頓毫不掩飾他的厭惡：「他彎腰倒了一杯給狗喝，行為跟路易十六沒有兩樣。」

一九六三年，西哈努克向美國表示

西哈努克親王（1922—2012），曾任柬埔寨國王和元首。

他再也不想要接受援金，在此之前，美國給了幾百萬又幾百萬美元。西哈努克抱怨這些錢「造成貪汙」，然而他也藉此使得柬埔寨遠離越戰。他相信，一旦與華盛頓保持距離，就能確保不用去蹚渾水。事實證明，這個決定成了他的最大失策。他那些官員現在要上哪兒去汙錢呢？

西哈努克在一九六五年切斷與美國的外交關係，轉而把籌碼押在中國身上，新友邦的領導者對他既奉承又懂得拍馬屁。這個舉措逼使他的狐群狗黨開始策畫密謀，畢竟中國完全比不上美國的慷慨大方。

事情的開頭，要從那些**留法的柬埔寨學生在金邊祕密成立共產黨**說起。共黨成員想要維持隱蔽，但是沒有逃過西哈努克的眼睛。他把共產主義運動的萌芽視為重大警訊，更有甚者，一九六一年下鄉巡視地方時他收到警告：一旦共產政權掌控柬埔寨，將會「使他失去所有親近的人，再也無法享有家庭生活的基本自由和歡樂。迫使他成為生產機器，最終喪失人類所有的存活價值。」往後十年間，他逮捕任何一個看似跟共產主義運動有關連的人，對共黨分子毫不留情地打壓。

一九六〇年代中，共產運動的領導者逃離金邊，把總部改設在鄉間，接著在**一九六七年展開全國的軍事起義**。做出決策的關鍵人物是四個共黨常務委員會成員，其中包括後來改名為波布的桑洛沙、日後成為赤柬外交部長的英沙里（Ieng Sary）、被視為赤柬「二號人物」的農謝（Nuon Chea），以及共黨東部指揮官索芬（So Phim）。到了一九七〇年代初，共產黨控制柬埔寨二〇%的領土，主要是總部周邊的鄉下地區。他們的未來充其量只能說尚未明朗。

然而就在一九七〇年三月，一切都改變了。西哈努克到巴黎度假時，一樁軍事政變把他逼下台，過去擔任總理的貪汙慣犯龍諾成為新的政府領袖。在這次離境前往巴黎前，西哈努克常評論龍諾和他的同夥「愛美元多過於愛柬埔寨」。

這則新聞讓金邊的官場歡聲雷動。龍諾跟美國走得很近，假使與華盛頓的關係得以修復，官員就能重返國庫撈錢，車商和建築承包商同樣欣喜若狂。不過這群人屬於金邊的經濟菁英，只代表柬埔寨社會的一小部分；另外至少九〇％的人口住在首都以外，他們感到震驚且羞愧。民眾敬愛西哈努克，對他們來說，西哈努克是某種形式的神。怎麼有人能夠推翻神王呢？

國內到處有人民示威抗議政變，數百名村民朝金邊逼近。一九七〇年，龍諾下令軍隊朝民眾開火，示威群眾分散逃回叢林裡。不久後，其中有幾個人向記者表明，他們對於這件事的發展太氣憤了，眼前只有加入赤柬陣營一途。

憤怒的情緒把西哈努克沖昏頭，他飛到北京尋求建議。當聽到新政權在柬埔寨的廣播電台上詆毀自己時，他宣稱要討回「正義」——換句話說，他要的是復仇。惡毒的思緒盤據心頭，當復仇的想法超越一切時，他的舊識北越總理范文同（Pham Van Dong）開口問：**你願意和赤柬合作推翻龍諾嗎**？這段史料在記者修爾特（Philip Short）所寫的《波布傳記》裡可以找到。西哈努克答應之後，北越頭子把話傳給中國總理周恩來。

隔沒幾天，西哈努克宣布柬埔寨民族團結陣線成立，距離政變發生才過了幾個星期。他現在和赤柬站在同一邊了。透過廣播，親王力勸擁護者加入赤柬，成千上萬人聽到了，並且照著他的話去做。直到此刻，共產黨在柬埔寨的運動才算真正起飛。

助長赤柬的幫凶

關於赤柬政權的研究，多半寫在他們執政的前幾年，大部分觀察戴著輕蔑的有色眼鏡，成了記者和書籍作者的通病。這和美國總統尼克森、國務卿季辛吉的態度，以及美國在越南遭逢的厄運有關。站在貶抑一方的人如此之多，歐洲人尤其如此，根本無須誇大。相較之下，老布希較為近期發表的輕視觀點還顯得溫和許多。

在如此氛圍下，英國記者莎克羅斯（William Shawcross）的著作《餘興節目：季辛吉、尼克森與柬埔寨的毀滅》（*Sideshow: Kissinger, Nixon, and the Destruction of Cambodia*），開了第一砲。他主張美國對柬埔寨的轟炸，原意雖然是毀滅越共在當地的避難所，卻把農民送入赤柬陣營，最終確保他們的勝利。此言一出，引起自由派媒體爭相讚譽莎克羅斯的論點。（我算是裡頭的正牌成員，一九七九年飛往柬埔寨時，我讀了他的書並且大為讚賞。）

如今三十年過去，熱情冷卻後，莎克羅斯的論斷明顯有誤。美國的轟炸發生在龍諾政變的一年之前，當時西哈努克給予默許，他想要確保越戰不會波及自己的國家。回頭看一九七〇年的赤柬，他們的勢力仍然微不足道。

另一方面，從一九五〇年代晚期開始，**西哈努克花了十年時間在培育中國領導人毛澤東和周恩來**，他們逐漸成為西哈努克的崇拜者與好友，當時中國的友邦非常少。毛澤東送給西哈努克一棟位於北京「反帝街」的豪宅，只要他到北京必定設宴款待，而西哈努克光顧的頻率還不低。**中國也是赤柬的主要贊助與指導者**，毛澤東和周恩來難道會授權波布推翻摯友西哈努克親王嗎？

龍諾又是另一種人，他的動機完全不同。他給了美國全區通行證，讓他們想轟炸哪裡就炸哪裡。一九七〇年，西哈努克剛被趕下台不久，他向一家美國電視台記者分析，為什麼龍諾急於給美國特權：「我們軍隊中有些將領，還有許多政府官員都想要跟你們結盟，因為他們想要你們的美元，把祖國的命運與安危置之不理。」即便抱著怒氣與挖苦，他的話仍然是對的，就像從前他形容這些官員「愛美元多過於愛柬埔寨」一樣。

龍諾掌權時，赤柬控制的區域只限於他們的叢林陣地周邊。近期的研究顯示，美國的恣意轟炸造成的致命後果是：國土一片狼藉，反而延遲了赤柬的最終勝利，直到一九七三年八月「B-52行動」[12]喊停後才發生。

假使龍諾不曾為了金錢利益發動政變，赤柬很可能永遠無法得勢。當然，這是西哈努克的說法，然而其他柬埔寨人也表示贊同。柬埔寨駐美大使恆韓說：「沒有龍諾的政變，就沒有赤柬。」在他看來，美國跟柬埔寨的變天還是脫不了關係。恆韓認為「他們支持政變，他們支持龍諾。」證據指向這種理論，但是還不算得以全然證實。

隔了幾年，西哈努克告訴澳洲電視台紀錄片拍攝者加蘭德（James Garrand）：「我們不能改變歷史」，但是，「我不認為我犯過嚴重的錯。你應該去找龍諾，問他假設回到起始點，他

[12] 編按：美軍以B-52戰略轟炸機進行空襲。

還會發動一場反抗西哈努克、最終卻毀了自己國家的政變嗎？或者，他會願意把國家執政者的位置還給西哈努克嗎？我覺得你的問題應該直接去問龍諾先生。」

就某部分來說，西哈努克的話沒錯：龍諾的確應該對後果負責。然而親王被迫下台後，是他自己主動和赤柬結盟，並且勸說鄉村民眾加入陣營，這點毫無疑問。**正是西哈努克親手把他的子民打入地獄。**

CAMBODIA'S CURSE
THE [redacted] OF
A [redacted]

第二章

恐怖政權，
三年虐殺兩百萬人民

美國漠視赤柬問題

越南人口中的黨山（Nui Sam），其實只比一座小山丘高不了多少，屬於「七座山脈」的範圍，地點就在南部朱篤市（Chau Doc）的外緣。每年村民會在黨山畔的美麗佛教寺廟舉行慶典，另一個佛教聖地則藏身山頂林間。然而對參與越戰的昆恩與其他美國人來說，他們藉此看到更有趣的事物：山頂提供鳥瞰柬埔寨東南部的驚人視野，從越柬邊界到湄公河的曲折處一覽無遺。

在一九六〇年代晚期與七〇年代早期，昆恩還是個年輕的美國國務院官員，在朱篤市擔任副領事。朱篤位於離西貢南方五個小時車程處，距離他成長的美國愛荷華州迪比克縣更加遙遠。他的工作是拉攏南越，並且阻止越共人數增長。為了達成目標，昆恩和同事鋪路、建造灌溉水渠，供應稻農雜交種子與耕種指導。就在同一時間，美國軍隊卻在北方一步步走向敗戰。

昆恩對他的工作樂在其中，尤其是讓他得以拒絕到同個國家當兵的通知，而不是擔任現在的國務院官員。抵達後不久，另一位外交官員帶昆恩攀登山頂，讓他見識那令人歎為觀止的景色。接著在一九六〇年晚期，換他帶國務院次長羅斯托（Eugene Rostow）再次登上山頂觀景。羅斯托是掌管國務院的第三號人物，年事已高，攀爬的過程對他來說很不容易。但他一路堅持抵達山頂，對於眼前風景十分激賞。即便如此，羅斯托認為柬埔寨只是個無關緊要的小國，如同當時的每一位美國官員。**美國對於這片土地只在意一件事：防止越共軍隊將柬埔寨東部當做避難所**。一九六九年，美國開始轟炸柬埔寨東部，隔年，美國與南越聯軍短暫入侵該處搜索越共基地。

一九七二年，昆恩向一位來自西貢的美麗越南女子阮氏蕾孫求婚，而她點頭答應。她從西貢來訪時，昆恩也帶她上山看風景。當他們爬到山頂，看向青綠的柬埔寨東部平原時，兩人僵住了，目光直瞪著下方。

無論往哪個方向看去，他們目光所及之處，盡是直沖上天的滾滾黑煙。昆恩不知道自己看到了什麼。「我不懂，難道是某種葬禮儀式嗎？不可能，範圍太大了。美國還沒停止空襲，但這看起來不是空襲的結果，比較像是整片地區的村落燒起難以計數的大火。」當時，「柬埔寨似乎是個奇特神祕的地方」。昆恩回到領事館後，把他看到的情況提出來問同事，「沒有一個人有辦法解釋清楚」，只說或許跟柬埔寨共產黨有關。這群仍然鮮為人知的叛變分子，後來以赤柬的稱號聞名於世。

赤柬不被視為威脅，在昆恩和其他美國官員看來，「他們還在打小聯盟，甚至沒升上三A，只稱得上二A。」[1]美國認定北越供應赤柬資金與武器，因此赤柬一定是北越的盟友。既然如此，為什麼越南要焚燒柬埔寨東部那麼多村莊呢？這說不通。

幾天之後，數百名柬埔寨難民從一條古老廢棄的道路越過邊境，湧入越南。這並不常見。

[1] 編按：美國職棒小聯盟球隊依實力區分為六個級別，由高而低依序是：3A（AAA）、2A（AA）、高階1A（Advanced A）、1A（A）、短期1A（Short A）與新人聯盟（Rookie）。3A表現優異的選手可望升上大聯盟。

柬埔寨人痛恨越南人，對許多柬埔寨人來說，越南人的聲名狼藉早已不是新聞，十九世紀到越南西部挖運河的柬埔寨工人間流傳，越南軍人抓了其中三名工人，把他們的頸部以下埋入土裡，只剩下頭露出來，在地上排成狹小的三角形，而後升火煮水泡茶。一九五〇年代，西哈努克親王把這幅景象繪製在他發送給支持者的圍巾上。

對逃往越南的柬埔寨難民而言，肯定有非常糟糕的事情發生了。昆恩很好奇，或許這群人可以解釋他和未婚妻在山頂看到的情景。他決定去跟他們談談。

昆恩訪談了幾十名柬埔寨人得知，西哈努克口中的赤柬逼迫整個東部的村民離開家園，送往集體農場，還把他們的家燒了，以確保沒有人會跑回來。等到一九七三年中，赤柬現已控制大半個柬埔寨鄉間。

同時，柬埔寨共黨也攻擊任何他們遇到的越南軍隊，試圖把他們趕出國境。這令昆恩更加驚訝。國務院確信柬埔寨共產黨是越南的弱小跟班，季辛吉常說：「一旦搞定越南，也就搞定了柬埔寨。」約莫同時，總統尼克森寫信給金邊的總理龍諾，內容提到：「美國的立場不變，對於你的英勇自衛行為，我們決心提供最大可能的援助。」他不忘補上，「柬埔寨的長遠福祉，我相信唯有立基於終止北越及其柬共支持者的不合理擾亂。」

昆恩現在知道尼克森和季辛吉是錯的。這很重要，他必須通報華府。他決定寫一篇「航郵報告」（airgram），篇幅比一般的研究報告長，並且包含新的相關資訊。他花了一年時間，邊工作邊研究撰寫。一九七四年二月，他終於完成這份報告，並在西貢找到一位友善的祕書打字完稿。大使將這份報告寄給美國在東南亞的其他大使館，以及國務院的數十位官員。昆恩一年來的苦工有了結果，他的報告提供許多新的重要訊息。身為一名年輕的政府官員，這真是令人振奮的成果！

昆恩的報告長達五十頁，主要在傳遞：**柬埔寨共產黨**（他稱之為「紅色高棉」〔Khmer Krahom〕）**正以暴力與恐慌試圖重組柬埔寨社會：**

> 紅色高棉的行為，與其他極權主義政府有諸多雷同之處，例如德國納粹和蘇維埃聯邦，他們的共同特徵是投入大量心力去重建社會成員的心理狀態。簡單說，過程透過製造恐慌和其他手段，剝奪人民長久習慣的依靠和結構，摧毀形塑與指引個人生活的力量，直到人們孤立為無依無靠的單一個體。之後，再依照共黨的信條重建，灌輸一系列新的價值、組織與道德規範，代替舊有。這段過程的前半部，在紅色高棉對宗教信仰的攻擊中出現，目的是摧毀西哈努克政權的餘孽。他們使用恐怖手段挑戰父母與寺院的權威，禁絕傳統歌曲與舞蹈。這些措施造成的心理威嚇，能有效逼使個人感到自己孤立於群體之外。實際發生的例子如下：從貢布省和幹丹省逃出的難民描述，他們太害怕被捕與遭到處決，就算在自己家裡也不敢提到任何敏感字眼，並且乖乖遵從紅色高棉訂下的每一條準則。

昆恩的報告大有啟示，柬埔寨以外沒有人認識柬埔寨共產黨。但是根據昆恩聽到的情報，他們顯然是極度堅定且野蠻冷血的革命者，正在重塑柬埔寨社會。他的報告敲響了第一聲警鈴，是最早提醒西方社會赤柬懷有屠殺意圖的資料。

華府認為昆恩的另一個結論更具爭議：柬埔寨共產黨並未與越南同盟。他的報告是這麼說的：「紅色高棉強烈反越南，他們想要把所有的越共和北越軍隊趕出柬埔寨。」轟炸柬埔寨東部的理由之一，不就是為了削弱柬埔寨共產黨，因為他們是河內的同黨嗎？昆恩等不及要接到來自華府的電話，或甚至是看到《紐約時報》或《華盛頓郵報》上出現相關報導。

在金邊，詹森（Donald Jameson）是美國大使館裡的政務官。當昆恩的報告傳來時，他和其他同仁不屑一顧。「它沒有造成影響」，他說，「主要原因是這份報告來自柬埔寨以外。有句話是所有大使館成員的信條：顧好自己的地盤。」昆恩的文件只引起一種直覺反應：這個年輕小伙子怎麼會覺得他有資格寫一份關於柬埔寨的報告？金邊大使館回傳電報給昆恩的領事館，訊息大致上的意思是：「我們自己會寫柬埔寨的報告，謝謝你。」幾個星期之後，有一位國防情報局的官員來找昆恩。「你從哪裡拿到這些資料？」他用一種找架吵的口氣問，接著告訴昆恩他哪些地方寫錯了。

昆恩的報告出師不利，國務院跟其他重要單位的看法沒有兩樣：三十一歲的新手不具立場去挑戰組織的正統說法。而且昆恩的證據被認為站不住腳，國務院官員並不看重難民的證詞。誰知道他們有什麼政治動機？再加上難民多半對發生在自己的小村落以外的事一概不知，他們無法提供相關的脈絡說明。昆恩訪談的難民大多貧窮不識字，少數例外者懂得比較多。事實上，昆恩的消息來源的確誤導他得出錯誤結論——位於柬埔寨東南部的紅色高棉是反越的分支，柬埔寨共產黨的主體仍舊與越南維持穩定的結盟關係。事實是全國的柬埔寨共黨並未分裂，他們全都堅定地反越南。

儘管如此，昆恩報告中提供的主要事實在當時極為珍貴：**赤柬是一個殘忍且殺人如麻的革命團體，他們試圖摧毀柬埔寨社會**。在一九七四年二月以前，柬埔寨之外沒有一個人知道這件事。連在金邊都不太能聽到相關的訊息。

在美國大使館裡，沒有人真正了解或是關心赤柬。事實上，雖然聽來矛盾，大使館對柬埔寨並不特別感興趣，即使在那裡發生的事會影響到越戰。詹森說：「大家的心態是除了越共，其他沒什麼好在意的。」他們曾經想要到當地一探究竟，最終因大使館官員認為太危險而作罷。在一九七四年，赤柬占領的區域距離金邊只有十哩之遙。但是去了又有何用？「華府和大使館對於赤柬的漠不關心到了極點。」

大使館卻很在意龍諾，這位軍事將領在一九七〇年發動政變推翻西哈努克。他是國務院的人馬，多少會聽命行事。而美國在一九七〇年至一九七五年間，提供十八億五千萬美元的軍事與經濟援助作為回報。把通貨報酬計算進去，這筆錢在二〇一〇年價值九十億美元。美國的大筆援金，使得柬埔寨社會展露了最糟糕的一面。

政府和軍隊陷入無止境的貪汙熱潮，軍官販售制服和彈藥給敵軍，甚至包括大砲的零件。他們偷竊單位的配糧和藥品到市場上賣掉；在名冊裡假造上千個虛構職位，騙取薪資；對於戰爭中陣亡和被俘虜的同仁，他們知情不報，以便訛領薪水。白天他們貪汙，晚上開車回金邊，在所能找到最昂貴豪奢的西餐廳吃晚飯。每到夜晚，這群人就重返金邊的狂飲盛宴。

一九七三年八月，美國議會決定中止對柬埔寨的轟炸。在那之前，美軍戰機總計扔下了約兩百七十五萬噸的武器，屠殺的人數從未被完整記錄與究責。議會的決定並不是為了柬埔寨受害者的福祉，如同眾議院代表歐尼爾（Tip O'Neill）在議會辯論時所說：「整個柬埔寨也抵不上一位美國飛官的性命。」

柬埔寨東部與中部遭受轟炸的區域不易抵達，而且處於爭戰之中，記者、外交官員以及國際援助組織並未造訪。沒有人知道造成了多少損害，死者的數目從未被統計。倖存於恐怖轟炸的唯一證據，來自逃離轟炸與赤柬的農民。他們逃往金邊，使得當地的人口暴增三倍，達到三百萬人。大部分倖存者不識字，即使他們有話要說，也找不到傾吐的對象。

龍諾政府支持美國對於目標區域的大範圍轟炸，多少為了換取金錢。駐金邊的美國大使並不關心受害者，而其他住在城裡的外國人，其中許多人無疑贊同美軍駐越南總司令威斯特摩蘭德（William Westmoreland）將軍所言：「東方人不如西方人重視生命。」他在一九七四年發表這段話：「人口眾多，所以人命在東方很廉價。」時至今日，柬埔寨東部遭到轟炸的地區因為砲彈坑而變得坑坑疤疤，大部分成了發出臭味的死水池塘，形同可怕罪行留下的醜惡傷疤。

龍諾在一九七一年初中風，此後從沒有完全復元。病倒一小段時間後，他立即拿回名義上的指揮權，冊封自己為陸軍統帥。龍諾有一段話流傳甚廣，他宣稱柬埔寨人不需要「過時的自由民主，有如一場徒勞的遊戲」——他加入柬埔寨歷任領袖的遊行隊伍，無論在他之前或之後的即位者，全抱持相同的觀點。不過龍諾鮮少離開他的別墅，對於現實世界的問題，他卻軟弱地尋求精神方面的解決之道。他一度命令軍機在金邊周圍撒下「神奇之砂」，妄想藉此阻擋敵軍入侵。

這些作法無一奏效。當赤柬迫近包圍金邊時，美國開始對城內空投糧食、醫療用品與軍事裝備，而柬埔寨人直到最後一刻還在洗劫援助物資。一九七五年四月初，赤柬陣營最終攻入城內，美國停止空投並撤回大使館人員，龍諾政權的領導人物竄逃。

沒有人真正知道該對赤柬指望些什麼。領導人物的身分依舊成謎，也看不出他們行動的真意。昆恩寶貴的報告不具影響力，同時西哈努克寄信給幾位美國參議員，信中預測他的盟友赤柬計畫建立「一個像瑞典那樣的國家」。

一九七五年四月十七日，赤柬軍隊開入金邊。往後數日如入狂亂之境，各國記者被迫離境前，把他們看到的景況報導出來。記者驚愕地看著赤柬軍人橫掃整個城市，這群來自鄉村的年輕農民，大多是未受過教育的十幾歲男孩，從來沒有進過城。對男孩們來說，金邊有許多神祕的事物，他們不知道電話或廁所有何用途。這並不妨礙他們執行淨空金邊任務，很快他們就舉起槍口，逼迫居民留下所有的財產，步行前往鄉間。醫院裡的病人穿著白色長袍，帶著點滴瓶蹣跚前行。絕望的孩童放聲尖叫，四處奔跑尋找父母。

即使全面驅離三百萬人的行動讓外國記者嚇壞了，他們離開前還是嗅到一點血腥的味道。而這就是全世界對於新赤柬政府所知的一切。有些記者和評論家說這是一場恐怖演出的開始，另一些人相信，他們目睹了一個烏托邦新社會最早的樣子。

留美軍官成為難民

三十三歲的國務院官員唐寧對於他的新任務無比興奮：美國駐金邊大使館政務官。一九七四年他從非洲的外交工作離開，回到華府的外交學院學習高棉語一年。按理說，他會在一九七五年六月向新職位報到，不過美國在四月就已經失去在金邊的大使館了。在那之後，華盛頓沒有人知道柬埔寨正在發生什麼，因此國務院派給唐寧一個「柬埔寨觀察員」的職位，把他送去曼谷。

當他在一九七五年六月底抵達時，已經十分熟悉關於柬埔寨的爭論：「柬埔寨陷落後，我們全都聽說了淨空金邊的描述，而我也相信這件事。」唐寧接著說，「但是，當時有人從其他城市好好觀察整體情勢嗎？我敢說幾乎沒有。」

唐寧動身出發，準備找尋真相。他開車前往亞蘭，一個位在柬埔寨邊境的泰國原始小鎮。他是個行事謹慎的年輕人，不會妄下定論。他知道他的讀者身分是一群華府的頑固官僚。尼克森辭去總統大位後，就理論上來說，國務院不須再隨華府起舞，因為他們對越南和東南亞其他地區迴旋複雜的政策，量身訂製一套又一套的政策判斷。越戰畫下句點，美國軍隊已經離開。即便如此，曾經在越戰期間賭上職業生涯、做出判斷和決定的那些人，依舊位居國務院要職。而繼任的福特總統過去畢竟是尼克森的副手，他並未大幅調動國務院或其他部會的人事，季辛吉仍然是國務卿。唐寧也明白，美國大眾普遍不想要跟東南亞扯上半點關係。無論他發現與寫下什麼，都將面對一群很難搞定的讀者。

在泰緬邊界，他發現少數跟他抱持同樣心態的調查者。「我遇到幾位離開金邊的外交人員和記者，現在和我一樣跑來曼谷。在一九七五年的夏天，我們都想要搞清楚正在發生什麼事，不過，沒有人掌握多少確實的資訊。我們常常互相比對手上的筆記，幾乎像是一個盲人領著另一個盲人前進。」

那年夏天，在回報華府的前幾份報告之一，他僅僅摘錄了當時主要的幾個觀點，因為他還沒準備好提出自己的看法。他寫道，記者和其他人「可以概略分成強硬派和溫和派。強硬派堅持柬埔寨正在發生一場可觀的大屠殺，而且看不到盡頭；溫和的一方拒絕相信這種說法，他們認為，有些報告無疑顯示這個國家的某些地區發生暴行，但是這還不足以構成結論。」隨後，當唐寧第一次親耳聽到關於暴行的描述時，他同樣不知道該如何看待。那些殺戮和傷害「交織在混亂的狀態中，以致難以從中解讀真相。」

而在當時的華府，國務院面臨另一個麻煩。有八十一名柬埔寨軍官參與國防部的軍事援助計畫，正在美國進修。就在一九七五年四月十七日當天，國務院裡主管領事的單位取消了這群人的學生簽證。龍諾政府把他們送到美國受訓，但是這個政府已經不存在了。轉瞬之間，這群人從受訓軍官成了難民。

面臨國家遽變，想回家是人之常情。「每個人都想要回去」，貝沙歷（Bay Sarit）說。他是龍諾軍隊的陸軍中校，被分派到喬治亞州班寧堡（Fort Benning）基地接受十四個月的訓練。貝沙歷與同袍都聽說大屠殺的傳聞，「但是我們一直對自己說『柬埔寨人不會殺柬埔寨人』，我們無法相信真有其事。政府才剛倒台，他們或許會殺幾名高官，不過僅止於此。有些人說

『我們應該回去打仗！』我問他們『跟誰打？』我們很困惑，不知道該怎麼做。」

在柬埔寨，赤柬立即指派貝沙歷的妻子貝索菲妮（Bay Sophany）加入「開路先鋒」的行列。她知道丈夫身處何地，但是她也了解，一旦赤柬抓到她帶有任何文字資料，足以證明她受過教育且識字的話——更糟的是甚至跟龍諾的軍隊有聯繫——她將會遭到處決。「我在大腿上寫下『喬治亞州班寧堡』，他們不會檢查那裡。當字跡褪去了，我就再寫一次。」唯有如此，她才能確保自己不忘記丈夫的下落。

國務院對於該如何處理這群軍官毫無頭緒，於是將燙手山芋往外丟，僱用一個難民援助團體來照顧這些柬埔寨人，直到華府決定拿他們怎麼辦。柯曼（Cindy Coleman）被任命為專案總監，由於她擁有難民救援相關工作的豐富經驗與傑出表現。到了一九七五年秋天，「這群人變得愈來愈倔強」，柯曼描述，「他們在家鄉還有妻子和家人，他們威脅說，要是再不送他們回家，就要自我了斷。」

國務院的回覆是他們必須再等幾個月，直到解決方案出現。華府與新的柬埔寨政權沒有外交關係。同樣在一九七五年秋天，所有軍官和其他三十幾名成功逃到美國的難民，總共一百一十四名柬埔寨人，全都被送到菲律賓，安置在市中心的基督教青年會（YMCA）。他們還是嚷嚷著要回家，柯曼說：「但是我們沒有人知道柬埔寨真正的現況究竟如何。」

徘徊在泰柬邊境，唐寧知道他必須小心行事。他訪談的對象僅止於難民，而國務院的心態是不太把難民的想法當一回事。從一九七五年的夏天到秋天，他的報告只講述事實，甚至有點過於冷靜。「柬埔寨的生活無疑非常艱苦，對於一群突然被抽離相對舒適環境的都市居民來說，更是如此。」這段內容寫在唐寧一九七五年八月二十五日的航郵報告中。糧食不足，但是與來自柬埔寨西南方戈公省（Koh Kong）的人們談論過後，「其中一個人言之鑿鑿，在戈公省，至少有可能讓自己活下去。」

到了十二月，距離金邊淪陷已有九個月，陸續有故事傳到唐寧耳裡，因為內容太可怕了，他不知道該不該相信。傳言來自兩名在金邊的天主教救濟會工作的柬埔寨人，趁赤柬奪權前逃到邊界。唐寧寫道，他們的所見所聞「是最近幾個月內，我們聽到最棒的觀察。」這兩人告訴他，在西北部詩梳風（Sisphon）有座村落工作營發生的事。根據前天主教救濟會員工所說，「新來的人會依照性別強制區隔，無論在田間工作或是晚上休息時都一樣。他們宣稱，只要發生性關係或是談到結婚，就會被公開處決。赤柬辯稱每個人都必須投身於厚實經濟，而不是想著要成立家庭。孩童的死亡率高得嚇人，在最糟糕的情況下，一天有三十人死去，主因是瘧疾。他們全都被掩埋在同一個共用的墳墓裡。食物短缺是那裡的常態，偷東西吃的人，通常會公開死在來福槍或手槍下。」

隨後幾個月，他的報告內容變得愈來愈黑暗。唐寧開始想，「今時今日怎麼可能有這種事發生？現在可不是一九四二年，而是一九七五年。」他寫道：全國上下的工作時間極長，普遍是從早上五點半到晚上十點半。在暹粒省，「一名難民成天聽說赤柬把犁掛在人身上」，因為大部分的牛和其他農場動物早就餓死了。處決屢見不鮮，自由不復存在。「自一九七五年邁入一九七六年這段時間」，他在一九七六年三月寫下這些字句，「愈來愈多柬埔寨農民抱怨他們被迫從事太多工作、獲得太少食物，這是不人道的行為。」

唐寧的報告會直接送往國務院的東亞暨太平洋事務部，就是這個單位試著要處理那一百一十四名滯留在菲律賓的柬埔寨人。一九七六年，部裡的人「告訴我們，他們對柬埔寨沒有掌握任何可信的資訊」，柯曼說。而在基督教青年會，這群難民很快形成傳統的柬埔寨階層結構。資深軍官要求在專案辦公室有自己的辦公桌，如果沒有得到長官允許，年輕軍官甚至不肯告訴柯曼他們中午想吃什麼。一般民眾也一樣，他們大多數是不識字的稻農，「花了許多時間擺出一張困惑的臉」。然而他們每一個人還是想回家。

國務院官員告訴柯曼，她應該說服這群難民留在美國。「但是他們不肯公開說」，從來不曾當著難民的面說，柯曼敘述，也不透露他們對於柬埔寨的情況了解多少。「我們一旦拋出可能性，（告訴難民可以留在美國），總是會得到強烈的反對。其中一個人跟我說，如果不能回家，他將會自我犧牲。」柯曼希望他們留下來，「我跟這群人愈來愈熟絡」，她說。然而她和她的客戶一無所悉，如果讓難民回家，等著他們的會是什麼局面。

一個月又一個月過去，唐寧的報告內容愈加悲慘。三月三十一日，他描寫柬埔寨塑造出「一種斯巴達式的悲慘生活，使人民持續活在恐懼與嚴格的管制之中。疾病與處決變得司空見慣……人們會被靜悄悄地帶到村莊之外，通常是以某種藉口騙過去，然後遭到殺害。其他的家庭成員則被分開帶走行刑。」

到了四月，國務院幫難民找到方式飛回家，經由巴黎轉機。這群人的指揮官金府柊（Kim Phuoc Tung）少校在離開的前一天，外出給自己買了套新西裝。當他回到基督教青年會，換上光燦的新裝，柯曼稱讚他：「你穿這樣站在田裡看起來一定很稱頭。」他聽了只是微笑著說：「我家有老婆和四個小孩。」

最後一名難民在巴黎登上飛機後，他們在一九七六年四月十六日啟程到金邊。柯曼跟每個人擁抱，忍不住掉下眼淚。有些人在等候轉機時，從巴黎打電話來，她在電話裡又哭了起來，懇求他們：「別走。別走啊！」那天起，她決心要追蹤每個人回家後的下落。這是她的聖戰。

華府不願面對的真相

一九七六年秋天，來自紐約州剛上任的眾議員索拉茲（Stephen Solarz），與八位議會同僚同行造訪泰國，這是他第一次參與國外的議會訪問團❷。索拉茲和他的同事是眾議院外交事務委員會的成員，他們在訪問團的角色是與政府官員一同出席會議。然而索拉茲別有目的：他想去柬埔寨邊境與難民談話。「沒錯，我們知道龍諾下台跟赤柬獲得勝利」，索拉茲說，「我們知道赤柬驅離金邊和其他城市的居民，但是我們也就知道那麼多了。」

索拉茲說的並不盡然正確——將近十八個月來，唐寧持續寄出難民訪談報告給國務院。唐寧知道得越多，記載下來的資訊就越發殘酷而驚人。人們只有稀薄的米漿可吃，幾乎都是水，有時混雜著香蕉葉，他記載，數千人死於疾病與飢餓。「難民訴說著同樣的故事，不斷有人在

❷譯註：議會訪問團的英文全稱是congressional delegations，簡稱codels，由政府出資送議員出國考察。

田裡工作時突然倒地身亡。」不過索拉茲並不知道這些報告的存在，國務院以外沒人看過。

有天下午，一位美國大使館官員帶索拉茲到唐寧的辦公室。眾議員告訴唐寧他的意圖，隔天他們就開車去亞蘭。其他的議員沒人想去，到亞蘭的路程很長，又熱又不舒服。話說回來，誰真心關切柬埔寨呢？在這些人之中，為什麼只有索拉茲對柬埔寨這麼感興趣？幾年之後，索拉茲坐在他家裡的書房說明自己的動機。他面露笑容，只揮揮手指向遠處牆上的書架。他的藏書從地面幾乎延伸到天花板，全都是關於希特勒、史達林和大屠殺的書，搞不好英語世界出版的每一本他都有。他說，柬埔寨「在我看來像是另一場大屠殺」。而索拉茲身處的選區，恰巧是全國最多大屠殺倖存者居住的紐約。

唐寧知道該帶索拉茲去哪裡。他們並肩穿過人滿為患的難民營，索拉茲大吃一驚。「那裡有八千到一萬人，既淒慘又絕望。我聽到的故事簡直不可置信，例如他們殺掉每一個戴眼鏡的人。至於僧侶，則用塑膠袋把他們的頭罩住，直到窒息身亡。」他也聽說赤柬為了替殺人辯護，而喊出聲名狼藉的口號：「保留你沒有好處，失去你不算損失。」索拉茲回憶那場冒險時，在他扶手椅旁的邊桌上，放著一本《逃出特雷布林卡集中營》（*Surviving Treblinka*），從書籤擺放的位置可以看出他已經讀了超過一半。「這是我有生以來第一次直接目睹這種場面，他們讓我立刻聯想到猶太人的遭遇。我內心的道德界線遭逢了巨大的挑戰。」

回到華府之後，索拉茲說服另一位議員召開聽證會，討論柬埔寨的情勢。不幸的是，由於一九七六年的大選迫在眉睫，以及其他排在前頭的重要議事（事實上，對於大部分的眾議會成員來說，幾乎所有的事情都比柬埔寨來得重要），聽證會延期到一九七七年七月。

唐寧出席聽證會，他在最新的報告中指出，一場瘧疾的流行導致成千上百人喪命，主因是赤柬缺乏藥物，醫療人員只好為病人注射百事可樂或是椰奶。唐寧對小組委員會表明：「情報顯示處決仍持續發生，（但是）死於疾病和營養不良的人數已經遠超過行刑。」

助理國務卿霍布魯克（Richard Holbrooke）是唐寧的上司，他說得更為直接——這也是第一次有資深政府官員為柬埔寨發聲。霍布魯克說，「有些記者和學者估計，從一九七五年以來的死亡人數介於五十萬到一百二十萬之間。」但是他無法證實關於柬埔寨的任何數字。無論如何，霍布魯克仍舊表示：「根據所有可得的證據，我們斷定柬埔寨政府有系統地大舉違反基本人權。他們下令或允許大量地殘殺，強迫城市人口重新安置居所，殘忍地對待前任政府的支持者，以及鎮壓個人與政治自由。」霍布魯克補充：「依我的推測，只要有一個人被處決，同時就有好幾個人死於疾病、營養不良和其他原因。這些都是可以避免的，只要柬埔寨政府不採行現有政策，立下嚴刑峻法試圖完全改造社會。」

時序來到一九七七年中，赤柬已經掌權超過兩年。唐寧總共發出數百頁記載難民見聞的報告，新聞記者寫了幾十篇提供同樣難民證詞的故事以及其他報導。書店裡可以找到兩本記錄更多細節的重要書籍，其中一本甚至節錄刊於《讀者文摘》。

當時的美國總統卡特，把人權視為國外政策的中心原則，這在美國歷史上是頭一遭。即便如此，美國還是不願承認赤柬犯下危害人權的罪行，儘管那很可能是事實。原因之一來自於持反對意見的有力人士，例如波特（Gareth Porter），他是華府獨立組織中南半島資源中心的主任之一。他也受邀出席聽證會。考量到當時柬埔寨刻意塑造的不明態勢仍舊為多數人所接受，小組委員會決定，應該讓波特有機會說話以示公平。

那時波特是赤柬在美國最有力的擁護者，而歐洲的情況更是一面倒，替赤柬說話的人數輕易超過了相信悲劇正在發生的一方。這些人都是越戰的鼓譟反對者，特別不滿美國轟炸柬埔寨的行為。他們深信一件事而團結起來：轟炸無可避免地造成柬埔寨的國家變動，大過其他任何原因。對他們來說，美國政府現在說出口的肯定是謊言。只要金邊政權的立場反對美國，它必定值得讚賞。

瀰漫在越戰周邊的不信任氛圍，散布到柬埔寨的議題上。隨後波特接受學生記者的訪談，他說：「我揭露了一系列政府官員宣傳（越戰）的例子，他們在撒謊。」如果政府對待越南的態度如此不誠實，為什麼會有人選擇相信他們對於柬埔寨說的任何事？

同一時間，波特另闢戰線，他公開宣稱唐寧和曼谷大使館裡的同僚「預測美國一旦從柬埔寨撤兵，將會有數以百萬計的民眾因為飢餓死去。假使柬國政府明確地免除大型饑荒發生，這些人的面子掛不住，所以他們另外塑造了屠殺的聲明。」約略同個時期，柬埔寨外長英沙里向一位義大利訪問者說：「赤柬的革命開了先河。」而那些宣稱柬埔寨處決了成千上萬民眾的人，「根本就瘋了，只有幾百名罪犯被審判定罪而已。」

在小組委員會面前，波特僅僅這麼說：「由屠殺狂人統治的政權，造成介於一百萬至兩百萬名柬埔寨人受害，這完全是個虛構的故事。」他補充，謊言出自維護自身利益的政府聲明，

以及近期報紙與書籍裡不負責任的報導。❸

幾個星期前，作家暨學者喬姆斯基（Noam Chomsky）在美國《國家》週刊❹上的一篇文章，將美國轟炸和赤柬恐怖兜在一起，與其他赤柬擁護者抱持同樣的廣泛推論。他引用一位不知名「極具資格的專家」所言，「此人大量研讀可得的證據，斷定遭處決的人數至多僅有數千人。」他也宣稱：「處決的情形只局限於赤柬影響力較弱的部分地區，這些地方存在不尋常的農民憤恨情緒，而且因為美國的破壞與殺戮造成對於飢餓的恐懼，更加惡化了出自復仇心的殘殺。這批報告也強調，交戰的雙方都展現了異常殘忍的行為（因為美國的攻擊而起），並且一再發現許多大屠殺的報告造假。屠殺的證言來源是極度不可靠的難民報告，必須以高度謹慎的態度來看待。」

回頭思索聽證會的經過，唐寧表示：「告訴他們我知道什麼很簡單，難的是告訴他們該採取什麼行動。我覺得無助。」儘管有波特的出席發言，索拉茲表示，聽證會幫助他說服眾議院通過一項提案，「呼籲卡特政府與其他國家合作，還給柬埔寨人民自由。不過這當然一點用也沒有。」

---

❸二〇一〇年，波特說他等了許多年，終於有人為了寫書來問他對於赤柬的早期看法。他說：「多年來，我深深明白自己犯下知識分子的傲慢罪行。越南屠殺被我料中了，所以我認定對柬埔寨的看法是正確的。」

❹創刊於一八六五年。喬姆斯基提出對赤柬看法的文章刊登於一九七七年六月六日出版的《國家》週刊。

一九七八年二月，赤柬上台幾乎三年了，《華盛頓郵報》的賽門斯（Lewis Simons）寫了一篇新的分析稿，總結他派駐東南亞的所見所聞❺。首先他承認，包括他在內，沒有人真正知道柬埔寨發生了什麼事。如果真是這樣，他寫道：「為什麼大多數美國人假定柬埔寨共產黨是納粹之後最殘忍的政權？難道說答案就像柬埔寨與其少數外國盟友所主張，歸咎於西方政府與新聞媒體聯手『誤導與任意造假』的錯？」他推斷事實不盡然如此。再說，關於這整件事，「美國擁有神通廣大的情報網絡，怎麼會對於柬埔寨內部情況知道得那麼少？答案似乎是柬埔寨早已不被畫入美國關心的範圍。至少一位官員是這麼說的：『以情報目標的標準來看，如今整個中南半島的重要性已經非常、非常低。柬埔寨更是低到幾乎算是不存在。』」

沒有人知道，沒有人關心。經過不到一年，越南入侵柬埔寨趕走赤柬政權時，華府展現了同樣盡可能漠視的態度。

---

❺ 賽門斯評論赤柬的文章刊登於一九七八年二月十九日的《華盛頓郵報》。

CAMBODIA'S CURSE
THE MODERN HISTORY OF
A TROUBLED LAND

第三章

史上首見
由聯合國接管的國家

越南扶植傀儡政權

和多數柬埔寨人一樣，赤柬痛恨越南人，從掌權開始，兩國常在邊界發生小衝突。到了一九七八年底，越南人覺得受夠了，數千人的軍隊開拔湧入邊界，過沒多久就把赤柬拉下台。

歷代以來的敵人橫掃自己的國家時，幾百萬名柬埔寨人卻默默歡慶。掌權三年八個月又二十天之後，赤柬政權悄悄踏上末路。此後數十年，柬埔寨人才不甘願地證實是越南人救了自己的性命。

瘦如骨骸、病懨懨且歷經創傷，成千上萬名柬埔寨人蹣跚前往泰國邊境尋求庇護，沿途以樹葉、樹根和昆蟲果腹。許多人在路上因為飢餓倒下，或是不幸踩到地雷。赤柬士兵沿著西方邊界處處埋下地雷，阻止受害者逃走。最終撐到泰國的人身上往往染有瘧疾、傷寒、霍亂以及一長串的疾病，全都帶入難民營。人權團體估計，赤柬失勢後，一年內死了超過六十五萬名的柬埔寨人。

柯曼守候在亞蘭的難民營。她說：「柬埔寨一敞開大門，我立刻趕來。」她在二月抵達時，距離赤柬政權下台才隔幾個星期，身上帶著她關切的前軍官們的照片。她住的旅館門上只有空的鎖扣，夜晚得睡在草蓆上。「那是我第一次見到泰式廁所」，她大笑著形容，「地板上有個洞，旁邊放著一桶水。」

三個星期以來，她和一位提供協助的大使館副官走過一個又一個難民營，不斷尋找。「我們跟著泰國的救援卡車到處走」，她描述，「柬埔寨人停駐在空地上，他們仍舊穿著黑色制服和紅色圍巾，每一個人都是。他們營養不良，極其削瘦；臉上沒有表情，無神地直視前方，衣服髒兮兮的。我在人群間傳閱照片，也貼在亞蘭每一個難民營的布告欄上；許多人跟我做一樣的事。我把照片給難民營的援助工作者看，詢問我遇到的任何人。」但是「沒有半個人」見過或聽說過她的軍官朋友的消息。

戰爭持續了幾個月，造成農人無法採收稻米。這個時機真是糟糕到了極點，饑荒已經讓人們挨餓達三年半之久。如果說唐寧的航郵電報只有少量讀者，那麼如今邊界的新聞報導數量稱得上「爆炸」。只有故意把眼睛和耳朵閉上的人，才能假裝自己不知道赤柬政權的恐怖行為。卡特總統形容赤柬是「世界上最糟糕的人權違反者」，這種說法還有點過於輕描淡寫了。然而，對於越南的入侵，白宮的回應只是多補上幾項制裁。五百萬名赤柬受害者什麼也沒有得到，大多數人依然不知道下一餐在哪裡。很快的，卡特和世界上大多數人的目光焦點就移開了。

一九七九年七月，一萬名越南「船民」逃出國境。某種程度上，美國人以欣喜的眼光看待這則新聞，畢竟有上萬民眾爭相逃離美國敵人越共的手裡。於是這些船民占據了東南亞的新聞報導版面。接著在一九七九年十一月四日，一群學生占領美國駐德黑蘭大使館，俘虜約五十名美國人，引爆伊朗人質危機，並攫獲世界目光超過一年。再下個月，蘇聯入侵阿富汗。而美國正準備迎接一九八〇年的總統大選活動，伊朗的美國人質是外交政策的辯論主題。柬埔寨的能見度消失無蹤。

一九七九年一月，越南人發現吐斯廉（Tuol Sleng）這所位於金邊中部的高中，竟被赤柬改建作為刑求與處決場。第一批進入的越南記者與士兵，目睹仍舊銬在枷鎖上的腐爛屍體，可怖的刑求工具遍布四處。士兵在一棟外圍建築物裡發現數千頁文件，記載著受害者的資料和照片，至少一萬五千名柬埔寨人被送進來，拷打直到人們肯承認自己通敵，然後遭到殺害——用鐵棒敲碎他們的後腦杓。

這樁與其他諸多赤柬恐怖的證據引起大眾關注。❶不過對於華府的大多數人來說，柬埔寨的新聞並不是赤柬滅絕人性的罪行，才不是呢。美國官員似乎只能聽進一件事：越南——美國的仇敵——征服了柬埔寨。共黨士兵是否為了讓入侵看來合理，揑造或誇大了吐斯廉的情況？越南接下來會不會侵略泰國？一面倒的骨牌效應正在發酵嗎？

在一場白宮的記者會中，卡特總統向「越南及替他們撐腰的蘇聯」發出警告，不要讓戰爭波及泰國。接下來的幾個月，越南軍隊的確小小跨界進入過泰國幾次，追捕赤柬分子。美國輸掉越戰之後，對於當初促成開戰的政治人物，他們最恐懼的夢魘莫非即將成真？

聯合國旋即面臨抉擇，繼赤柬之後，誰該坐上柬埔寨在聯合國的位置？而在聯合國發生的所有爭議中，美國的聲音占有壓倒性地位。究竟是失勢的赤柬政權保有一席，或是要讓越南扶植的傀儡政府進入聯合國？兩個選項都令人難以接受。該認可一個屠殺民眾的垮台政府，還是一個共黨國家？後者不僅跟蘇聯站在同一陣線，更是唯一戰勝過美國的國家。就像一位國務院資深官員形容的：「選凶手一號，不然就是凶手二號。」

令人驚訝的是，聯合國選擇讓赤柬重返席位，忽視華府口中的「那些傀儡」，即使他們在金邊實際掌權。國務院認為，把席次給越南，就等於多送莫斯科一張聯合國大會的表決選票。

儘管赤柬是屠夫，他們已經成為住在叢林裡的失勢者，而且盟友是中國——華府的新夥伴。

華府的政策甚至比聯合國更加陰沉。國家安全顧問布洛辛斯基（Zbigniew Brzezinski）向記者兼作家貝克（Elizabeth Becker）坦言：「我鼓勵中國支持波布，（他）很可恨，我們不能支持他，但是中國可以。」[2]而中國的確這麼做，此後十三年都沒有改變立場。

聯合國投票後，美國全權證書委員會代表、律師羅森史塔克（Robert Rosenstock）發覺他得和柬埔寨前外長英沙里握手。英沙里臉上充滿感激的微笑，羅森史塔克卻只想去把手洗乾淨。「當時我已了解得夠多，足以對握英沙里的手感到噁心。」他向作家鮑爾斯（Samantha Powers）這麼說[3]。赤柬政權的總理喬森潘（Khieu Samphan）表示：「我們衷心感謝美國。」

雷根在一九八一年就任美國總統時，他斷然拒絕認可柬埔寨的通敵政府。聯合國援助機構被禁止涉足柬埔寨，沒人想和越南擺在金邊的丑角發生關係。至於柬埔寨民眾，縱使身為屠殺和暴政的受害者，同樣沒有任何人願意費時為他們著想。[4]

---

[1] 不久，一名柬埔寨友人告訴柯曼，她的昔日客戶有許多人在吐斯廉的死亡名單上——許多，而不是全部。她立即補充，並且繼續尋找其他人。

[2] 布洛辛斯基鼓勵中國支持赤柬的文字，出自貝克的著作《戰爭結束後：柬埔寨和赤柬革命》（*When the War Is Over: Cambodia and the Khmer Rouge Revolution*），四三五頁。

[3] 鮑爾斯在《來自地獄的問題：美國和屠殺年代》（*A Problem from Hell: America and the Age of Genocide*）一書中，描寫到羅森史塔克和英沙里的互動。

洪森躍上政治舞台

越南任命韓桑林（Heng Samrin）為總理，他久為柬埔寨共產黨成員，還曾擔任赤柬師長。如同許多赤柬官員，韓桑林害怕波布會轉而對付他，因此逃到越南。一九七八年，越南軍隊選派韓桑林帶領一小隊赤柬叛逃者，「領導」攻入柬埔寨，使侵略軍隊帶著本國人的面貌。

就任後，韓桑林和其他政府高層聽從河內的命令。越南行政官員安插在每一個中央部會與省政府辦公室，任務是把柬埔寨重塑為信奉馬克思列寧主義的國家。最明顯的地方是學校，越南整修現有的學校並建造了一些新學校，在教室裡掛上韓桑林、史達林與胡志明的照片，必修課程包括社會主義團結、經濟理論以及馬克思列寧主義。學生被告知他們受教育的目的是成為有用的「社會主義新血」。

對金邊的政府來說，這些都不算是太大的跳躍。畢竟許多領導人是昔日的赤柬官員，而赤柬又是柬埔寨共產黨的別名。也莫怪這個政權會受到雷根政府鄙視，因為它是越南的傀儡，也是雷根口中「邪惡帝國」蘇聯的傀儡。

一九八五年韓桑林退到一旁，越南讓洪森補上他的位置，一位狡猾的前赤柬師長，年僅三十三歲。一九七〇年他從廣播聽見西哈努克親王鼓動柬埔寨人，投向赤柬陣營以對抗龍諾，隨後他就加入赤柬。一九七七年，當赤柬領袖表露對他不滿的跡象，他旋即逃至越南，成為一小隊柬埔寨軍力的軍官，一九七八年末在越南命令下攻入邊境。由於這段為越南效力的經歷，他當上外交部長。

在華盛頓，索拉茲發現自己是美國政府裡唯一花時間為真正受害者——柬埔寨民眾——著想的人。大屠殺是他最不想見到的事，卻在柬埔寨真實發生。他促使雷根政府接納數千名柬埔寨難民，並且推動一項法案，向所謂的柬埔寨「非共產主義反抗勢力」提供援助。那是支持西哈努克的兩支小型軍力，以鄉下地區為據點。索拉茲明白，唯有將洪森與他的共黨軍隊趕下台，否則美國不會對受苦已久的柬埔寨人民伸出援手。

洪森成為華盛頓的眼中釘，他是金邊的共產黨丑角，聽從越南的命令。「我認為他基本上是個暴徒」，索拉茲說。然而索拉茲的資深助手卜睿哲（Richard Bush）評論，他的老闆從不同的角度來看整體局勢。當整個華府把洪森和金邊的其他人視為越南的共黨傀儡，「小索擔心的是柬埔寨『人民』遭到前赤柬領袖統治。」

在這段時間裡，對美國援金流向的指控愈演愈烈，傳言已有兩億一千五百萬美元流入赤柬手裡。國會要求徹查此事，由相關部門國務院情報研究局首長芬格（Tom Fingar）負責派遣調查員。他們果真發現一些漏洞，包括分享彈藥、共同防衛一條橋，以及一車同時載運「非共產

---

❹ 有幾篇學術論文關心柬埔寨人，然而眼光只放在死人身上。赤柬下台後幾年，有些人自稱柬埔寨專家，企圖估計赤柬殺害的人數，不過柬埔寨自一九六二年起就沒做過人口普查。這群人大多是學者，其中有些是赤柬的早期擁護者，他們與人激烈辯論，究竟某些受害者該歸咎於赤柬或是美國的轟炸行為。其中幾位學者最終得出數種不同的估計，範圍從一百七十萬到幾近三百萬人不等。記者與作家採用最安全的方式去形容——「至少一百七十萬人」——此後成為公認數據。事實上，赤柬審判時做的較近期研究顯示，死亡人數大約是兩百萬人。

主義者」與赤柬分子去打仗。然而芬格認為，這整件事不過是華府典型地對微不足道的事件感到憤怒，不啻是一場「跳蚤馬戲團表演的附帶現象」。芬格表示，他的調查員「試著釐清究竟發生了什麼事」，而他和其他人「不禁質疑：真正的目標不是要打敗金邊的越南傀儡嗎？我們為什麼提供援助？不是為了擊倒洪森嗎？」

柬埔寨困在泥沼裡，敵人占領國土，由屠殺同胞的昔日政府代表出席聯合國與世界舞台，統治者是西方世界鄙視的共黨獨裁分子，所有重要的援助無不遭到禁鎖。一九七五年四月，柬埔寨擁有七百七十萬人口；赤柬下台時，全國剩下不到五百萬人。他們挨餓患病，而且孤立無援。

柬埔寨沒有半個人明白當前局勢的意義，然而在一九八五年三月，破口的第一道隱喻發生了。戈巴契夫在莫斯科掌權，蘇聯瓦解。戈巴契夫立即縮減對許多友邦的金援，包括越南在內。少了蘇聯的金援，越南的麻煩大了——嚴重到隔年第六黨國會採取激進對策，發布「經濟改革」計畫，嘗試推行自由市場經濟。國會表示，他們要「釋放越南的創業家精神」。這個決策最終使越南的經濟出現奇蹟，只不過需要好幾年的時間。在那之前，越南被迫重新評估他們的境外事業，事實是擴張範圍太廣了。儘管有諸多不情願，越南軍隊在一九八八與八九年從柬埔寨撤兵，留下洪森的傀儡政權獨自管事。

不單單只有越南打了算盤。好幾年來，由於預見越南終究會撤離，澳洲、印尼、日本與其他國家不定期在雅加達私下會面，尋找打破柬埔寨四股派系競爭僵局的折衷方案。他們是洪森政府、赤柬、由西哈努克之子拉那烈親王領導且支持國王的游擊隊，以及年長的政治家宋雙

（Son Sann），他在西哈努克在位時曾任外交部長。

其中沒有一方具有壓倒性的勢力，直到越南的退兵改變一切。突然之間，人們開始問：**越南的軍隊走了，誰來阻止赤柬進軍奪回金邊？**

越南撤退後的國際角力

梅密克（Mey Meakk）是波布的私人祕書，負責在「頭號人物」（Brother No.1）召開的會議裡做筆記，謄打他的備忘錄與指示，在赤柬廣播電台上傳達波布的訊息。根據他的告白，下令殘殺兩百萬國民的那個人，在柬埔寨東北部叢林裡過著相當舒服的日子。「他有很多錢」，梅密克說。而波布在那個時期拍的照片，看得出來他變胖了。

紐約時報記者暨作家卡姆（Henry Kamm）前往拜訪波布，他描述對方提供的住處：「以叢林裡的標準來說，赤柬招待所既新且豪華，擺設明顯仿造昔日法國殖民者宴客度假的奢華狩獵小屋……每天更換來自曼谷的水果，供應最好的泰國啤酒、約翰走路黑牌威士忌、美國汽水與泰國瓶裝水。」[5]

赤柬領導人喝得醉醺醺的，他們手裡有中國給的豐厚援助，再加上手下砍伐廣闊的熱帶林木，賣給邊境的泰國將領。然而，當越南退兵成為事實，波布振作起來。「他想利用局勢，

[5] 卡姆造訪赤柬叢林小木屋的經歷，載於《柬埔寨：來自嚴峻之地的報導》（*Cambodia: Report from a Stricken Land*）一書，一五〇、一五二頁。

在一九八九年底奪回金邊」，梅密克表示，「他準備整軍，密集部署。」不過他的將領抗拒戰爭。「軍隊非常疲倦。他們沒有給予獎賞來激勵人心，他們不想這麼做。」波布只好打消念頭。西方沒有一個人知道這段插曲。

法國政府對赤柬的威脅顯得格外興奮。隨後的幾個月，巴黎持續發出愈發緊急的警告。「我認為，法國的動機是他們相信可以發起一場重返東南亞要角的復興。」昆恩分析；他現在是這個區域的副助理國務卿。局勢未明前，昆恩的看法是普遍觀點。他的上司助理國務卿索樂文是少數幾個做出評論的國務院官員，他說：「傳聞法國在政府倉庫裡四處翻找，想找出西哈努克的王座。」一九八九年八月，法國邀請所有重要國家代表到巴黎參與一場關於柬埔寨的會議，地點選在優雅的克萊柏國際會議中心，砸錢毫不手軟。克萊柏嵌滿鏡面的浴室，讓美國代表們大為驚嘆。

一九八九年一月布希就任總統，他的國務卿貝克參與了這場會議，席間還有來自其他二十幾個國家的外交部長，以及柬埔寨的四個陣營領袖。貝克第一次見到柬埔寨總理洪森時，助理國務卿波頓也在場，理所當然的，他們不把洪森當一回事。「洪森坐在椅子上，前後搖來搖去，突然往後跌了下去」，波頓邊說邊笑，緩慢地搖頭。「他爬起身，看起來嚇到了。我們都覺得他一定喝醉了，或是前晚宿醉。」

會議的目的，是為柬埔寨的四個勢力找出折衷方案，並且為世界強國所接受。中國堅持解散洪森政府，莫斯科當然拒絕考慮這個選項。當時俄國仍然支持越南以及它們在柬埔寨扶持的政府。四個柬埔寨陣營的立場，如實反應出各自支持者的觀點。會議宣告失敗。

目光回到柬埔寨西部，即使無法奪回金邊，波布決心至少要試著占領拜林市。拜林是距離泰國邊境數哩之遙的省會，也是柬埔寨富藏寶石產區的中心。波布的軍隊將領迅速響應，立即斷然占領拜林市，使他們得以進一步充實自己的荷包。赤柬販賣隨之到手的寶石與木材，估計每年賺進數千萬美元，直接進了波布與其黨羽的口袋。

對巴黎、倫敦和華盛頓來說，一九八九年赤柬入侵拜林，再次確證洪森的軍力不足以對付波布軍隊。法國尤為憂慮：如何阻擋波布奪回金邊？現在華府願意聽了。波頓表示：「在我聽來很合理，越南撤離後，洪森的確無法坐穩位置。他缺乏起身對抗赤柬的能力。」

就在那個時候，華府歷經一場劇烈變動。一九八九年的頭幾個月，布希剛上任，中國殘忍鎮壓天安門廣場的民主抗議人士。十年前，中國曾短暫入侵北越，懲罰他們拉中國的盟友赤柬下台。美國官員不得不捫心自問：華府還能把中國當成新摯友嗎？十一月柏林圍牆倒塌，冷戰結束，蘇聯和中國建立正常關係，政策制定者面對嶄新的世界。國務院長期質疑洪森為「蘇聯和越南為了擴張領土而扶植的非法傀儡政府」，如今決策中的每個環節都已過時。

如同過往，柬埔寨不在華府優先考慮之列，連第五名都排不上。這並不妨礙國會對赤柬感到憂慮，自一九九〇年開始增長。參議院多數黨領袖米契（George Mitchell）警告，赤柬的威脅仍舊存在，他們有可能讓柬埔寨再次成為「巨大的殺戮戰場」。數十位參議員開始撰寫一封給布希總統的信，寫道：「赤柬是柬埔寨人民斷然無法接受的威脅，而美國政策應該首先立基於阻止赤柬恢復勢力。」

美國不再支持赤柬

一九九〇年七月十八日，國務卿貝克終於宣告美國政策有所轉變，而且是徹底的翻轉。美國終止對赤柬在政治上的支持，以及心照不宣的軍事支援，自它們下台後維持了十一年，更別提距離屠殺真相大白已達十年之久，波布與他的手下謀殺了「至少一百七十萬」人，相當於柬埔寨二五％的人口。在一場位於巴黎的記者會上，貝克表示，華府「達成其中一個政策目標」，也就是指越南撤離柬埔寨領土，「另一個政策目標是阻止赤柬重新掌權」。記者會尾聲時，他說美國會恢復對柬埔寨的「人道援助」，反轉他們在聯合國的決策，並且願意與越南展開對話。

會議結束後，貝克與蘇聯外長謝瓦爾德納澤（Eduard Shevardnadze）交談。兩人同在台上，謝瓦爾德納澤站在貝克旁邊，對他說美國與蘇聯對柬埔寨的立場如今「愈來愈接近」。直到那一天之前，世界強權無法達成協議，使得柬埔寨僵局不可能找到出路。中國支持赤柬，並且在過去十年間提供至少十億美元的軍事援助。蘇聯站在越南那一邊，美國則為北方叢林的一萬五千名「非共產主義」革命鬥士撐腰，可惜不成氣候。然而布希政府的新立場攪亂了一切。

沒過多久，中國宣告與越南的關係將回到常軌，他們開始縮減給赤柬的援助，而且跟蘇聯已經維繫正常關係。如此一來，三個強國突然全都同意與金邊的洪森政府交涉，即便他們大多並非心甘情願。「這真是值得記上一筆」，國務院官員昆恩評論，「蘇聯、中國、歐洲和美國全都達成共識，簡直是全壘打！這促使中國與越南和解，我們也必須跟越南和好。我的天哪，太美好了，而我的國家在這件事中扮演要角。」

貝克抓緊機會，他在一場舉辦於紐約的東南亞外長會議中，闡述聯合國安理會是該對柬埔寨議題「放手」的時候了。如今，安理會的每一個常任理事——美國、英國、法國、俄國與中國，這「常任五國」都表示同意。這種情況，下一次再發生不知道要到何年何月。

而在國務院，索樂文突然間明白：這是我的機會！他擔任東亞和太平洋事務助理國務卿，是主導東南亞政策最資深的官員。國務院裡，每一位官員從不停止自忖：**我可以從「我的」機會裡撈到些什麼？**

到目前為止，索樂文的事業稱得上出眾，但不算特別了不起。他擁有麻省理工學院的政治博士學位，加入外交圈前在密西根大學執教。他曾擔任幾個中等階層、聽起來滿像一回事的職位，現在是助理國務卿，在院裡是相當資深的位置。不幸的是，一如往常，他轄區內的重要國家：中國、韓國與日本，由院裡更高階層的人看管。至於沒人表示興趣的柬埔寨，就由索樂文領走。

一九八九年春天索樂文上任時，他收到的指令很清楚：別在中南半島議題上出頭，支持法國就好，畢竟是法國佬搞出那場巴黎的會議。然而索樂文別有計畫。他把昆恩從菲律賓召回，擔任他的副手——昆恩是第一個寫航郵報告指出赤柬威脅的人。他告訴昆恩，他們有機會做出改變。索樂文在越南和柬埔寨事務上缺乏背景，「這是他需要我的原因」，昆恩說明，「這對他來說是大事，但是美國政府裡沒有任何人覺得一個協議能做到什麼。他們放手讓索樂文去做他想做的。」他敘述這段話時，表示輕蔑地搖著頭。

接著，索樂文找到一位盟友，他是聯合國東南亞事務特別代表阿麥德（Rafeeuddin Ahmed）。阿麥德已在這個區域穿梭來去超過十年，想要為柬埔寨的死胡同找出路。「我明白如果要當個可靠的談判對象，我得去金邊，即使柬埔寨人民共和國被視為非法政府，不曾被聯合國承認過。」阿麥德說。回到一九八七年，「我尋找先例時，發現韓戰期間有些美國軍機遭擊落後，哈馬紹[6]造訪中國，那時中國也不被承認。」與洪森談了幾個小時之後，他被打動了。一九九〇年安理會召開一系列特別會議，決定往後的柬埔寨事務路線時，聯合國內沒人比阿麥德更熟悉這個議題。只要與柬埔寨有關的會議，他一定參加。

第一次高峰會發布的新聞稿指出，理事會決議，為了達成和平的調解，需要「聯合國扮演更進一步的角色」。不過具體細節就沒寫在新聞稿裡。二月，阿麥德在第二次會議上簡報，他告訴安理會成員，假如中國、蘇聯和柬埔寨政府代表不碰頭的話，很難達成協議。如果大家不攜手合作，聯合國又能做什麼？

貝克在巴黎舉行記者會的幾個星期後，常任五國又在紐約聚會，這次他們很快達成協議，通過一個大膽的計畫，甚至嚇到某些安理會成員。**聯合國將接管柬埔寨**，**將這個國家納入聯合國管轄範圍**。他們會將四個相互競爭的軍隊解除武裝，安置在特別營地，直到舉行全國大選並選出新的民主政府。「這是我們從未做過的事，我指的是真正掌控、督導、監看一個政府發揮功能的過程」，阿麥德說，「但我們相信自己做得到。」

其他人就沒那麼確定了。魏德曼擔任白宮國家安全委員會亞洲專員，他形容這整個運作就像是「一場極為重大的實驗，用聯合國維安部隊把柬埔寨拉出僵局。」然而他與其他人立即明白，這場實驗的花費甚鉅，難免造成麻煩。英國政府第一個提出警告，抱怨這項行動可能耗去高額費用。在華府，波頓同意英國的觀點，「我們估計費用是二十億美元，在我看來是天文數字。這個計畫史無前例，我不認為會成功。」而結果不出所料。

聯合國接管柬埔寨

對於世界上一百九十五個會員國來說，聯合國無法完美的代表每位成員。差不多從成立的第一天起，它就被凍結世界的同一個爭議癱瘓了——冷戰。每個國家或多或少屬於這三大陣營之一：東方、西方或是未結盟的第三世界國家。在幾乎每個重要議題上，三大陣營彼此爭執，聯合國安理會常因遭遇相似的困境而停頓不前。

然而冷戰結束後，桎梏隨之崩解。聯合國尋回自信，開展更多任務，在五年內就超越了過去四十年的執行數量。聯合國領袖以喜孜孜的語調提到，安理會成員「嶄新的志同道合」，他們表示聯合國歷經一場「復興」。沒有比柬埔寨更好的伸展台了，冷戰的隔離妨礙各國在一九八〇年代對柬埔寨達成共識，現在聯合國有機會參一腳並做出改變。聯合國將接手管理一整個國家，類似的事從未發生過，他們要給柬埔寨一個救贖的機會，重獲新生，以及躋身現代世界的門票。辦到這些事之後，聯合國終能證明自己的價值。還有比那更美好的一刻嗎？

❻ 譯註：哈馬紹（Dag Hammarskjöld，一九〇五—一九六一），瑞典外交官，一九五三年至墜機殉職前擔任聯合國祕書長。

柏林圍牆倒了，蘇聯從前的衛星國家樂享新到手的自由，令人印象深刻的新領袖登場大展身手，包括哈維爾[7]和瓦文薩[8]。在世界的其他角落，僵持不下的衝突獲得驚人的解決。在南非，曼德拉從監獄釋放出來，成為南非非洲人國民大會黨主席。愛爾蘭共和軍與英國政府展開祕密協商，很快宣告停火協議。得到聯合國伸出援手，這股清新氣息還能不吹遍金邊嗎？

然而事實上，金邊沒有新面孔現身，什麼都沒變。柬埔寨人只能指望洪森和西哈努克國王，他們意志堅定，腦袋裡只想著要確實地掌控全國。即將帶領柬埔寨進入全新民主時代的，就是這樣的人。

一九九一年十月二十三日，四支柬埔寨派系與十九國代表齊聚巴黎，簽署「巴黎和平協定」。柬埔寨方面同意立即停火，遣散征戰的軍隊，協助滯留泰國邊境難民營的三十七萬人歸國，並且在一九九三年中舉辦全國大選。聯合國將管理柬埔寨直到選舉結束，立即部署上萬名軍力與民政府，展開最富雄心的維安行動，規模前所未見。

法國再次選中克萊柏國際會議中心舉行盛大慶典，美國國務卿貝克向群眾宣告：「柬埔寨之所以成為特例，迫切需要國際支援，原因是柬埔寨人民身上承受巨大的苦痛。」法國總統密特朗（François Mitterrand）察覺到某些柬埔寨人流露的不安。赤柬並未要求分一杯羹，遭到中國遺棄後，波布明白他再也沒機會了。典禮始末，赤柬代表喬森潘和宋先（Son Sen）呆坐一旁，他們知道自己還是握有國土上最大的兵力。英國代表凱瑟尼斯勛爵（Lord Caithness）在唱名時，依據外交慣例略過一群赤柬惡棍的名字，他只說：波布、英沙里和其他人——雖然他隨後意有所指地補上：「當然還有其他人。」喬森潘曾是赤柬政權的總理，宋先則是現任赤柬叛軍的「最高指揮官」。

出席者約有三十人，圍坐在大型方桌旁，上頭覆蓋黃色桌布。洪森就坐在喬森潘隔壁。當現任總理的目光掃過赤柬領袖，以及其他反對勢力頭子拉那烈親王與宋雙時，他心中明白，這群如今身著深色西裝的傢伙，過去十年全都試圖要殺了他。這場會議無法給他什麼，他已經是國家總理了。先是赤柬，後來是越南人，從洪森還是青少年的往後每一天，無不教育他成為一名專制不退縮的獨裁者。他們教他不擇手段，威脅、懲罰、殺戮，為了奪權使出什麼手段也在所不惜。天知道聯合國的占領，尤其是那些「自由公平選舉」能給他什麼好處？

世界強權簽下協議，將砸下數十億資金，在數年間投入上萬名人力，分別來自數十個不同國家，還有未曾明言的政治資本，再加上或許幾條人命——這一切，都是為了給一個不具戰略地位的遙遠亞洲小國，從二十年的恐怖中重獲新生的機會。**像這樣的事從未發生過，任何地方、任何時代都沒有過**。

柬埔寨的領袖們置身這場難以置信的典禮，在光燦萬分的法國接待大廳裡，看著世界主要國家的領袖送上大禮。他們安坐著陷入沉思，或許暗自醞釀新的陰謀，策畫另一場詭計。密特

❼ 譯註：哈維爾（Václav Havel，一九三六—二〇一一），一九九三至二〇〇三年間擔任捷克共和國總統。

❽ 譯註：瓦文薩（Lech Wa sa，一九四三—），一九九〇至一九九五年間任波蘭總統，一九八三年獲諾貝爾和平獎。

朗觀察他們，並提出警告：「歷史上黑暗的一頁已經過去了。柬埔寨人希求和平，也就是說，任何一絲復仇之心都是危險的，那代表他們忘了歷史的教訓。」密特朗和其他人很快會發現，**歷史從來就不是柬埔寨人的強項。**

CAMBODIA'S CURSE

[redacted]

第四章

三十億美元換來一場民主夢

誰來買單？

不令人意外，第一批聯合國部隊遲了幾個月抵達柬埔寨。不過他們動作倒快，就在一九九二年五月底，兩位聯合國維安行動最高指揮官明石康（Yashushi Akashi）和桑德森（John Sanderson）下令沿著柬埔寨最西邊的石礫泥土道路轟炸，啟程上路，營造某種長治久安的象徵。

明石康是柬埔寨過渡時期聯合國權力機構（簡稱聯柬）[1]的民指揮官，他身邊坐著來自澳洲的桑德森將軍，時任聯柬軍隊統帥；載滿記者的卡車緊跟在後。他們終於碰上一個赤柬「檢查哨」，說得更精確一點，窗外的年少赤柬士兵用來開啟路障的工具，是身旁那根前端綁有竹鉤的棍棒。

明石康與桑德森要求通過，他們要去跟一支新加入的荷蘭軍隊會合，荷軍正準備越過泰柬邊境。看起來甚至未滿十八歲的哨站守衛向兩人說，他沒有收到讓聯合國軍隊通過的指令。他們試著和男孩說明，男孩堅持沒有通過許可不能放行。最後聯合國官員只好掉頭開回金邊，不甘遭受重大侮辱而厲聲咆哮。「我們非常嚴肅看待這次事件」，明石康宣稱，隨後撂下他所能發出的最終威脅：「我要去跟安理會說！」

全世界抱著極高的期望看待聯合國進駐柬埔寨這件事。畢竟這是「新」聯合國，要在彼此友好協力的嶄新世界實行一項野心與預算遠高於以往的行動，俄國、中國和美國全都攜手合作。然而，打從簽訂巴黎和平協定的那天起，這群政府高官沒有一個人明白，擺在第一優先考量的應該是「**誰來付帳單**」。

英國抱怨最凶，而美國官員也坦言代價明顯過高。波頓是辯論的要角，身為主管國際組織領域的助理國務卿，他扮演聯合國與國務院之間的橋梁，也就必須處理預算方面的事。「事實是，我們發現費用高得難以置信」，波頓說明，「聯合國從未實行如此重大的任務，也就代表沒有前例可循，估計要花費數十億美元。而且局勢愈來愈明朗，我們發現赤柬根本不對誰構成真正的軍事威脅。」

這則新聞似乎喚醒了大家。赤柬不是正打算進軍金邊，如參議員米契爾說的要再次讓柬埔寨化身為「遼闊的殺戮戰場」嗎？六十六位參議員不是剛簽署了一封信，向總統表達懇切的關心？報紙社論不是為了這項議題嚴詞批評？一九九一年十月二十四日，《紐約時報》刊出：「即使在現實世界，恐怖故事也有續集。我們憂心，『赤柬再現』的戲碼很可能即將在柬埔寨上演。」

數個月過後，如今所有人都明白自己被愚弄了。沒錯，赤柬仍舊是草菅人命的勢力，但是他們現在對累積個人財富更有興趣——這違背了維安行動秉持的最基礎原則。「他們是伐木工與礦工，而不是軍人，把木材和寶石賣給泰國邊境的將領。」波頓描述。他們在一九八九年底

❶譯註：聯柬的英文為United Nations Transitional Authority in Cambodia，簡稱UNTAC。

入侵拜林，目的是為了錢，而不是權勢。「軍事專欄說的從未實現。這就像是奧茲國的魔法師一樣❷，不知究竟身在何方？」

無論從哪個角度來看，波頓都不是聯合國的盲目信徒，他認為聯合國遭受矇騙。然而美國已經對柬埔寨許下承諾，而且還有主事的索樂文擋在波頓前頭。索樂文表示，他知道辦公室裡有些人覺得這項任務是一樁唐吉訶德式的狂想。「（波頓）不相信聯合國有辦法推動這場秀」，索樂文說，「沒人相信，甚至包括貝克在內。」

常任五國剛對調停細節達成協議，索樂文就連忙報告副國務卿伊格爾伯格（Lawrence Eagleburger）。「現在我們必須付帳了，是吧？」索樂文引述伊格爾伯格對他說的話。「主要會由我們買單。英國佬早就退出東南亞，俄國人也是。」索樂文於此時期的備忘錄裡記載，在安理會與其他官方會議上，英國主要關切的是如何避免「昂貴的聯合國調停」。

曾任聯合國東南亞事務特別代表的阿麥德，現身每一場常任五國討論柬埔寨行動的會議，他認為聯合國「事先對預算並沒有設想，但是人人心知肚明這絕對所費不貲，因為我們即將要控制、督導、監看一整個政府與他們的運作，這是前所未有的事。」

幾個月過去了，聯合國逐漸領悟：我們不可能負擔得起！而後安理會開始盡其所能地砍這砍那，並且明白如果不謹慎行事，一旦起了頭，最終可能會以多達一百億的帳單收尾。聯合國哪有這些錢？當然是掏富有國家的口袋囉。美英外交人員面對的問題是，當政府耗費兩到三億美元，而且是花在柬埔寨身上，納稅人會乖乖接受嗎？不太可能。

預算的困境很快進入公開辯論。「隨著進展逐漸明朗，誰該買單這個問題，竟然令人不解地遭到忽略。」一位《華盛頓郵報》編輯這麼說，「然而投入必要的數千名維安部隊與千餘民政官員進駐當地，可能會花上二十億美元。難道沒有便宜一點的解決方案嗎？」❸安理會刪除更多計畫枝節作為回應。「聯合國的角色一點一滴地遭到削減」，波頓評論，「逐漸縮回聯合國原有的政治責任與視察範圍。」

就算資源遭到縮減，聯合國同仁仍然懷有無比的自信，相信終能克服萬難，不帶任何疑慮。這是聯合國證明自己能在新世界占有一席之地的重要機會，「聯合國從未曾對外透露口風，說他們辦不成這件事。」索樂文說。

計畫縮減後，包括美國、英國、俄國和整個聯合國，沒有一個人公開說費用遭到刪減，或是必須對柬埔寨的行動降低預期。大眾得知的無非是聯合國將要接管柬埔寨，解除赤柬與其他軍力的武裝，掌管政府的主要運作，安置難民並且舉行大選。進駐部署的兵力薄弱，遠遠不夠充分。「沒有人肯承認我們已縮減規模」，波頓說，「等到執行那一刻，這個計畫早就淪為巨大而昂貴的遮羞布。」

在竹竿控制的檢查哨遭逢十八歲的警衛時，明石康和桑德森心知肚明，他們的兵力無法擊敗赤柬。即使完成部署，聯合國部隊僅有一萬六千人，而目前進駐的更是少於一〇％。還未現

❷ 典故出自美國童話《綠野仙蹤》（*The Wonderful Wizard of Oz*），故事裡傳說法力無邊的奧茲大王，只是一個平凡的馬戲團工作人員。

❸《華盛頓郵報》此篇社論刊載於一九九〇年九月十二日。

身的軍隊當中，有一隊荷蘭士兵還困在邊境。相較之下，距此十三年後，美國投入超過十倍於此的軍力到伊拉克，國土大小是柬埔寨的兩倍半。即便如此，美國與盟友在好幾年後還是無法使伊拉克的情勢和緩下來。而現在，赤柬哨兵拒絕讓聯合國通行。

更重要的是，在一九九二年，赤柬與聯合國軍力同樣強大——如果沒有更強的話，至少赤柬人人熟悉地形，雙方交鋒時不受任何規範約束。至於聯合國這一邊，沒有人界定兩軍交兵的守則。有什麼可以做的？沒有。赤柬就是拒絕放下武器。

赤柬領袖的公開說明如下：洪森拒絕放棄對政府的控制，或是他的軍隊，那麼我們為什麼要照辦呢？事實上，洪森也真的沒有讓步。聯合國的民政官人數，遠遠不足以接管柬埔寨政府，或是解除軍隊武裝。除非遭到武力逼迫，洪森無意放棄掌控。對他來說，這只是另一次柬埔寨人的權力鬥爭，僅此而已。以他的背景，他對自己的能力有信心，包準能獲勝。談論這件事時，他甚至誤用帝王的慣例，以第三人稱自稱：「對拉那烈、宋雙和波布而言，巴黎和平協定是有效的」，他告訴作家羅勃茲（David Roberts），「如果沒有這麼做，他們要如何加入政局，與洪森在政治上一較高下？」[4]

如果有任何人質疑洪森的真正意圖，他在一九八九年的第一次巴黎和平會議就已明白表示，「你可以在巴黎談論共享權力，但是在柬埔寨可沒這回事。」一九八五年越南把國家交到他手上，在毫無競爭的局面下，他統治柬埔寨七年。沒有經過一番抗爭，他不可能就這麼與人共享權位或甘心下台。如今竹棍事件廣為報導之後，洪森與其他每個人都了解，聯合國不足為懼，充其量只是一群紙老虎。當時《遠東經濟評論》駐柬特派員形容：「柬埔寨人民相信，頭戴藍色貝雷帽的聯合國軍隊會對赤柬威脅要發射雷電，就像宙斯那樣。結果人們看到什麼？只有聯柬的退縮行為。」

情況沒有改變，赤柬並未遭到擊退。聯合國部隊副司令洛里東（Michael Loridon）是一位法籍陸軍準將，他力促總司令進軍攻擊並且「一次了結赤柬問題」。洛里東的建議從未實現，他們持續辯論這件事好幾年，直到最後一名聯合國官員搭機離開。從聯合國占領之初大家就知道，越南的上萬軍隊花了十年還無法擊敗赤柬，聯合國怎麼有可能做到？

金邊大發國難財

一九九二年十二月，巴黎和平協定簽署超過一年之後，聯合國終於在柬埔寨完全部署好軍力與行政人員。他們動作太慢了。每個柬埔寨人現在都知道，宙斯永遠無法攀上奧林匹斯山頂。波布與洪森無視聯合國的協定，卻沒有遭受懲罰。然而事實上，聯合國部隊帶來的遠多於當初軍事調停的展望，大部分柬埔寨人民愛死了城裡有他們出現。

訪客花錢，許多錢，接著是更多錢，總計達三十億美元。每個工作人員除本薪外，另加一百四十五美元的日用開支——那是大部分柬埔寨人一年的收入。承包商迅速蓋起公寓樓房，每月租金喊價兩千至三千美元，在金邊算是高得離譜。旅館爆滿，新的還在蓋。心裡只要有過

❹ 洪森告訴羅勃茲的話，載於羅勃茲的著作《柬埔寨的政治移轉，從一九九一到一九九九年：權力、菁英和民主》（*Political Transition in Cambodia, 1991-99: Power, Elitism, and Democracy*），第四〇頁。

一絲開餐廳念頭的人，如今爭先恐後地開。任何一個有車的人都願意受僱為司機。妓院超時加班，聯合國醫生得治療數千名染上性病的工作人員，男女都有。酒商供應不及，幾乎每個晚上，餐館和酒吧老闆都得更換醉客起衝突打壞的設備和桌椅。聯合國的車輛與裝備固定在夜晚消失無蹤，然而沒有人能確定，小偷究竟是柬埔寨人或是觸法的聯合國員工。

海耶斯（Michael Hayes）是出身麻州的年輕美國人，來到金邊找工作。他待過曼谷的亞洲基金會（Asia Foundation），不過金邊是新登場的新興城市。當時是一九九一年，海耶斯年方二十四。「我住在皇家酒店（Royale Hotel）。」每一個來自西方的人都住在那兒，包括記者、聯合國官員、毒販和非政府組織工作者。「我到餐廳吃早餐，要了一份報紙，女侍應生回答這裡沒有報紙。於是我開始想：或許我該當個記者。我有很多朋友做記者。搞不好我可以創立一家報社。」他真的這麼做了。得到聯合國與許多朋友的幫助，他在一九九二年成立《金邊郵報》（*The Phnom Penh Post*），是這個國家第一份英語報紙，發行至今。他的第一批讀者是聯合國的數千名職員。

大選引發恐怖攻擊

聯合國監督起草一部新憲法，確保一九四八年聯合國頒布〈世界人權宣言〉（Universal Declaration of Human Rights）的內容，能在柬埔寨實現。撰寫序言的作者心中仍存有大屠殺的印記，他們寫道：「鑒於漠視與輕賤人權會帶來野蠻的行為，違背人類良知，基於平民的終極想望，我們宣稱自由之世將到來：人人享有言論與信仰自由，並且有免於恐懼的自由。」

宣言頒布四十四年後，這樣的信念在柬埔寨運行無礙。在聯合國的監管下，各種形式的自由盛開。有群遭到釋放的政治犯，成立了法律援助組織。接受聯合國資助，各種新的人權倡議組織開始活動，包括教育、農業、醫療保健援助，以及一長串其他的公民社會組織開張大吉。像這樣的團體從未獲得越南人、赤柬或君主政權的允許。然而，不管是誰贏得即將到來的選舉，新政府會讓這一切繼續嗎？在一九九二和一九九三年初期看來，一切還很難說。候選人忙著彼此爭鬥，無法分身。

拉那烈親王和宋雙或多或少都有做到收回武器與解散軍隊，如同他們在巴黎的承諾；洪森和波布就沒這麼配合了。一九九三年初期，洪森發兵攻打赤柬要塞拜林市，違反巴黎和平協定的每一項內容，跟赤柬之前的行為沒兩樣。但是他知道自己無須付出代價，而且或許可以剷除唯一尚存能威脅他的兵力。戰爭持續幾個月，聯合國只說：「這嚴重違反了一九九一年和平協定裡記載的自主防衛權。」就這樣。陷入僵局後戰事平息，不過真正的好戲是大選。洪森明白，聯合國不允許赤柬推出候選人，他的對手變成西哈努克的兒子拉那烈親王。

拉那烈親王的人生經歷並不特別精彩，不過卻享有特權。他在法國度過青少年時期，取得多項高階學位後從事教學，直到一九七四年才回到柬埔寨。那年他三十歲，接著又因為赤柬執政而離開。一九八〇年代中期，他回國率領父親的奉辛比克（Funcinpec）游擊隊，支持柬埔寨民族團結陣線建立一個獨立、中立、和平且同心協力的柬埔寨國，縮寫「GRUNK」取自法文名稱。在拿到美國有效援助的情況下，拉那烈的微弱兵力走出叢林，試著與越南交戰。

軍隊在一九九〇年初繳械後，拉那烈親王把奉辛比克變成一個政黨。洪森了解，拉那烈是可怕的政治對手，因為他來自皇室。大部分柬埔寨人仍然尊崇他的父親，而拉那烈一再提醒選民，奉辛比克黨是他父親的政黨。他說，投給他就能讓西哈努克回國。

洪森記住赤柬和越南人教他的，盡其所能追獵拉那烈。一九九三年，聯合國記錄有案的政治謀殺就超過一百件。幾乎所有的死者都是奉辛比克黨員，其他有幾個是替另一個小規模的佛教政黨工作。

洪森的柬埔寨人民黨掌控著全國每一個省分、每一個城鎮和每一個村落，甚至每一場司法審判。怎麼不會呢？在越南控制下，柬埔寨向來是一黨獨大的國家，而洪森正是領導者。他命令地方辦公室裡的忠誠爪牙去行賄或威嚇，叫每個人投給他。地方官員在這場選戰中失控，焚毀奉辛比克黨總部，擾亂政治集會，並且謀殺重要黨員。畢竟就在數年前，越南還統治這個國家時，事情就是這麼運作的。

洪森也控制國內大部分的廣播和電視台，不過聯合國擁有自己的廣播電台，還很受歡迎。當奉辛比克黨試著成立電視台跟對手競爭，洪森的警察在機場就沒收了剛卸下的發射器。在四月的一場政治集會裡，距離大選只剩一個月，洪森解釋：「我們被控沒收屬於另兩個政黨的設備，所以我要說明，設備被沒收是因為行動非法。他們進口六十三輛汽車未付稅款，並且在金邊違法成立廣播電台，未申請應有的授權。而現在他們重施伎倆，未取得任何允許就想把電視設備帶進來。」

為政府的鬥爭行動尋求溫和解釋，洪森的這門藝術正剛起頭。當然囉，他是政府的實質領袖（儘管聯合國理應主導政府），而強占超過六十輛車與沒收所有廣播電視設備的人是他的政府雇員，依照法規與稅務「政策」行事。不過這些法條未曾公告，隨時因人的意志更動。當時的柬埔寨仍屬純粹的獨裁政權，表面上看起來有一些聯合國的偵查存在。如果洪森要怪罪依照法條行事的無名官僚，而這些條文並未明文記錄，通常在事件發生當下才捏造出來，誰又能阻止他這麼做呢？

巴黎和平協定任命前柬埔寨國王西哈努克，在聯合國占領期間擔任名義上的國家元首。一九九一年在巴黎舉辦的典禮上，西哈努克煥發著喜悅的神情，這真是美好的禮贈。如今他七十歲了，而他的國家狀況正惡化中，那是他不願承擔的罪責。西哈努克認為，應該怪罪聯合國沒有給他權力。「我是一場宗教遊行中手舞足蹈的傀儡，而他們是擊鼓手。」西哈努克在面對廣大群眾時堅定地說。

當暴力行為愈演愈烈，他節節受挫。在幾名柬埔寨人民黨員抓住一名奉辛比克黨幹部，動用私刑挖出他一顆眼珠後，西哈努克心生厭惡地離開，飛往北京。他剛抵達毛澤東為他建造的豪華行館就發表聲明：「政治恐怖主義行動日增，然而政治犯罪的後果卻能完全脫罪，面對這樣的景況，我無法不做出回應。」親王表示，他不願意繼續和聯合國合作。在選戰剩下的日子裡，他枯坐行館，等著有人上門說他有多珍貴，並且懇求他回國。

同時，赤柬游擊隊開始綁架並殺害聯合國工作人員。從柬埔寨傳來的新聞相當駭人，全是槍擊、綁架、暴力與恐嚇。因此在一九九三年四月，大選前六週，聯合國祕書長布特羅斯—蓋里（Boutros Boutros-Ghali）覺得有必要出訪柬埔寨，企圖挽救聯合國史上最重要的行動。然而就在一週前，赤柬游擊隊才剛槍殺了三名替聯合國工作的保加利亞士兵。

祕書長堅稱，聯合國的行動「有助於降低暴力事件的數量」，並且保證聯合國「將部屬軍事人員與警力，保護選民與選舉工作人員」。他很難再多說什麼。幾乎沒有一件事按照計畫進行。安理會給明石康與桑德森的人力太少了，難以完成使命。洪森仍然掌控整個柬埔寨政府，他只跟少數幾位送進各部會的聯合國行政官員做做樣子。停火只持續了幾個星期，赤柬現在威脅要攻擊投票所。有人問起這件事與其他許多問題時，明石康搖著頭，一次又一次地承認：「我們未能塑造出中立的政治環境。」他反覆引述巴黎和平協定的承諾。

這整件事的開端，始於美國在一九九〇年七月驟然投入的關注。國務卿貝克宣告華府改變立場，接著聯合國快活地跳下來，展開一連串調停柬埔寨政治勢力的程序。然而貝克離開權力中心後，華府立刻從柬埔寨別開頭來。貝克發表那場柬埔寨宣告的一個月後，海珊（Saddam Hussein）入侵科威特，布希政府對海灣戰爭[5]投入全副心神。緊接著是一九九二年的總統大選，「人們對柬埔寨失去興趣，對他們來說只是過眼雲煙。」波頓解釋。

索樂文離開了原來的崗位，他現在是駐菲律賓美國大使。接著一月到了，就在西哈努克前去北京的幾個星期後，華府有一位新的民主黨總統上任。從共和黨換成民主黨執政後，幾乎每個知曉或曾投入聯合國占領柬埔寨行動的人都離開政壇了。美國必須制定新政策，然而當柯林頓在國家經濟不穩的局勢入主白宮時，至少有件事可以確定：好的話再過幾個月，壞的話可能要間隔幾年，華府才會有人再次留意柬埔寨。

一九九三年五月二十三日早晨，大選在柬埔寨各地展開，持續六天。赤柬槍手轟炸磅通省、磅清揚省、暹粒省和其他地方的投票所與警察局。選舉工作人員逃命，有幾個人被殺。不過赤柬宣稱的重大全國攻擊從未發生，六天過後，超過四百萬柬埔寨人投下選票，甚至包括一些赤柬士兵。九〇%的合格選民出面表態。

他們的決定很明確。洪森輸了。

選舉後的分裂局面

對五組候選人而言，這場選舉至關緊要，然而結果卻令幾乎所有人失望。拉那烈親王是勝利者，但是他贏的差距太小。他的政黨贏得議會的五十八個席次，不夠成為多數黨，就連加上另外兩個小黨的十一個席次，還是不足以聯合執政。議會總計一百二十席，必須握有三分之二席次才能組成政府。

洪森有五十一席，位居第二。他使的那些伎倆，包括謀殺、傷人至殘、允諾、脅迫和賄賂全都失靈。如今他同樣無法組成政府，不過洪森是個堅決剛毅的人，從青少年時期開始受訓，擁抱並使用所有獨裁政權不留情的手段。身處於一個自創世以來始終被君主專制統治的國家，洪森不可能就這樣放棄握在手裡的權力，讓它悄悄溜走。

赤柬領導們很憤怒，他們蔑視洪森，波布甚至稱他為「卑鄙的傀儡」。當他們與洪森和越

❺ 譯註：海灣戰爭（Gulf War）又名波斯灣戰爭，以美國為首的聯合國軍隊進攻伊拉克與被伊國占領的科威特，迫使伊撤兵。

南人作戰時，一度與站在同一方的拉那烈親王建立近似盟友的關係，然而親王卻沒有得到足夠當上總理的票數。難道這會導致拉那烈與波布痛恨的敵人洪森共同執政嗎？

西哈努克也感到沮喪。他想再次成為全能的國王，這個願望大過任何事物。擔任形式上的國家元首讓他淺嘗權力滋味，而他的兒子或多或少曾承諾會讓他重回王座。選前最後幾次集會，拉那烈一再重述：「奉辛比克黨是西哈努克建立的，我是他的兒子。如果奉辛比克贏得大選，就代表全國的勝利，而西哈努克親王會回來統治這個國家，一如往昔。」那當然是選舉的算計，兒子操弄父親不墜的人氣。但是西哈努克打算逼迫他履行承諾。

選後只有一方大獲全勝，那就是聯合國。儘管犯下再多缺失，聯合國還是成功辦了一場選舉即使過程中恐嚇、抵制與暴力事件不斷。另外，聯合國也安置了三十七萬名原本住在泰國邊境的難民。在紐約，祕書長辦公室桌上迅速放了一份新聞稿，形容大選是「柬埔寨過渡時期聯合國權力機構裡每個人的功勞」，意指是聯合國促成此事。而在金邊，明石康的話比較謙虛且更準確，他說柬埔寨人民是「這場選舉的真正贏家」。事實上，是柬埔寨人民救了他。

從那天以後，聯合國宣稱柬埔寨的權力過度獲得輝煌的成功。他們的意思似乎是：「忘了之前的事吧，不管是無法解除政黨武裝，以及那些暴力、謀殺和傷害。」大選才是最重要的事。即使如此，聯合國日後再也不曾採取懷有同等雄心的行動。

對所有人來說，柬埔寨現在面臨的問題是缺乏選舉法。一旦組成新政府，應該要由他們來制定法條。柬埔寨或聯合國都沒有處理今日局面的規則可循。或許可以再舉行第二輪投票？但是柬埔寨沒有相關法律，也沒有先例可參考。事實上，除了西哈努克在位為王時遭到嚴重操縱的議會選舉以外，這個國家幾乎沒有舉辦過任何選舉。唯一可能的解答是由洪森和拉那烈組成聯合政府，聯合國極力促成，然而沒有一方同意。他們憎恨彼此。

洪森立即以宣告選舉無效為手段，介入統治真空期。他主張發生太多違法事項，包括掉包選票和選票箱保全不足，洪森的政黨也指控聯合國圖謀不軌，運作一場對洪森不利的大選。他的政黨陳述，「（聯合國）主導的宣傳，對柬埔寨人詆毀柬埔寨人民黨。」這是很詭異的指控，鑒於柬埔寨人民黨擁有的「宣傳」管道，占據了全部的國營電視台和廣播頻道，以及遍布所有村落、城鎮和省分的政黨官員。

洪森準備在五個省分重新投票，剛好是拉那烈贏的那幾個省。假使這件事發生，這次柬埔寨人民黨會確保選舉結果對他們有利。洪森說得很明白，在冤情得到處理前，他斷然拒絕交出所有權力。

各方勢力操弄選舉結果

西哈努克跳進僵局。洪森私下與他聯繫，這位昔日國王展現寬宏大度，提議讓他重回王位，而拉那烈和洪森都能當他的副總理。得到洪森的同意後，西哈努克還沒告訴他兒子，就宣告了協議內容。

拉那烈立刻拒絕。等等，他實際上是寫了封信傳真給他父親，上頭說：「是我贏了大選！而且，你居然要參與這樣一個政府，裡頭有些柬埔寨人民黨的官員，在大選期間跟謀殺奉辛比克黨員有直接牽連。」拉那烈主要指的是夏卡朋親王（Norodom Chakrapong），是他同父異母的弟弟（如果你父親跟兩個妻子和數不清的妾室同住，總該會有一兩個同父異母的兄弟）。夏卡朋現在擔任洪森的副總理，以執行任務毫不留情聞名。大選期間，夏卡朋稱呼他哥哥是「害怕住在柬埔寨的外國人」。拉那烈今年四十九歲，比夏卡朋大上二十個月，然而終其一生他們都是痛恨彼此的敵手。事實上，在那封信裡拉那烈問他父親：「我怎麼可能跟夏卡朋合作？他心裡除了殺我沒有第二個念頭。」

聯合國抵達柬埔寨時，美國成立了代表團，沒有到一整個大使館的編制，不過仍是一九七五年後第一次有美國外交人員現身金邊。他們任命國務院柬埔寨觀察員唐寧為代表團主席，他抱持日漸厭惡之心，看著西哈努克和其他人為了自己的利益操縱一場自由選舉的結果。西哈努克宣布協議之後，唐寧的代表團立刻發布被稱為「非公開說帖」的文件，因為它並不是經過上級批准的美國官方政策。這份文件嚴斥西哈努克提出的協議，將其描述為「違反巴黎和平協定以及一場成功選舉的精神」，並且會「破壞整個選舉程序和民主轉移」。無論是不是非公開說帖，每個人都注意到了。西哈努克立即撤回提議，他宣稱生病，退避到自己的床上。

幾天後新的計謀登場，這次的主角換成洪森的副總理夏卡朋親王，還有洪森軍隊裡的幾位將軍。他們宣稱無法接受選舉結果，將在東部成立自治區，占領七個省分，面積加起來有國土的四〇%。這些省分脫離柬埔寨，而洪森聲稱並未涉入這起行動，儘管行動首領來自他的政府、軍隊和政黨，是裡頭的資深成員和中堅分子，在質疑聲中統治這些省分。

聯合國官員感到震怒，無論之前發生哪些事，他們辦了一場成功的選舉。他們挽回一切，甚至收到來自祕書長的恭賀，以及來自世界各地領袖的親切致意。如今一切將要崩壞。每個柬埔寨領袖都在密謀，他們背地策畫、行賄，用卑鄙手段互相陷害，一切只為了爬上頂端，彷彿選舉從未發生。洪森一定有付錢給演出分裂戲碼那些省分的領袖，西哈努克跟所有能拱他上位的人商談過，而拉那烈打出的王牌是他父親。這就是柬埔寨領袖一貫的表現。

原本這次應該要不一樣。柬埔寨人民破天荒發表意見，幾乎每個人都投下一票，他們擁抱民主並且許下願望，而全世界花了三十億美元使這個願望成真。聯合國對上天立誓，洪森和那些皇室成員不能就這樣為所欲為，當作大選從沒發生過。

在新成立的「自治區」，分裂成員開始攻擊且焚燒聯合國辦公室。一位聯合國發言人表示：「我們無法接受這些行為。」儘管在盛怒之下，聯合國手上並沒有足堪威脅的籌碼，只能說「國際社群一定會對進一步的挑釁做出回應。」明石康持續公開宣稱大選既公平且自由，聯合國全力支持選舉結果。但是他私下寫了一封信給洪森，在信裡明白表示，他不相信洪森否認參與分裂威脅的說法。考量到他手下的職員面臨攻擊，加上聯合國應對危機的聲譽不佳，明石康要求洪森說出他打算怎麼做。

兩天之後，新選出的國會成員碰面。西哈努克發表演說，他向議員表示：「我們不能讓今天成為柬埔寨步入末日的開始，我們要找到避免柬埔寨分裂的方法。」他說得好像有外來威脅必須鎮壓，然而首領是他的親生兒子，多年來擔任西哈努克的「禮賓司長」。隔了幾分鐘，換他的另一個兒子拉那烈提案，他建議恢復西哈努克的王位，「（讓他）以與生俱來的無上特有能力擔任國家元首，他才得以拯救我們的國家。」國會立即鼓掌通過這項提議。到頭來，西哈努克兒子使出的分裂計謀證實了對他也有好處。他描述國會的提案「具歷史地位且珍貴無價」。

當天稍晚，換洪森進行他的盛大演出。他來到磅湛省，距離金邊不到一百哩，不過仍舊屬於所謂的自治區。他回報：「好消息！磅湛省回到中央政府管轄了！」他的計謀再明白不過了。所有的分裂成員都是替洪森政府工作，那些脫離的省分也不例外。洪森似乎希望沒有人會注意到這一點，並且讚揚他是拯救國家的英雄。結果並非如此。

洪森（左）和拉那烈（右）佯裝和諧共處。

最終，西哈努克說服拉那烈與洪森共享權力，而他將再度為王。拉那烈這次同意了，他將擔任「第一總理」，畢竟他的確贏了大選。洪森贊成這樣的安排，因為他知道誰會實際掌權。至於夏卡朋親王就這麼無聲無息地消失了，穿過邊境溜到越南。

兩年前，洪森、拉那烈和西哈努克同坐在巴黎的華麗會議廳裡，如今每一個人都參與共謀，達成讓自己位居高位的結局。看起來他們都非常接近距離目標。西哈努克重回王位，只是少了一九七〇年以前握有的實權；洪森和拉那烈兩人都成為政府首領，只是必須共享權力。

儘管如此，歷史證明了柬埔寨只能有一個專制的領導者。三個人全都接受新的協議——只是暫時如此。他們每一個人都想要成為國家的唯一統治者，並且仍然決心要得償所願。如同洪

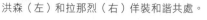

森幾年前說過的話：「你可以在巴黎談論共享權力，但是在柬埔寨可沒這回事。」

聯合國祝福這項協議，對柬埔寨來說這是最好的結局，對聯合國來說也是如此。西哈努克親王就沒這麼大方了。一位外國媒體訪談者問他，將近三十億美元和一場選舉的成就是什麼？「完全是浪費！」西哈努克回答時扮出一臉苦相，拳頭結實地揮了一下。「我道歉，我對聯合國致歉。我們不值得花這三十億美元，因為我們（對大選）的處理方式很糟，非常糟。」

CAMBODIA'S CURSE
THE [redacted] OF
A T[redacted]

第五章

國際捐款淹腳目，引發權力惡鬥

捐款進了誰的口袋？

滿懷勝利喜悅，兩萬兩千名聯合國人員開始打包，準備在一九九三年秋天撤離。美國正式設立大使館，由代表團主席唐寧擔任駐柬大使；許多國家紛紛前來設置新的大使館。

柬埔寨以新民主國家、西方盟友的姿態現身。「空氣中充滿樂觀的味道」，唐寧觀察。最令人驚訝的是，昔日仇敵洪森和拉那烈似乎處得不錯。《遠東經濟評論》曾刊出一張著名照片，在一九九四年，兩人穿著相襯的白色唐裝上衣，朝對方、也對整個世界微微躬身且微笑致意。「你知道的，我特別留意他們的交談內容」，唐寧描述，「他們會親切地稱呼對方為『大哥』和『小弟』。」

不過關起門來，一場爭權奪利的角力正悄悄上演。拉那烈理應擔任第一總理，也就是最高領袖，但是從他就職的那天起，政府就籠罩在柬埔寨人民黨堅固而廣大的資助網絡裡，上至洪森辦公室，下及地方村長。

拉那烈必須從洪森和柬埔寨人民黨手裡奪權。試著去掌控政府，不全然來自親王獲選為領袖後應有的期望。更重要的是，他必須替黨內成員尋得「回報的職位」。在柬埔寨，授與回報職位、在政府安插位置，是建立資助管道的獲利方式。

拉那烈和洪森決定均分各部會。一旦親王確定哪些部會屬於自己，他立刻開出資深職位的任用標準。他想事先檢視的是應聘者的財力證明。「奉辛比克黨員提到，行政官位的價目表從兩百到三千美元不等，要看這個職位對於日後收賄多有利。」資深奉辛比克黨幹部范沙瑞福

（Veng Sereyvudh）告訴《國家》雜誌。他還補充，畢竟新上任的奉辛比克黨部會首長跟洪森不同，「（他們）家無恆產，而且需要住處。」吳哥王朝的君主不也是依循同樣的模式來選擇朝臣嗎？

而國家領袖必須釐清的真正問題未解，誰將擔任柬埔寨新的保護者呢？話說回來，這個國家的依賴傳統已延續了好幾個世紀。

在近代史裡，保護者法國離開後，美國在一九七〇年代早期扮演第一個寬厚的施惠者。然後是赤柬執政那幾年，中國把波布和其他領導者養得肥肥的，而這群人卻導致數百萬國人餓死或被殺。「那群決策者活得非常優渥。」波布的祕書梅密克說，「然而替他們做事的窮人，像我這種勞工階層，還是非常、非常貧窮。」這麼說來，波布至少在這方面延續了多個世紀以來柬埔寨領袖的傳統。

接著是越南的占領，河內同時成為占領者和保護者，至於新任命的柬埔寨部長鮮有執政經驗，或者說，缺乏管理細緻貪汙網絡的經驗。不管從哪個方面來看，越南占領下的柬埔寨資源稀少，所以當唐寧第一次與洪森會面時，「他住在市中心一棟普通的兩層樓混凝土建築裡」。全一樓的會客室鋪有地毯，可容納六至八人。樓上有一個小小的用餐空間、廚房和幾個臥房。全部空間加起來很可能不超過兩千平方呎（約五十六坪）。顯然當時洪森尚未涉入獲利的金錢流。（相較之下，不久後連他的副手索安〔Sok An〕的家都如同小型旅館，居住空間有五層樓，面積達六萬平方呎（約一千七百坪）。）

一九九二年，聯合國帶著數十億美元到來，**整個柬埔寨被現金淹沒，不過其中僅有少量**

進入政府財庫。聯合國推行的每項專案都是貪汙機會，也有人乾脆用偷的。這些資金膨脹了柬埔寨經濟，許多人因此致富。然而在一九九三年底，無論是聯合國的錢或那些專家全都離開了，留下「巨大的真空」。唐寧觀察，「政府的經驗不多，（新上任部長）受過的教育有限。」但柬埔寨官員不是一向如此嗎？他們當官的主要目的是為了錢。聯合國離開後，官員不禁擔心：誰會替補上來當新的保護者和下一個金主？新上任的奉辛比克黨官員，現在要到哪裡找錢蓋豪宅、買名車？可能解答的一絲線索，出現在一年前的東京。

一九九二年六月，三十二個國家到東京聚會，商討如何重建柬埔寨。每個人都信心滿滿，認為這個國家很快就要有新的民主政府了，但是他們的基礎建設仍然毀壞不堪，像是住家、學校、醫院、道路、鐵

副總理索安的家，規模相當於一家小型旅館。

路、配電網、供水系統，幾乎包括所有事物。

聯合國開發計畫署長德萊柏三世（William Draper III）在會議中表示，柬埔寨仍是「後冷戰時期的關鍵考驗，（此案例）特別艱難，不僅由於人民受苦的情形已廣泛發生，更因為柬埔寨是強權爭奪下的未知受害者。」他建議，現在是補償柬埔寨人的時候了，而且這將會是「國際社會面臨過最大且最複雜的發展挑戰」。德萊柏說，祕書長曾請他估算重建所需的立即資金，他現在有答案了：五億九千五百萬美元。接著各國領袖競相出場談論這項任務有多重要，而他們又多想幫忙。中國副外交部長徐敦信承諾會慷慨解囊，並且為人在北京的好朋友西哈努克打氣：「在西哈努克親王的領導下，柬埔寨人民一定會度過難關。」

這一天結束時，每個國家都交上了認捐單。全世界承諾提供柬埔寨八億八百萬美元，比德萊柏要求的數字多出三〇%。既然聯合國在一九九二年仍然占領柬埔寨，這筆錢就交由聯合國當局安排。不過之後幾個月暴力事件頻傳，好幾個國家保留捐款。但是對柬埔寨人來說，或許一九九二年會議最令人振奮的進展是：捐款國約定，隔年會再召開一次募款會議。

果不其然，洪森、拉那烈和西哈努克在一九九三年夏天宣布三方共治協議後，隔了幾個星期，法國就在巴黎主辦另一場募款會議。這次的氛圍改變了，捐贈國不只是嘗試幫助另一個貧困國家，現在他們感覺到自己擁有某種所有權。為了給柬埔寨一個機會，數十億重金已然投入，現在他們想要看到成果。所以在這次會議中，出席國家決定追加一億一千九百萬美元，並且承諾陸續兌現一年前八億八千萬元捐款的餘額。

那年秋天在華府，副助理國務卿昆恩警告國會，聯合國拉下鐵門並撤出人員後，柬埔寨仍然面臨重大挑戰，美國不該跟著轉身離開。「（尤其是）如貪汙等傳統政治問題很可能會湧現，削弱新的政府，（因為）柬埔寨缺乏成熟民主運作必需的機關，以及足量訓練有素的人員。」

同一個秋天，日本匯報許多國家開始兌現捐款，累積達七億一千四百萬美元。聯合國則表示，這筆款項應用在柬埔寨的各項專案，共花了三億三千萬美元。剩下的三億八千四百萬美元到哪裡去了？新柬埔寨政府解釋：這不過是記帳出了點錯，我們尚未建立能夠正確記錄援助款項的系統。這並沒有阻礙捐贈國在一九九四年拿出剩下七億七千三百萬美元。拉那烈曾目睹他父親寫給捐款國的手信，西哈努克力促他們為柬埔寨設立「無條件的新馬歇爾計畫[1]」。

一年過去了，巴黎還在計畫另一場捐款會議。捐款國如今日漸擔憂：**他們已經捐出那麼多錢，到底都拿去做些什麼？**包括美國在內的數個捐贈國代表，在一九九五年二月碰頭商討。唐寧描述，他和其他大使都很擔心愈來愈明顯的貪汙跡象，「整場會議都在講這件事」。有位公務員向唐寧抱怨：「他的部長抽頭拿得太凶，搞得只剩下微薄預算來維持部裡運作。」

這個國家似乎決心直直朝向古老的腐敗之路墜落。警察在高速公路設立非官方檢查哨，攔下駕駛向他們要錢。學校教師每天跟學生索取賄賂，作為讓他們留在班上的交換條件。而國外援助當然也會消失無蹤。唐寧說：「（至少）我們討論提高公務員的薪水，如此一來，教師就不用（每天早上）向學生索討五十元柬幣。」

在二月這場會議裡，唐寧向大家說：「所有捐贈國都想要繼續支持柬埔寨的民主和發展，但其中有些國家對貪汙感到憂慮，也擔心資金動向不夠透明。這次我們不會威脅要停止援助，然而我們的援金確實遭遇許多考驗。」他督促洪森和拉那烈政府堅定表明反貪汙的立場。

相隔一個月，第二總理洪森在國家廣播電台向全國宣告：「（由於大選）貪汙變得更廣泛深入每個環節，像是雨季萌發的蘑菇。」因此，政府正準備制定概括各層面的反貪汙法，明定貪汙的定義和懲罰。也應成立一個有力的單位，專門調查並打擊貪汙行為。這個辦事處要能獨立行動，擁有充足職權去主導調查、逮捕和監禁違法者。他說：「執行任務時誠實、勇敢、堅定的優秀人才應該加入小組，並且得到明確的任命。」

洪森進一步表明：「我們應該建立一個強大且盡責的媒體網絡，刊出正確的報導，使大眾認清貪汙造成的問題。」他要求柬埔寨的新聞媒體「展現勇氣和擔當，與政府同心善盡民主的責任，協助正奮力剷除貪汙的人們，取得勝利。」

「他說的全都正確」，唐寧觀察，「我們非常佩服」。這很有用。在巴黎，一些人提到貪汙與濫用職權侵犯人權，然而柬埔寨人大談研擬新的法律，並且指出：我們還是年輕的國家，剛從屠殺和戰爭中新生。給我們一個機會吧！

柬埔寨人開口要兩億九千五百萬美元，捐贈國給他們四億三千萬。第一總理拉那烈告訴在金邊機場等他的記者：「這個金額是我們要的兩倍，遠遠超過需求。」他露齒微笑。

---

❶ 馬歇爾計畫的正式名稱是歐洲復興計畫，二戰過後，美國國務卿馬歇爾在一九四七年提出對歐洲盟國的經濟重建援助計畫，至一九五一年結束時投入約一百二十億美元。

反貪汙的犧牲者

洪森和拉那烈均分各部會後，奉辛比克黨的森朗西獲任財政部長。他是博學的留法柬埔寨人，畢業自巴黎第一大學，一九九三年回柬埔寨前，在巴黎是個投資銀行家。與赤柬相比，他能說法文和非常流利的英文。柬埔寨人認為他是傑出菁英，而似乎為了證明這一點，他總是身著要價不菲的西裝，戴一副玳瑁圓眼鏡。大部分柬埔寨人不戴眼鏡，他們負擔不起。

自從回到柬埔寨，森朗西發展出一種政治人格，並以此著稱——扮演政府中的異議者。他痛批政治和財政上的貪汙，雖然金邊盛傳他的部會裡也存在貪汙行跡，只是從未得到證實。大選後頭幾週，當西哈努克、洪森和拉那烈忙著密謀計畫，森朗西曾評論：「每個人都有心理準備，可以為了生存做出任何事。從他們身上看不出半點道德價值，也完全漠視國家利益或大眾福祉。」

森朗西喜歡對外國政府人員發表演說，尤其是法國和美國。就任的第一個月，他宣布已改善稅收，政府很快就能支付公務員足以維持生計的薪水，降低他們收賄的動機，並因此得到西方的讚賞。然而差不多就在同時間，議會成員投票通過，將自己的月薪從三十美元提高到一千八百美元，表面上的理由也說是為了減少收賄需求。無須多言，這件事要比森朗西提高公務員薪水二〇%獲得更多關注。

要說森朗西最大的麻煩，大概出在他的言論。「過去十年，人們傾向把個人財產和國家資產混為一談，領袖高官更是如此。」《多倫多星報》（*Toronto Star*）在一九九四年六月二十三日刊出他的言論。「他們還把個人的利益當做國家利益。這是我們所能有的最糟的一種組合——叢林法則和前共黨幹部，他們為了個人私利任意使用手上的權力。他們為所欲為，利用政治權勢致富，只要把國家資產當作自己的就行了。」不久後，他對美聯社說：「所有官員都向你要錢的時候，根本不可能在這裡創業。」如今隨著政府部會均分，「你不只要賄賂一個黨，現在兩邊都得給錢。」❷

每次他做出類似評論時，外交官和援助團體工作人員全都為他起立鼓掌。然而柬埔寨政府官員和行賄的商人愈來愈痛恨森朗西。不消說，政府裡的貪汙官員遠多於森朗西這一邊，人數優勢至少有一千比一。

儘管如此，森朗西知道如何激起外國人對柬埔寨政府未來的信心，這或許會讓他覺得自己的地位穩固。結果他錯了。一九九四年十月，拉那烈和洪森解僱他，說他「缺乏團隊精神」。森朗西的妻子桃隆梭木拉（Tioulong Saumura）對他下台這件事提出耐人尋味的觀點：「我丈夫不善於解說自己正在做的事，他的溝通技巧不好。」森朗西被踢出政府，但他並不打算優雅地轉身離開。

柬埔寨財政部長森朗西。

❷ 美聯社訪談森朗西的文章於一九九四年八月三十一日發布。

即使洪森發表關於貪汙和自由公開媒體的崇高聲明，人們很快就發現，柬埔寨對致力改革者來說仍屬危險的地方。森朗西離職後兩個月，兩名騎機車的男子槍殺了詹達拉（Chan Dara），他是《和平之島日報》（*Koh Santepheap Daily*）的年輕記者，槍擊案發生在距金邊東北方七十五哩的磅湛省。詹達拉當時正在撰寫政府貪汙的報導，如同洪森公開要求的。幾個星期前，《柬埔寨青年之聲報》（*Voice of Cambodian Youth*）的編輯諾詹（Nguon Chan）在金邊市中心遭到騎機車的殺手槍殺，他同樣在蒐集貪汙的新聞。

問到暗殺諾詹的事件時，新聞部長英木里（Ieng Mouly）的回答驚人地坦率。他告訴《基督科學箴言報》（*The Christian Science Monitor*）的記者，「（我不能）排除警察或軍隊成員涉案的可能性，但是這不代表政府政策。」❸英木里很快就丟了飯碗。此後，再也沒有柬埔寨政府官員敢暗示謀殺案件的共謀。從那些日子開始，暗殺年復一年發生，政府則持續堅守否認的立場。

第二總理洪森在一九九五年向捐贈國的演說中，力促新聞媒體「刊出正確的報導，使大眾認清貪汙造成的問題」。他也承諾要制定並施行反貪汙法。演說過後幾天，新任財政部長吉春（Keat Chhon）告訴記者：「皇室政府是認真要使法律生效，打擊貪汙。（而且）決心採用下列措施來達成目的：設置反貪汙辦公室、研擬反貪汙法、改革行政組織，以及強化教育以反制貪汙。」

不過，會議既然在巴黎召開，柬埔寨政府在這裡能得到所有他們想要的，甚至比那更多。

立法反貪汙的議題就此從輿論裡消失。政府不想再聽到任何人談論這件事，任何層面都不行。這很像是諾羅敦國王一個世紀前虛應法國廢除奴隸制的手段，當時他叫大臣全都閉嘴，如此一來，他就可以在後宮度過逸樂的下午。其後數年，類似的策略愈來愈常見。然而這一次，洪森、拉那烈和西哈努克心中各有盤算。

掌權者各懷鬼胎

西哈努克一九九四年六月到中國就醫，他透露自己有多希望再次成為統治全國的君王。「我沒有計畫要奪權」，他告訴《遠東經濟評論》，「不過要是國家落入無政府狀態或絕望處境，我會執政一到兩年。」謠傳西哈努克一心想要返國把金邊攪得天翻地覆。他繼續鼓動這種說法：「人們了解，除非西哈努克掌權，沒有一個領導人能夠集合全國民心，讓每個人仰望並充滿信心。我不想屈居小小的派系，我要成為統一國家、調停紛爭的人。」

洪森注意到這席話，他警告西哈努克：如果你敢回來，我會傾全力向你宣戰。「我不太欣賞現在的政權」，西哈努克收到洪森的威脅後表示：「但是我接受它。」自己的兒子在政府裡擔任第一總理並未改變西哈努克的看法，顯然他不太尊重拉那烈。就任傀儡國王前不久，西哈努克和拉那烈共同出席餐會，他瞥了兒子一眼，同時以嘲諷語調挖苦他：「他們想要讓我當國王，這樣我就會完全中立。這就是為什麼拉那烈親王期望他父親坐上王位。」在北京的病榻

❸ 英木里這段引言於一九九四年十月二十六日於《基督科學箴言報》刊出。

上，西哈努克持續發送傳真給奉辛比克黨幹部，每一封都在大肆批評自己的兒子。

這場戲還有其他演員加入，西哈努克離開金邊一個月後，軍隊運輸車與裝甲部隊沿路排成縱隊，從東部一路轟然作響往首都前進。總計有三百名士兵，裝備包括來福槍和火箭筒發射器。當這支兵力在凌晨抵達金邊外圍時，政府軍隊包圍所有車輛，士兵隨之投降。誰是這支小規模軍力的指使者？他顯然想要發動政變。答案是西哈努克國王聲名狼藉的那個兒子——夏卡朋親王，他在分裂計謀失敗後潛逃到越南。隔天，十四名泰國武裝士兵在金邊機場被捕，其中有些穿著柬埔寨軍裝，要為政變圖謀加些「零星火力」。

擁有皇族血統的夏卡朋，隔天就被送上飛機放逐國外。他並未明說自己的意圖，統治階層的推論是這樣的：夏卡朋一直痛恨哥哥拉那烈，他想把拉那烈趕下台，甚至殺了他；接著恭迎尊崇的父親西哈努克回國執政，他就能在政府裡擔任有權勢的高官。這起怪異的意外事件仍是個不解之謎，結果卻造成拉那烈和洪森雙雙建立私人守衛隊，他們各自擁兵很快就達數百人。

拉那烈對於自己在政府裡的地位感到愈來愈沮喪。沒錯，洪森是給了他幾個政府部會——理論上是這麼說。然而所有官僚組織的基層人員全是忠實的柬埔寨人民黨員，而且自從西元九世紀的闍耶跋摩二世以來，權力的真正源頭一直都來自於地方，由於種稻的農民為國家帶來大部分的收入。洪森和他的政黨在全國各地保有完全的掌控權，拉那烈很難撼動這一點。

在一次奉辛比克黨的會議中，拉那烈立誓會要求共享地方上的真正權力。那時無人存疑拉那烈的主要目標是厚實權力以獲取更巨大的個人財富。所有人都看得出來，他並不在乎民主，儘管那是聯合國戮力投入三十億美元的中心目的。拉那烈在一九九五年發表評論：「新聞民主自由是西方的正字標記，在柬埔寨並不適用。」最近一次大選，有九〇%的柬埔寨人投票，拉那烈卻不覺得新聞民主自由是有益的。截至當時，他的政權以反政府罪名起訴了十四位記者，狠狠中傷他們。

自始至終，拉那烈的黨員一直在喪失信心。成為第一總理前，拉那烈從未在政府任職。除了增加財富與擴張個人利益之外，他對任何事都漠不關心。再加上西哈努克幾乎每天發來的傳真，也動搖了他在政黨裡的根基。

即使如此，拉那烈依然毫不在意。「我不認為拉那烈知道自己的政黨裡有人轉而反對他」，國務院官員昆恩評論，「他們希望國王回來。」

洪森也不是個民主人士。從他的紀錄來看，他怎麼可能是呢？一九九六年在巴黎參加會議時，柬埔寨人示威遊行反對他。洪森警告參與的群眾：「你們可以在法國示威遊行，但是不要在柬埔寨上街頭！」

如今兩位聯合執政的總理甚至不和對方說話。洪森告訴作家羅勃茲：「（我和拉那烈）不擁抱和親吻對方，我們不愛彼此。事實上我們很少說話。我們不召開定期會議，因為沒什麼好討論的。」

如果還有人對西哈努克、洪森和拉那烈互爭主導權存疑，只要讓他們瞧瞧首都層出不窮的政治暴力。在這些罪行中，最可惡的或許是一九九五年九月對自由民主佛教黨總部的手榴彈攻擊。

兩名騎機車的男子戴著有罩式安全帽，直衝自由民主佛教黨總部，朝聚集了數十個人的大廳扔手榴彈，然後加速逃逸。機車沒有車牌，在柬埔寨是常態。接著他們騎往附近的寺廟，朝另一群等著集會開始的黨員丟出手榴彈，留下一片死傷狼藉，催油門離去。超過三十個人受傷，其中至少十個人最終因傷致死。

這種伎倆的歷史久遠。一九五〇年，民主黨魁尤柯優斯（Ieu Koeuss）死於一起鮮為人知的手榴彈攻擊。他的政黨當時正從法國手中爭取獨立，以及其後的主導權，跟西哈努克是競爭對手。法國警察開始逮捕政黨成員，民主黨裡頭也起了內鬥。接著有人朝政黨總部投擲手榴彈，而柬埔寨人不斷爭辯，究竟誰是最有理由下殺手的人？警方從未逮捕凶手。

行凶者靠著手榴彈攻擊發出強烈聲明，而且不會留下指紋。政府各部門爭相指責彼此，最後卻沒有人被抓或起訴。這樣的結果使許多人相信，政府一定跟攻擊有關，不然警察為什麼沒有逮捕任何人呢？對洪森和拉那烈來說，這樣的印象很有用，它使人們懂得害怕政府。

一九九五年自由民主佛教黨總部遭受攻擊後，所謂的民主政府拒絕再發給他們集會許可。洪森在全國的電視頻道上警告，如果政黨領袖宋雙繼續舉辦政黨會議，並且發生手榴彈攻擊等暴力行為，那麼宋雙個人要擔負主辦人的責任。洪森的意思是：**如果你違反我訂的規則，我會攻擊你，然後再把傷亡事故的責任怪罪到你頭上**。

當時佛教黨正經歷內部的領袖爭奪，另一位親近政府的黨員試著要趕走宋雙。這麼說，是誰扔了手榴彈？此時此刻，柬埔寨人民就像是一整列的明鏡。這就是為什麼手榴彈會成為如此受歡迎的武器，誤導局勢走上歧路。

社會日趨混亂

領導人忙於個人的聖戰時，柬埔寨社會日趨混亂。金邊充斥毒品販子，一位副警長估計，每個星期有多達六百公斤的海洛因在城市裡流通，許多人指控政府部門對毒品貿易涉入很深，甚至包括洪森在內。國家軍隊則幹起赤柬的勾當，掠奪國有森林，把柚木、紫檀木和類桃花心木等無數高價原木賣給泰國。洪森和拉那烈上任後不久，曾在一次少數的聯合行動中寫信給泰國總理，表示即日起只有國防部有權出口木材。他們沒有告知任何政府同仁，代表不法得利會直接從國防部落入兩人的口袋。就在三週之前，政府才剛嚴正宣告木材出口「在任何情況下都被禁止」。

當時森朗西仍在內閣裡，他取得那封給泰國總理的信，並且公諸於世。身為財政部長，他能說的只有「所有國營收入都應該要納入中央預算管理」。但是他手中沒有落實這項聲明的權力。

金邊一度是這塊區域中最美麗的殖民城市，如今幾乎每塊空地都塞滿了棚屋。乞丐和肢障者躺在街上，數千名柬埔寨人因為地雷失去一條腿，甚或兩條腿都沒能保住。沒有公廁也缺少垃圾桶，惡臭汙水流淌四處，與滿地垃圾等著雨季沖刷帶向他處。幼童在垃圾堆裡玩耍，通常赤身裸體，因為他們的父母買不起尿布或衣服。

政府未曾替這些人民做任何事，他們的日常生活場景依舊荒涼不堪，還可能變得更糟。柬埔寨人的平均壽命僅有五十歲，面臨絕望命運的母親和新生兒拉低了平均值。將近二〇%的

新生兒在五歲前過世，且十分之一的孕婦撐不到孩子出生，是全世界最低的數字。一旦離開金邊，孕婦幾乎無法得到護理照顧。

洪森行遍全國，為新成立的學校送上祝賀。這些學校通常以他命名，由他生意上的朋友捐款設立，酬謝第二總理替他們牽線拿到豐厚的政府生意。不過，和西哈努克在一九六〇年代的建校計畫如出一轍，大部分新學校**缺乏受過教育的老師**。如果一所學校擁有完成小學三年級學業的老師，已經算是幸運。即便如此，**老師的薪水還是低到他們每天伸手向學生收賄**。僅有三分之二的孩子就學，大多在讀完二或三年級後輟學。對洪森來說，新學校屬於由他人付錢的單次支出，也是給選民的大禮。當未受過教育的老師向學生討錢，或是試著教學生們自己也不懂的科目時，就像之前的西哈努克一樣，洪森沒有一次在場。

教育從不是唯一的問題。住在大城市以外的人們，換句話說，也就是**柬埔寨大部分地區的人，僅能取得遭受汙染的飲用水，導致痢疾流傳。少於十分之一的柬埔寨人有廁所可用**。瘧疾、登革熱、腦炎、肝炎、腦膜炎、肺炎、肺結核、傷寒和痢疾，每一種病都很常見。愛滋病感染率在當地急速升高，全世界都收到警報。

「我在斐濟聽說了這件事！」一九九〇年代一位駐斐濟的世界衛生組織官員歐萊瑞（Michael O'Leary）醫生這麼說。

政府高層聽說傳染病的名單愈開愈長時，試著找卸責對象。《紐約時報》記者卡姆訪問國會外交委員會主席翁那薩迪（Om Radsady）時，問他國家發展愈發不良的原因，翁那薩迪回答說是西方世界的錯。「世界強權應該負責」，翁那薩迪說，「你買車的時候會得到售後服務保證。或許我們的開車技術很爛，但是你們應該共同扛起責任。」

西方國家盲目的樂觀

就算情況如此，替聯合國行動出資的西方國家，仍堅稱他們的資金花得值得。美國總計投入十二億美元，而華府和聯合國都持續宣揚柬埔寨行動是偉大的勝利。

柯林頓的國務卿克里斯多福（Warren Christopher）在一九九五年八月造訪金邊，那是周遭地區參訪行程的其中一站。他對柬埔寨領導人說：「我到此向柬埔寨人民致意，你們以無上的尊嚴和勇氣朝和平自由大步邁進。世界上沒有其他子民比你們更應該得到和平、繁榮和富有的祝福。」一九九六年，也是巴黎和平協定五週年，聯合國祕書長布特羅斯—蓋里恭賀洪森的「政治才幹」。負責這個地區的新任助理國務卿洛德（Winston Lord）稱柬埔寨為「聯合國成功故事的典範」，而他的副手則欣喜地報告，人權觀念已經在柬埔寨政府「普及」了。

駐柬大使唐寧也傾向抱持寬厚的態度。他相信大多數政府職員的學習曲線快速攀升，畢竟沒人能期待柬埔寨一夜之間就形成傑佛遜式的民主❹。華府並沒有給唐寧壓力，要求他介入這個國家的內部鬥爭；國務院漠不關心的態度一如往常。「適當的說法是，他們有別的魚要

❹譯註：Jeffersonian democracy，意指美國現行的民主制度，命名來自美國第三任總統傑佛遜（Thomas Jefferson，一七四三—一八二六），他是《美國獨立宣言》的主要執筆者，美國憲法第一修正案的條文基礎也來自他制定的法律。

煎」，唐寧解釋，「這個國家終獲和平，某種程度上大家都喘了一口氣。我覺得普遍的觀點是柬埔寨人民必須維持生計，而不是過多關注。世界上還有其他事件發生，例如索馬利亞的崩解。大眾認為，柬埔寨的情況已經比過去好一點了。」對於華府來說，似乎這樣就夠好了。

然而隨著時間過去，華府的態度轉為適度的謹慎。一九九五年秋，洛德向國會報告：「柬埔寨初生的民主持續展現令人驚喜的續航力，柬埔寨皇家政府已經開始打造符合國家現行需求的政經公共機構。」不過洛德也覺得有必要提出溫和的警告。在金邊，克里斯多福簽訂協議，承諾要給柬埔寨三千七百萬美元的額外援助。洛德說：「作為朋友，這幾個月美國評估近來局勢，明白地對柬埔寨領導人表示擔憂，尤其是牽涉到新聞自由的案例，以及這些局勢將有可能危及柬埔寨轉型期間的國際援助。」

幾個月前召開的捐贈國會議中，柬埔寨得到五億美元的捐款保證，這數字超過國家整年預算的一半。洛德警告，如果柬埔寨領袖不改變行事作風，他們明年可能拿不到這麼多錢。

森朗西正打算籌備成立新政黨，他大聲疾呼，力促捐款國「要求附加條件，（包括）制定真正的法律、強化民主機制、確保基礎人權受到尊重」。森朗西當然也提到他的招牌議題：終止貪汙。

洪森公開批評森朗西，他對記者說：「過去有赤柬阻擋，使柬埔寨得不到各種援助，現在有第二個波布出現，阻撓柬埔寨人民獲得援助。」夏天到來時，拉那烈提議要把森朗西逐出國會，他那些外國支持者發出不滿的咆哮。人權觀察組織、英國上議院、國際特赦組織、國際國會聯盟以及好幾個美國議員，警告他們這麼做將會招致可怕後果，並且質疑開除的正當性。國會置之不理，幾乎無異議地投票驅逐他。森朗西再度成為一個平凡的公民。不久後，有一天下午森朗西來到美國大使館，問唐寧他能不能在大使館待一陣子，他描述了面臨的威脅和危機，舉證歷歷。然而一旦允許他住在大使館裡，就等同於發給他一張執照，證明美國政府在背後強力支持。

「他離開政府後，就開始到別處尋求支援。」唐寧描述，部分原因來自於「他常說出比一般發言更難令人忍受的激烈言談。當他前來詢問能否停留一陣子時，我馬上勸他回家，並且表示我們會保護他。」

窩囊的捐款國

一九九六年捐贈國會議召開前幾個月，拉那烈反覆立誓說要加速制定反貪汙法——就是洪森承諾要實行的那項法案——並且送交國會表決。

柬埔寨的新任駐美大使范霍斯（Var Huoth）寫信給《紐約時報》，抗議一篇批評他的政府的報導。范霍斯寫道：「反貪汙法案已經起草，並將送交國大代表審議通過。」他不忘補充：「我不須提醒你，柬埔寨仍然痛苦地承受著大屠殺、饑荒和赤柬肆虐造成的後果。」同時間，森朗西持續公開抨擊，一次又一次批評貪汙。

到了七月會議召開時，新法案不見蹤影，不過捐贈國還是給了柬埔寨五億一千八百萬美元，比前一年度增加四%。拉那烈開心極了，部分原因來自於捐贈國顯然並未把森朗西的言論當一回事。「他現在看來可笑。」拉那烈帶著明顯的笑意說。

如果拉那烈和第二總理洪森懂得分析，他們必定會想到近期發生的一起隱喻事件：竹竿檢查哨的赤柬孩子兵表示拒絕放行後，聯合國占領部隊統帥掉頭離開了。現在這些捐贈國徹頭徹尾一樣窩囊，再一次，宙斯未能從山頂降下雷霆火。不管拉那烈和洪森說什麼或做什麼，捐贈國最終還是會實現所願。柬埔寨找到了可靠的新保護者。

無庸置疑，這兩個人還是在算計，怎樣才能結束這場民主的比手畫腳遊戲，剷除另一方並置身政府首位，如同他們長久以來想做到的。

唐寧在一九九五年底離職時，經過四個殘酷年頭，他原有的樂觀大多喪失了。他說：「我們都想要讓事情繼續運轉下去，不過我發了一封電報給華府，告訴他們，**我不確定這個政府還能撐多久。**」

CAMBODIA'S CURSE
THE [redacted]
A [redacted]

第六章

民主已死，
恐怖攻擊鞏固獨裁政權

新任駐柬大使提出警告

唐寧的大使任期結束後，柯林頓政府在一九九六年選了昆恩接任。和唐寧一樣，昆恩的背景讓他對柬埔寨具有深厚的同情。事實上，在他的提名聽證會❶上，他告訴與會參議員，一九七三年帶未婚妻爬上南越山頭的經歷改變了他的一生。

「我涉入柬埔寨事務的開端，起始自一九七三年六月某個午後，天氣照常是湄公河三角洲一帶典型的炎熱潮濕。爬上位於越柬邊境的黨山後，我目睹的奇觀此後永遠改變了柬埔寨，也使我的職業生涯就此轉向。」他坐在聽證席說出這段話，抬頭看向美國參議院外交關係委員會的諸位參議員。「從黨山的制高點往外看，舉目所及，點綴在柬埔寨茂盛青翠平原上的每一個村落都著了火。只要是茅草屋群聚處，就有濃密黑煙滾滾升起，那裡頭住了成千上萬的柬埔寨稻農和他們的家人。我嚇壞了。」

昆恩輕鬆通過審查，並且在一九九六年初就任，心中充滿榮耀和決心。「我認為我們做的事很高尚」，他說，「（柬埔寨）對我們不具有任何國防、經濟或情報利益。我們會這麼做，完全因為這是一件道德的事。」

就像任何一位初上任的大使，昆恩到處和人吃午餐、晚餐並參與開不完的會，以及用他的話來說是「打我那些電話」，藉此熟悉政治、外交和軍事社群。「我離開一場聚會時，常感到一方想要壓倒另一方。有次我參加美國駐柬副大使舉辦的晚宴，席間聽到柬埔寨人民黨有多貪汙邪惡，那些描述令人大吃一驚。這和我過去知道的情況完全不一樣。」

昆恩的前任大使唐寧也得到差不多的結論，曾發電報到華府表明他的擔憂。不過唐寧是個行事風格極其小心謹慎的人。他在一九七五年擔任柬埔寨觀察員時，曾與許多經歷難言恐怖遭遇的難民談話。寫給華府的電報中，他生動描述個人的生活狀況：「（柬埔寨人）以一種斯巴達式的悲慘方式活著，人們終日活在恐懼之中。」然而對於更大的政治情況，他的電報只下了輕描淡寫的結論。

相較之下，昆恩一向採取不同的作法。一九七三年訪談穿過邊境逃入越南的難民後，他提供一個較為廣泛且挑釁的分析：「（赤柬）施以恐慌和其他手段，剝奪人民長久習慣的依靠和結構，摧毀形塑與指引個人生活的力量，直到人們孤立為無依無靠的單一個體。其後，再依照共黨的信條重建他們，灌輸一系列新的價值、組織與道德規範，代替舊有的。」他寫出這段評論的時候，赤柬甚至還未掌權。事後證明，昆恩有些論點說錯了。他認為赤柬中僅有一部分人與越南敵對，事實上所有的赤柬分子都反越南。儘管如此，他的航郵電報仍然是對於眼前景況大膽而切實的第一發警示先聲。

時序來到一九九六年三月，昆恩再次展現他對戲劇化行為的喜好。上任不過三十天，他就搭上飛機回到華府，要求與助理國務卿洛德和他的幕僚們開會。「這不是我所預期的正面情況」，昆恩告訴他們。

❶ 譯註：原文為Senate Confirmation Hearing。在美國，駐外大使由總統提名後，還要經過參議院聽證會審查，以確定就任資格。

共同擔任總理的洪森和拉那烈，甚至不和對方說話，雙方都建立了強大的私人軍隊，而且這些守衛兵力已偶有交火。幾個月之後，洪森派出坦克與軍隊逮捕西里武親王❷。他是西哈努克同父異母的弟弟，時任奉辛比克黨總書記，廣泛受到政治圈與援助工作人員的尊敬。據傳他暗示要僱用殺手幹掉洪森是件容易的事，雖說很可能是玩笑話，洪森還是把他關進大牢，審判並判處十年徒刑。不過後來洪森改變主意，把西里武驅逐出境。

跡象十分明白，柬埔寨的情勢正在惡化。「這個國家一步步邁向暴力」，昆恩提出警告。在他看來，洛德和其他人「感到震驚」。然而如同昆恩的航郵電報和唐寧的田野報告，在此之後，華府幾乎沒有採取任何行動。他們不曾真正關心柬埔寨。

森朗西成立高棉民主黨

情勢愈發明朗時，森朗西在一九九五年成立新政黨——高棉民主黨，這個行為就像是把對洪森的蔑視，直接甩在這位第二總理臉上一樣。國會尚未通過成立新政黨的相關法律，使得洪森有權宣稱高棉民主黨是非法政黨。不過森朗西毫不在意。

森朗西不打算步上拉那烈的後塵，讓柬埔寨人民黨繼續掌控地方。他決定開設第一個地方辦公室，選在南方接近西哈努克市的地方。「說真的，就只是在某個人的房子前頭掛上招牌」，一位擔任政治顧問的美國人阿伯尼（Ron Abney）敘述。即便如此，還是不見容於洪森。

辦公室在一九九六年五月開張當天，兩名騎機車的槍手，頭戴招牌的黑色全罩安全帽，在圖恩奔里（Thun Bun Ly）上班途中將他射殺致死。圖恩奔里是森朗西新政黨的資深成員，也擔任《高棉理想報》（*Khmer Ideal*）編輯，是一份與森朗西密切相關的反對報刊。「對他們來說，殺害圖恩奔里的最佳時機，就是在我們首都外辦公室成立的第一天。」森朗西宣稱，「這擺明了是恐嚇，他們想要嚇唬我們，讓我們知道不能成立辦公室。」森朗西的支持者憤怒地上街示威，廣大群眾行經城市的主要幹道，肩上抬著圖恩奔里的棺木。

儘管如此，遊行後不久，馬上就有殺手燒毀森朗西新的地方辦公室，好幾名政黨員工死於非命。森朗西激動不已，他開始熱烈遊說旁觀者，尤其是美國人，奮力想要引動國際勢力反抗洪森，這個他一再怪罪，該為國家的「無法無天和暴力行為」負責的人。華府官員有時表達支持政府的立場激怒了森朗西，簡要來說，他的回應如下：洪森是個墮落邪惡的獨裁者，你們為什麼看不出這一點？你們究竟還需要多少證據？

有新大使上任，森朗西再度試著把美國大使館拉入自己的戰局。「他永遠在嘗試，想要我們把他收歸大使館的保護範圍。」昆恩表示，「打給我們，說『他們想殺我，接我去大使館。』」美國官員相信，森朗西認為如果美國幫他撐起保護傘，洪森就不能碰他和他的政黨一根寒毛。他會是美國的人。

有次森朗西提出格外激烈的要求時，昆恩派出副大使羅德利（Carol Rodley）來應付他。

❷ 譯註：西里武親王（Prince Norodom Sirivudh，一九五一—），生於金邊，在柬埔寨取得科學學位，一九七二年赴巴黎研讀經濟學。曾任柬埔寨副總理、外交部長和聯合內務部長，現為非政府組織「柬埔寨合作與和平研究院」主席。

羅德利描述，「我其實和森朗西談過不只一次。我記得有一次把他帶到法國大使館，法國大使看起來不太高興。無庸置疑，他想把美國拉進衝突中，讓自己成為美國支持的候選人。」

之後問起這件事時，森朗西激烈地否認。「太荒謬了。完全錯誤。我從來沒有要求收容，我不需要保護。我有法國護照，只要有需要隨時可以離境。」❸

危機四伏

當森朗西耗費許多時間在國外，試圖讓外國領袖相信洪森背信之際，他同時也在國內召開集會，尋求人民支持。不出意料之外，他的活動主軸聚焦在可恨敵手的收賄行為上。一九九七年三月三十日的週日早晨，他在金邊中部的大型公園舉辦集會，西哈努克國王的皇宮就在附近的街道上。這座公園有一個街區那麼寬，長達四分之一哩。森朗西選在公園的東北角，對街就是國民議會，一棟宏偉的亞洲式紀念碑，疊上閃閃發光的金色塔樓，以及裝飾鍍金彎角的尖頂。在那棟建築物裡，兩年前拉那烈提議將他逐出國會。儘管如此，數週前森朗西的政黨仍舊與奉辛比克黨形成脆弱的結盟關係。

森朗西站立的位置背向國民議會，他的右手邊是一座宏偉的佛塔。在他的前方，距離一個街區以外的街道對邊，有一排壯觀的豪宅，占地廣闊，一直延伸到公園的另一邊，洪森家就在其中一棟。那條街以及公園的盡頭是蘇拉瑪里特大道，在獨立紀念碑的東邊幾個街區。建立獨立紀念碑的用意是要紀念法國占領軍撤離柬埔寨的那一天。這是城市裡格外有意義的一區，類似華盛頓特區的國家廣場。

這場晨間集會的主要議題是，洪森掌控了國家的法庭系統，將其轉變為私人的工具。才八點半，還很早，趕在白日的炎熱肆虐之前。小販推著藍色攤車賣甘蔗，生意興旺。

森朗西站在椅子上，開始痛罵洪森。他告訴那些熱情的支持群眾，西里武親王的逮捕、認罪與驅離，正是洪森以個人利益濫用法庭的證據。有些支持者高舉牌子，寫著：「西里武親王沒有犯罪」。

有幾名金邊警察在附近徘徊，數量遠比平常出現在森朗西集會上的少。但是有數十名全副武裝的突擊部隊，緊守住五十碼以外的陣線，靜靜觀察著。他們來自洪森的私人警衛隊，總計有一千五百人的軍力，使他的對手聞風喪膽。森朗西稍後提到，他沒看過這些警衛隊現身其他的金邊集會場合。不過他也不曾選在洪森家的正對街舉辦過集會。

一如往常，森朗西設定的目標聽眾裡，坐在看台觀眾席的外國人與本國選民同等重要。為了達到對外國人宣傳的目的，他邀請了美國人阿伯尼出席。他擔任共和黨國際事務協會的柬埔寨主任，協會是由聯邦政府資助的組織，總部位於華府，主旨在全世界推行民主。阿伯尼是一位熱心的人，講起話來滔滔不絕，和森朗西的關係如膠似漆。他認為自己的任務是在柬埔寨政

❸ 這是他說出的第一個謊言，往後還有好幾個。阿伯尼指出：「他也對我說謊過兩三次。」實際上，外國人在柬埔寨的悠久經驗顯示，說謊太常見了。和許多亞洲人一樣，柬埔寨人首求保住面子，避免丟臉和尷尬場面。柬埔寨人也傾向規避衝突和當面爭執。因此，如果無禮的西方人問到尷尬或尖銳的問題，「他們會說謊也就不令人意外了」，《波布傳記》作者修爾特寫道。阿伯尼補充：「曾經有人看著我的眼睛，說：『不，我沒說過這句話。』然後我回他：『好吧，不過這句話你是對我說的。』」

府日趨獨裁時，確保政治上的反對勢力健壯存在。

協會在華府的領導階層不支持洪森。協會主席克雷納（Lorne Craner）指出，他認為大多數柬埔寨人懼怕洪森，他說：「這麼說好了，他上次（一九九三年）輸了大選，威脅要發動內戰。很可能人民害怕（不支持他）會遭到報復。」畢竟華府對柬埔寨延續多年的政策主軸，就是要把共黨丑角洪森趕下台。

對阿伯尼和他在華府的主管來說，森朗西是希望所在。阿伯尼認為他們倆成了好朋友，曾表示「我愛他如同手足」。然而他也知道，森朗西仍有許多有待改進之處。「你不能只說反對洪森，認為這樣就會當選。他不明白這個道理。我們專注在設定一整套競選方案的運作。」下次全國大選就在一年多後，「我們在（全國）各個社群置入人馬」，阿伯尼表示，但是森朗西「只關心一件事，就是取得華府的支持」。

阿伯尼來晚了，演說結束後他才現身。說穿了，他又聽不懂高棉語。「我到的時候，他們差不多要收尾了。」他說：「人們準備離開，我走近森朗西，站到他正前方。」

就在那一刻，有人往群眾扔出一顆手榴彈。「我的臀部遭到衝擊，跌倒在地。」阿伯尼說。接著另一顆手榴彈爆炸。然後是再一顆，還有一顆。數百人跌倒在地，受了傷或不幸喪命。「那場景令人難以置信。有人的身體裂成兩半，孩童的臉龐被炸開。」爆炸的煙霧四起，使景象遮蔽黯啞，刺鼻的氣味飄散。傷者呻吟哭泣，染血的抗議海報散落在一旁。

受傷的人看起來嚇壞了，對許多人來說，這場襲擊喚起赤柬執政時代的恐怖經驗和痛苦回憶。阿伯尼說，他抬起頭來，看到幾個人跑走。「他們跑步穿過洪森的警衛」，他描述。阿伯尼也推斷，這幾個人不是森朗西政黨的支持者。為什麼他會這樣想？「我認為他們不是，因為他們沒有帶海報。」

倖存的森朗西表示，他感謝保鏢把他推倒在地，然而自己卻犧牲了性命。攻擊發生後，一名警察立刻把森朗西扶起來，支撐著他的雙臂往外走。森朗西的藍西裝和白襯衫上血跡斑斑，眼鏡左邊的鏡片碎裂了。不過他毫髮無傷。

展開調查

在這場手榴彈攻擊中有十六人喪命，一百五十人受傷，死傷者大多是參與集會的民眾。沒有人能當下判斷出手榴彈是從哪裡來的。攻擊後的幾個小時，有數位倖存者表示，他們看到一輛白色汽車沿著索帝羅大道緩緩前行，接著一扇車窗降下，裡頭有人將三到四枚手榴彈往群眾扔去。其他目擊者提到一名騎機車的壯漢。還有些描述看到有人蒙面或穿著防彈背心，站在人群外圍，投擲手榴彈後就跑到洪森警衛隊的防線後方，搞不好跟阿伯尼看到的是同一個人。

救護車直到半小時後才抵達，把大部分的傷患載到甘密醫院（Calmette Hospital）。院方立即呼籲捐血需求，然而卻沒有足夠的捐血量及時出現。一位十三歲的女孩因失血過多身亡，成為第十六名死者。她不是唯一送命的孩童，還有其他幾個孩子不幸喪生。

身染血跡幸而無傷的森朗西很快重拾鎮定，立即緊咬這場攻擊。他怒吼：「洪森這個嗜血分子，應該要逮捕他並且判刑。」數日內，他的盟友、聯合內政部長要求美國大使聯繫聯邦調查局，因為有一位美國人受傷了，也就是阿伯尼。根據美國法律，如果美國人成為恐怖攻擊對象，並因此受傷或喪命，聯邦調查局有權在國外展開調查。內政部長明確請求的是派出一位肖像素描師，協助指認罪犯。但是他不知道，聯邦調查局規定，一位肖像素描師必須搭配至少兩位調查員。當大家知道有這項規定時，柬埔寨人民黨強烈反對讓聯邦調查員介入。然而，森朗西肯定會感到欣慰，因為這件事把美國拉進來，成為他新近演出的關鍵要角。

洪森否認與此事件有關。當天稍晚的廣播裡，他立誓要逮捕攻擊者，但是接著又展露他好鬥的習性，要求逮捕集會領袖，因為他們要為血案「肩負共同責任」。他並未多加解釋為什麼這是合理的作法。洪森也下令給內政部長，禁止擁有雙重國籍的柬埔寨人離境。他的目標很清楚：森朗西拿的是法國護照。洪森的親近盟友翁雁田（Om Yienteng）宣稱，這顯然是森朗西刻意發動對自己的攻擊，畢竟他毫髮無傷地逃脫，跟大多數人的下場不一樣。

手榴彈攻擊的新聞出現在全世界的報紙和電視台，聯邦探員尼可勒提（Tom Nicoletti）恰巧在CNN上看到相關報導。他和一群夏威夷籍隊友剛在一場沿著威基基海灘航行的獨木舟比賽中獲勝，現在正躺在沙發上休息。即使年歲已近五十，他還是活力充沛，對一個曾在大學美式足球隊擔任後衛的人來說並不奇怪。他有六呎二吋高，體重兩百二十五磅[4]，在美國海軍陸戰隊待了五年，如今閒暇時參與獨木舟和伐木競賽。尼可勒提也是擁有十九年資歷的聯邦調查局老鳥。

每位聯邦探員在職涯裡都有一次自己選分局的機會。尼可勒提的機會來臨時，他選了夏威夷的茂宜。這個分局只配備一名人力，對他來說太完美了，隨時想划獨木舟，大多時候都能說走就走。尼可勒提如願以償，但是當他到夏威夷報到，當地負責探員得知他的背景後——曾任華府反恐部隊隊長、臥底監視的督導、國際聯合反恐任務小組成員和其他指派任務——給了他另一份工作。尼可勒提沒辦法在茂宜的海灘閒晃了，他現在得主導東南亞所有牽涉到美國公民的恐怖行為調查。對一個來放鬆的人來說，責任還真重。

尼可勒提看到手榴彈攻擊的新聞時，他腦海中閃過一個念頭：工作來了。「我馬上打給聯邦調查局總部的策略資訊作戰中心」，他敘述，「『柬埔寨有個美國公民被手榴彈攻擊了。』他們還沒聽說這回事。花了三、四天取得許可後，我就飛過去了。」他要先和美國受害者談一談。

阿伯尼被送到金邊的甘密醫院時，有塊手榴彈碎片卡在他的大腿裡。他看向四周，頓時嚇傻了。「那個地方看起來像是電影裡某個南北戰爭時期的老醫院。」急診室設備不足，就西方標準來說，一切都很老舊。「到處都是躺著的人，有些傷得非常重。」幾個小時後，共和黨國際事務協會把阿伯尼轉送到新加坡的醫院。醫生取出葡萄大小的鋸齒狀手榴彈碎片，之後他住院四天。

住院的第三天，阿伯尼醒來，看到一位個子高大的美國人站在他旁邊。「他看起來很像美國演員約翰韋恩，甚至連說話也像。」這個男人自我介紹說他叫尼可勒提，是聯邦調查局探

❹ 譯註，換算約身高一百八十五公分，體重一百零二公斤。

員。就像是他這種人該說的話，他告訴阿伯尼：「我們要逮到幹出這種事的傢伙。」接著他問：「你認為自己是無端受到攻擊的受害者嗎？」

「對」，阿伯尼回答，「我遭到波及，但不是主要目標。」他們交談了大約一個小時，阿伯尼說尼可勒提一直站在他床邊。尼可勒提沒有透露一絲對調查的想法，也沒提到誰可能是幕後主使者。阿伯尼表示：「沒有。他什麼都沒講。」

取出的碎片放在阿伯尼床邊的一個淺盤裡，尼可勒提要走之前，詢問阿伯尼他能不能把碎片帶走，當做證據。「可以」，阿伯尼回答，「不過你要給我收據。我以後還想拿回來。」尼可勒提把一張名片拿出來，在背面寫上：「4/4/97收到一小塊手榴彈碎片，交由聯邦調查局實驗室化驗。調查結束後應歸還阿伯尼先生。T. E. 尼可勒提」❺。

阿伯尼還留著這張名片。他還在等。（許久以後，尼可勒提坦承調查局檀香山分局把碎片搞丟了或是放錯地方，但是他不好意思告訴阿伯尼。）

後來，尼可勒提飛到曼谷，希望馬上移動到金邊，但是局裡不讓他去。從金邊取得入境許可似乎得花上一輩子。

柬埔寨人民黨激烈抗爭，阻擋政府發出許可。尼可勒提後來才得知，負責這個區域的資深探員（用調查局的術語來說是合法的大使館隨行人員）——荷頓（Ralph Horton），「跟森朗西有私人過節，（荷頓）不喜歡他」。過了兩個星期，局裡終於放行。尼可勒提飛往金邊，心裡揣想：「我該怎麼做？這是爆炸後的調查，而且距離事件發生已經過了十七天我才上路。」又再隔了十天，另一位探員霍夫曼（Peter Hoffman）和肖像素描師泰斯特（Myke Taister）才抵達金邊，加入調查陣容。他們三人正準備踏入典型的柬埔寨式羅生門。

幾乎柬埔寨所有的外國人和反對人士，都順理成章地認定洪森和他的政黨是攻擊的幕後主使。在大部分外國人眼裡，洪森仍然是柬埔寨的魔鬼；西方的新聞報導還是會稱他為「前共產黨領袖」。許多華府的重要官員尤然，他們不認為洪森是「前」共產黨員。美國國會和重要官員普遍憎恨他，阿伯尼的雇主、由政府資助的共和黨國際事務協會特別敵視洪森。手榴彈攻擊事件加上阿伯尼的受傷，這股敵意增長為明確的嫌惡。對協會和幾乎每一位投注關切的華府官員來說，這場恣意攻擊正好百分百符合他們心中洪森的形象。

柬埔寨人民黨過去就有攻擊政治對手的惡名，慣用手榴彈；而森朗西已經辱罵洪森有好幾個月了。中央政府和市政府都發給森朗西集會許可，即使他們已經逐漸養成惡習，拒絕發給敵對政黨集會許可，如同幾個月前佛教黨的遭遇。而且洪森的私人警衛列隊在不遠處，是不是為了要幫助攻擊者呢？另外，與之前森朗西的集會相比，現身的警察人數明顯較少。

然而，事實上還是存在一些不完全相符的事證。攻擊發生後的頭幾天，大部分的證人說手榴彈是從一輛白色轎車扔出來的，或是一名機車騎士，又或是步行逃走的人。隨著時間過去，這些不同說法才合成單一的版本。到了聯邦探員開始詢問證人時，所有森朗西的職員和支持者

❺譯註：4/4/97意指一九九七年四月四日。

都說是步行的男人投擲手榴彈，而後跑過洪森警衛隊設在附近的封鎖線。如今故事已經進展到有幾個顯然躲過一劫的受害者，從地上爬起身來追逐看似是攻擊者的人。當他們跑向警衛隊，部隊相互靠攏並且舉起武器，不讓他們通過。

不過，步行投擲手榴彈不是柬埔寨人民黨的典型攻擊，兩名戴黑色全罩式安全帽的機車騎士才是。雖然柬埔寨人和一名中國記者受傷了，阿伯尼是唯一一位西方與會者，也只有他受傷才有辦法出動聯邦調查局。他在集會將要結束、人群四散時才到場，如果是這樣的話，為什麼攻擊者要等到那一刻才丟出手榴彈？

敘事變得複雜起來。隔天《紐約時報》記者邁登斯（Seth Mydans）報導：「雖然過去幾次小規模攻擊政治對手和記者的事件，背後顯然是洪森在指使，然而有一位西方的政治分析家提出警告：這次攻擊的主導者仍然未明朗。這位分析家只肯在匿名的條件下發表意見，他說：『我無法確定是誰為了自身利益發動攻擊。情勢尚未明朗。像這樣的事件，一定是洪森的顧問勸他不要做的那種事。』」❻

阿伯尼全然相信洪森一定和這起攻擊有關，不過即使是他也承認：「我認為他太聰明了，不可能做出這種事。攻擊就發生在國會大樓正前方，跟皇宮也只有一條街的距離。」

如果不是洪森，誰還可能是主事者？拉那烈和森朗西現在算是某種盟友關係，所以拉那烈做這件事的動機很微薄。實際上，從這起攻擊得利最多的人是森朗西。整件事雖然造成可怕的屠殺，不過也形同一份政治大禮，是森朗西期盼多年想促成的結果。他是受害者；要指出洪森的邪惡，還有比這更有力的證據嗎？向西方指出這項事實是森朗西專心致志的目標，他對這個想法太過著迷，而攻擊事件比過去任何事更能證實他的論點。如同森朗西當天說的：「我認為這是從聯合國大選以來最卑劣的一次攻擊。」

同樣的，無論何處都難以見到政客有辦法如此野蠻殘忍，容許一場謀殺攻擊殘害那麼多支持者，只為了對政治敵手不利。同時他還要夠勇敢，願意冒著生命危險去證實那項論點。兩種推測同樣不合理。尼可勒提的說法是：「森朗西不是史瓦茲柯夫將軍[7]。附近有人扔手榴彈，我不相信他還會站在那兒。」

那麼，究竟是誰幹的？

不可碰觸的真相

聯邦探員小組抵達後不久，森朗西辦公室提供倖存者的打字聲明，描述他們看到的事件經過。幾乎所有人都聲稱，洪森的私人警衛列隊身著鎮暴裝備，退開讓攻擊者通過。

政府設立聯合調查委員會，尼可勒提和其他探員理應是其中一分子，不過他們從中學到不少教訓。尼可勒提事後形容，調查進展途中，他們發現柬埔寨調查員使出「刻意、欺詐且拖延的手段」來妨礙調查。分屬不同政黨的警察，各自洩漏訊息給他們的政黨領袖，有時也會告訴

[6] 邁登斯的報導於一九九七年三月三十一日刊出。

[7] 譯註：史瓦茲柯夫（Herbert Norman Schwarzkopf，一九三四—二〇一二）將軍是美國陸軍上將，曾任海灣戰爭多國聯軍總司令，一九九一年領導「沙漠風暴」行動攻打伊拉克的海珊政權。

新聞媒體。柬埔寨當局沒有提供新資訊，而且「顯得不情願去發動任何可能會激怒（洪森）的調查」，尼可勒提分析。

聯邦探員自行追查案情，在旅館房間和其他隱密地點訊問證人。他們見了一批又一批的人，很快就發現關鍵線索。消息來源提供警察拍照記錄攻擊現場的副本，尼可勒提說，照片顯示「洪森的警衛隊把集會人群包圍起來」，而且「部隊裡有一位少校命令陣線退開，讓丟手榴彈的人通過缺口。警衛隊讓人通過警戒線，至多四到五個人。看起來像是經過事先演練。」

許多集會參與者說，當森朗西的支持者追著攻擊者跑，警衛隊相互靠攏，並且拿出武器，不讓他們通過。手上握有證據，探員前去約見照片裡指揮警衛隊的少校。

他們在警察總部碰面，聯合調查委員會的警察小組都來了，包括指揮的少將。洪森警衛隊的一位陸軍少將也在場，以及尼可勒提和同事霍夫曼從照片裡指認的那位少校。

霍夫曼打頭陣，他問少校：「丟手榴彈的人朝你跑過來時，有多少人在追他們？」

「我沒有計算有多少人在追投擲者，我也不知道那就是丟手榴彈的人。」少校回答。（《瓊斯夫人》〔*Mother Jones*〕雜誌的記者取得這次訪談的調查局錄音帶。）[8]

「你的視力好嗎？」霍夫曼問。

「視力沒問題。原因是現場有太多示威的人。」

「所以，有三、四個人朝人群丟手榴彈，而你什麼也沒看到？」霍夫曼問。

「我什麼都沒看到。」

霍夫曼逼問少校：「你得到十分清楚的簡報，知道誰能通過警戒線。」

「我得到的簡報是沒有人能通過警戒線。」

霍夫曼怒氣上揚。

「這些扔手榴彈的難道是超人不成？他們只要彈一下手指頭——」霍夫曼彈了自己的手指頭——「就會消失嗎？」

「我不知道。」

現在霍夫曼真的生氣了。他拍桌放話：「如果這個國家要遠離獨裁和共產主義，朝向自由民主發展，那你就得讓人民能夠自由發言！你必須做到，否則民主只是假象。」

換尼可勒提上場。他說，頭幾個問題「證實了唯一有權命令警衛隊移動的只有洪森本人，洪森會經由部隊指揮官下達命令。」這就代表洪森的確將全副武裝的警衛隊派往森朗西的集會。尼可勒提居高臨下訊問少校，他說：「我跟少校對質，問他當時在陣線中的位置，少校否認他在裡頭。」接著，「我拿照片給他看，他突然發怒」，並且朝尼可勒提吼叫。

通往大廳的門立刻甩開，一列洪森警衛隊轟然闖入房內，身上掛的手榴彈、機關槍、突擊步槍鏗鏘作響。他們在少校身後列隊，少校抬頭看向尼可勒提，眼神全是恨意與憤怒。「他氣壞了。」尼可勒提形容。

訊問到此為止。不過尼可勒提朝門口走去時，他向同屬聯合調查委員會的在場警察斥嚷：

---

❽二〇〇五年四月《瓊斯夫人》在網站上張貼出手榴彈攻擊的文章，其後撰文者葛瑞拉（Rich Garella）和派普（Eric Pape）把文章、錄音和其他資料公布於下列網址：http://www.cambodiagrenade.info/main/。

「你們的提問呢？」政府的調查員靜默旁觀，眼看著霍夫曼和尼可勒提破案。沒有人想要碰他的證據。

洪森私人警衛隊的指揮官何匹賽（Huy Piseth）將軍在門外跟尼可勒提和霍夫曼說話時，一邊發出輕聲地笑：「你們對年輕的少校非常嚴厲。」他不習慣有任何人質疑他的權威。「我希望你在我隊上。」

這件事過後，調查進展神速。探員發現，當他們得以和柬埔寨人單獨談話，遠離同事或督導之耳時，目擊者比較願意說出實話。「（柬埔寨人）非常想要跟我們談，不過他們不想跟警察或委員會說話。」尼可勒提表示，「他們不信任警察。」這一點對探員極為有利。事後調查局在一份報告中敘述，「（探員）處理了廣泛的證人匯報，他們願意提供資訊給調查局，卻拒絕配合柬埔寨警察或調查委員會。許多條線索因此展開。」

幾個星期後，霍夫曼和泰斯特打道回府，他們受夠了尼可勒提口中「柬埔寨調查委員會的欺騙」。但是尼可勒提選擇留下來，給柬埔寨警察提供建議並追蹤一些線索。

理所當然的，森朗西對於探員的行動維持高度興趣。五月二十二日，尼可勒提與森朗西夫婦會面，他們問他發現了什麼。更精確地說，他們想知道什麼時候可以拿到一份調查報告副本。尼可勒提告訴他們：永遠不會。「這不是聯邦調查局的作風。」森朗西咕噥：應該要有啊。他不太相信尼可勒提的說法。「人民必須知道洪森做了什麼！」

尼可勒提解釋，事情沒有那麼簡單。還有許多「關於這項指控的重要問題尚未解決，以及手榴彈投擲者的動機。」事實上，尼可勒提當時已經相當程度掌握了攻擊發生的經過。從外流的照片裡，他認為快要可以斷定，下令攻擊的罪魁禍首是一位眾所周知的柬埔寨人民黨打手。不過尼可勒提不會告訴森朗西，「我不認為他是個老實人。」無論尼可勒提對森朗西透露什麼，很可能隔天早上就會登在森朗西的政黨報紙上。所以他試著要誤導森朗西。

森朗西發現尼可勒提有所隱瞞時，他勃然大怒，並且威脅尼可勒提：「你最好小心一點。」他跟探員說：「你可能會成為暴力攻擊的目標。」最終調查報告詳細記載了這次談話，另外補充：「森朗西預言，另一次暴力攻擊事件或許很快就要發生。」許多年後被問到這件事時，森朗西否認自己跟尼可勒提碰過面。「太荒謬了」，他邊說邊把眼鏡拿下來以示強調，擺出一副嚴肅的神情。「不，這從未發生。」

會面數天後，森朗西夫婦飛到曼谷，舉行記者會公告他們對於攻擊事件的調查報告。調查局事後這麼描述這場記者會：「森朗西將聯邦調查局與一份『初步報告』連結在一起，宣稱第二總理洪森就是一九九七年三月三十日攻擊的凶手。」森朗西附上一大疊紙張，說這份「報告」是調查局訊問許多目擊者的英文譯本。尼可勒提稍後解釋，森朗西「在警察部門安插內線」，一定是線民把紀錄抄本給他的。調查局聘用的某些譯者是森朗西的支持者。

不僅如此，顯然有人更動過抄本。有一份文件載明是引述尼可勒提的話，卻沒有說明他的交談對象以及發生的時間地點。譯者的名字被蓋掉了，以這份文件的可笑本質來說是應該的。森朗西提供的文件記載：「尼可勒提先生說：『丟手榴彈的不是尋常人，不可能是那些和僧侶同住在佛塔裡的學生。他們是洪森的士兵，或許是世界上最糟的一群人。我對於這項任務不具任何政治偏見。』」尼可勒提露出輕蔑的笑容：「我從來沒有說過這些話。」儘管如此，泰國媒體還是引述了文件裡的資料。

聯邦調查局曼谷辦公室主任荷頓感到鎮怒。這不就證明他的論點了嗎？他曾經告訴尼可勒提，這起案件會「使得聯邦調查局政治化」。還能有比這更好的證明嗎？荷頓立即發出聲明，表示調查局尚未得出結論。

又過了幾天，看來森朗西想要實現他說的暴力攻擊威脅。「分屬兩個政黨的警長都來提醒我，有一兩名高棉攻擊隊員跟蹤我」，尼可勒提表示，「隔天《金邊郵報》刊出一張我的照片」，照片上的他正在事發現場訊問目擊者。「昆恩也發出警告，他的獨立消息來源說我被鎖定了。」

尼可勒提只好飛往曼谷，與荷頓商討情勢。他才在荷頓的辦公室待了一會兒，電話聲就響起，前門的海軍陸戰隊守衛說有人要見尼可勒提。結果這個人是森朗西的傳話人，他說必須與探員談一談。荷頓和尼可勒提嚇了一跳，「他們跟蹤我到這裡來」，尼可勒提推測。荷頓原先就不想要調查局涉入這件案子，「現在他的立場更加堅定，我沒辦法跟他爭辯下去。」尼可勒提只好離開。

聯邦調查局的行動就此結束。後來有其他的探員到金邊處理這起案件，不過只是例行公事，案情停滯在尼可勒提離開時的進度。之後有些報告指出，尼可勒提已經很接近要提出可能的指控，但是他堅持，就算證據確鑿，「調查結果還是不符合美國標準。如果我能夠多待在那裡兩到三週，就可以完成許多調查。」一如往常，森朗西往後多年得以堅稱洪森有罪，而洪森也能看似合理地駁回指控，因為缺乏堅實的證據予以證明。這不就是柬埔寨的作風嗎？

洪森與拉那烈鬥爭白熱化

政客在金邊你爭我奪，赤柬領袖則豪奢過活。他們仍然從原木和寶石取得大筆財富，柬埔寨西部有一大片土地還在他們的掌控之中，軍隊恣意燒殺依舊。

洪森認清了他無法打敗赤柬。越南軍隊試了十年，終究還是以失敗收場。他與赤柬軍隊的小規模衝突，通常落入不勝不敗的局面，雙方陷入僵持。更有甚者，柬埔寨皇家部隊雖然應該要有十四萬八千名軍力，洪森卻發現幾近一〇%的士兵並不存在。畫歸洪森的國防部察覺，**軍隊司令官們在名單上捏造一萬三千名「幽靈」士兵，把他們的薪水收進口袋**，就跟一九七〇年代龍諾手下軍隊的作法一樣。二十五年過去了，如今將領們發明了新的伎倆：**這群幽靈士兵生下一萬五千兩百四十四個幽靈孩子，好讓他們的「父親」請領育兒津貼**。洪森表示：「我知道有些高層官員和他們手下的將領共謀，隱瞞幽靈士兵的存在，好拿錢進口袋，包括國防部的人在內。」他提供認罪者特赦的機會。

當洪森明白自己無法擊潰赤柬時，他也送上特赦。一九九六年中，一小隊一小隊的赤柬軍背離叢林，洪森讓他們保留土地。接著在一九九六年八月，與波布共同創建赤柬、曾任民主柬埔寨外長的英沙里宣布，他和一些盟友決定投誠。

洪森在「赤柬首都」拜林市安排一場殷勤周到的歡迎會，他允許英沙里以平民身分住在那裡，並且繼續掌控寶石礦藏和伐木權，財源無虞。從那一刻開始，赤柬踏著緩慢而沉著的步伐通往滅亡——不過是在下一場進行中的柬埔寨政治大戲扮演要角之後。

一九九六年春天，森朗西、拉那烈與前赤柬總理喬森潘在巴黎祕密會面，策畫某項計謀。那場會議沒有留下紀錄，不過昆恩假定：「或許他們想要做一件能夠翻轉局面的事。」這裡頭的每個人都不相信彼此，在不久前的某一刻，他們各自曾試著要在背後捅對方一刀。然而所有人全都熱中於同一件事：**他們恨極了洪森**。這場會議的成果在隔年逐漸展露出來。

一九九七年五月，森朗西和尼可勒提發生爭執那次碰面，調查局拒絕提供報告，森朗西警告尼可勒提會有危險。就在那次會面的隔天，赤柬突然對手榴彈攻擊的調查發生興趣。赤柬領袖在每日的廣播時間惡意批評尼可勒提和聯邦調查局，指控調查局是洪森政府的工具。他們是怎麼聽說這件事的？這算是森朗西威脅的一部分嗎？

一直以來，金邊的情勢愈來愈緊張。一九九七年春天時，街頭槍戰已成常態。柬埔寨人民黨和奉辛比克黨的政府官員都在住家周圍堆起沙包，警衛駐守在後，把自動步槍的槍口瞄準街道。

洪森和拉那烈都有私人警衛隊，兵力數千。雙方常交火，士兵與警衛一次次犧牲性命。就在金邊外圍，雙方陣營都有重兵駐紮。「這個地方已經在動亂邊緣」，昆恩說。他養成每天傍晚開車繞行城市的習慣，「觀察守在屋外的警衛，看他們是否坐倒在地抽菸，或是打個小盹？」如果是這樣的話，昆恩就知道他可以回家安睡。「或者，他們是否戴上頭盔，拿出武器守在沙包後方？」

事態很明顯：**有一場戰爭將要開打**。開始有外交官從歐洲、亞洲和其他地方遠道而來，專程跟洪森和拉那烈會談。他們說，千萬不要這麼做，收手吧。但是沒有人願意聽進去。

大使昆恩察看各方情資，估算出開戰的時間，大約在七月一日前後。在一片慘澹之中，華府卻傳來消息，國務卿歐布萊特（Madeleine Albright）決定在六月底的區域行程中造訪金邊。這個國家動亂四起，但是「她想要和成功案例談一談，然後到吳哥窟看看」，昆恩說。

歐布萊特喜愛旅遊成癖，她會盡可能前往有機會觀賞重要景觀的國家。她當然計畫與洪森和拉那烈碰面，跟其他造訪的外交人士一樣，她也會警告他們不要搞砸了柬埔寨的進步，那可是聯合國占領行動和全世界投注了三十億美元的功勞。所以她打算停留兩天，一天在金邊洽公，隔天去吳哥窟。

昆恩一直持續回傳電報，讓院裡知道情勢正逐漸惡化，不過他無從得知誰讀過這些電報。幾天前，三位具有影響力的參議員——來自麻州的民主黨代表凱瑞（John F. Kerry）、來自佛蒙特的共和黨代表羅斯（Willam Roth）、來自田納西的共和黨代表費斯特（Bill Frist）——寫了一封信給歐布萊特：雖然近年來收到幾近三十五億美元的國際援助，柬埔寨「卻成為世界上崛起速度最快的毒品集散地；無數記者、人權工作者和政治活躍分子在政治暴力事件中身亡；政府未能擬出關鍵的憲法條文，甚至沒有通過一個國家最基本的那些法律；貪汙大舉入侵每一個政府機關。」這真的是我們投注三十億美元建立的國家嗎？

然而這些憂慮無人聞問，歐布萊特準備前去歡慶新生的民主體制。不過她在華府曾表示：「我會清楚表明立場，他們必須在民主的道路持續前行，這非常重要。」昆恩卻明白，一場重大衝突在所難免。他告訴國務院，歐布萊特不該來金邊。他寫道，「人們會刻意使她難堪，暴力行為勢必發生，會使她看起來很軟弱。」昆恩擔心如果有人想找政府麻煩，策畫一場炸彈或手榴彈攻擊，會導致歐布萊特倉皇走避。他替國務卿憂心，可是院裡「處理得很糟糕」，昆恩形容。回應的大意是：「大使有什麼毛病？他又不在我們組上。她已經說她要去了。」

一九九七年六月中，雙邊警衛隊在金邊爆發一場真正的交戰，兩個陣營都朝對方發射突擊步槍且投擲手榴彈，爆炸震動了整個城市。數千位居民緊鎖門戶，拉下百葉窗，挨在一塊兒顫抖著。有一枚火箭筒榴彈正落在昆恩家旁邊的庭院裡。那天剛好是昆恩的生日，為了慶祝，「我的家人都來了」，他說。「他們平時待在美國，因為金邊沒有給我小孩就讀的高中。我們在看電影《瘦人》（*The Thin Man*）的時候，聽到『咔嗒』一聲。我才開口問：『你們有聽到嗎？』然後就傳來轟然巨響。我們把孩子壓在地板上，我和妻子護在他們上方。」沒有人受傷，損害很輕微。不過他立刻打給國務院行動中心，告訴他們剛剛發生的事。

昆恩獲得平反，隔天國務院宣布計畫改變。沒錯，金邊是個危險的地方，或許洪森和拉那烈可以到機場跟國務卿歐布萊特碰面，談完之後她就能搭機飛往吳哥。

不用說，拉那烈和洪森不願意與對方說話，他們只肯用槍交談。但是他們仍舊設法達成協議：沒道理要兩位國家領袖搭車到機場，只為了和一個「外國部長」碰面，就算是美國國務卿也不行。她把他們當什麼了？兩個有求於她的可憐蟲嗎？拉那烈是一位親王，承襲王室血脈的一國之尊；洪森則實際領導國家長達十年，而且顯然打算很快就要再次證明這個地位。如果她想要見他們，她得要進城來他們的辦公室。不，他們告訴她，我們不會去。

拉那烈解釋自己的決定時，顯得十分機智老練，他告訴記者：「她想要我們去機場，但是我和洪森都認為，如果我們去機場見她，這樣會打破協定原則。」他忍不住補上一句：「這形同侮辱。」

以昆恩屋外的火箭筒榴彈攻擊為託辭，國務院取消歐布萊特的柬埔寨行程。她得另外再找時間去吳哥窟了。然而，關於她來訪的諸多爭論，推延了美國大使館精心計算的時間表。暴動未如預期在七月一日起動，而是遲了五天才開始。

結局還要再過幾天才會揭曉，不過在那之前的幾個星期，充斥著憤怒的爭論。去年巴黎會面期間，拉那烈或許曾向喬森潘提到讓赤柬軍隊投入戰爭的事。相較於拉那烈，洪森的私人兵力無疑更為強大，而且英沙里投誠時洪森表達了熱烈歡迎，他畏懼這代表英沙里的兩千兵力將為洪森作戰。少了赤柬的援手，拉那烈不具勝算。

五月底，拉那烈試圖從西哈努克市運進三噸的武器和彈藥，被洪森逮個正著，收貨人為拉那烈的運貨清單上寫著，船運內容物是「零件」。洪森質問拉那烈時，他堅稱自己有十足的權力進口武器供警衛隊使用，而且洪森一定也有進口軍備用品給他的警衛隊。接著洪森控訴拉那烈與赤柬結盟，拉那烈回頭指控洪森自己還不是在做同樣的事。

美國大使館在七月四日照常舉辦國慶日派對。這是一場光燦華美的盛會，過去金邊的每一個人都想登上受邀賓客名單，然而今年卻幾乎沒有政府官員現身。這很不尋常。原因線索隨即浮現，有一位外交官員表示，金邊的外國情報網絡自七月初開始，從奉辛比克黨官員口中聽聞「十字弓行動」。七月五日早上，情報人員截獲一位奉辛比克士兵詢問黨部祕書長涅本采（Nhiek Bun Chhay）的訊息內容，十字弓行動是不是開始了？是的。他說，行動開始了。

內戰爆發

戰爭從奉辛比克軍隊駐紮的城市外圍開始打起，一路殺進金邊。拉那烈軍隊開著坦克和裝甲運兵車進城，子彈與火箭筒榴彈你來我往，穿梭市區。外交人員指出，洪森的得力助手索安被圍困家中，未能逃脫，試著以此釐清這場動亂的指使者。而另一方面，拉那烈已經飛抵巴黎。問他為什麼來巴黎，他解釋說，警衛隊的將領告誡他留在金邊太危險了。事後發現，他的機票早在幾個星期前就買好了。

當天深夜，坦克和裝甲車一隊接著一隊從南方開抵金邊，逼近洪森坐擁重兵的據點。屬於洪森陣營的少數幾輛坦克慌慌張張地出動，半路就油料不足。不過要到隔天，也就是一九九七年七月六日，洪森才把全副武力投入這場激烈鬥爭。

昆恩說，美國大使館「整棟樓都在震動。我們開始焚毀所有的文件，街上有坦克車，我們也把自己的武器拿出來。我們也準備好要摧毀通訊設備和密碼」。

然而就在第二日將盡之時，戰爭已接近尾聲。洪森大占上風，奉辛比克軍潰逃出城。洪森的士兵追捕數十名奉黨官員，就地處決。奉黨祕書長涅本采表示，他有五名私人警衛被抓到，洪森部隊把他們的眼睛挖出來後加以殺害。涅本采還指控說，他有三十名士兵投降後，遭到洪森部隊屠殺且焚燒屍體。

當洪森軍隊大肆洗劫市區店鋪，而奉辛比克的士兵和官員則向美國大使館尋求庇護。昆恩如今透露，他當時向職員說：如果有人來敲大使館的門，不管是誰都讓他進來。然而長久以來，人權組織工作者和其他消息來源堅稱，事實上大使館拒絕了求助的人。無論使館方面是怎麼處理的，昆恩的確曾租下金寶殿酒店的舞廳，把需要避難去處的人送往那裡。

到了第三天，城市一片靜謐，爭戰告終。

感覺自己一再被洪森無禮對待的拉那烈親王，誤以為可以把這個出身鄉下農戶、這名共黨分子推翻下台。他想得到應得的合法地位，成為握有實權的柬埔寨領袖。不過他的戰爭計畫缺少一個關鍵成分，那場偷偷摸摸在巴黎舉行的會議白開了：到頭來，赤柬軍隊沒有為任何一方出戰。縱使拉那烈起初奇襲成功，一旦洪森軍以優勢兵力投入交戰，並且全面掌握情報，最終扭轉戰局擊退拉那烈軍。

即使洪森長年來素有暴行和背信的不良紀錄，這次拉那烈無疑是發起攻擊的人。不過同一天下午在華府，國務院發言人伯恩斯（Nicolas Burns）發表聲明譴責洪森，表示美國強烈反對「使用武力改變一九九三年大選結果，而且洪森派出的是私人武力，明顯違反一九九一年的巴黎協定。」

誰該負責？

不久後，華府宣告將終止供給柬埔寨的所有外援。「他們完全沒有問過我」，昆恩搖著頭說。「第三天戰爭結束時，華府下令撤離所有美國人和非必要的使館人員。這件事他們同樣沒有事先詢問我。我必須把家人送走，我覺得糟透了。我們感到不被尊重，而且被盯上了。」緊接著，昆恩才明白華府幾乎每個人都痛恨洪森。他曾經發出提醒，拉那烈正在計畫某件事，「我在電報裡這裡提一點，那裡說一些，但是華府有些人就是不願意相信。」

在華盛頓，一切非黑即白。洪森是惡棍，拉那烈和森朗西是英雄。然而自從昆恩到金邊之後，他和洪森在工作上建立密切關係，洪森才是握有實權的人。否則一位大使要如何把事辦成呢？他們時常開會，在彼此家中共進晚餐。愛荷華衛斯理學院授與洪森榮譽學位，在金邊舉行典禮時，昆恩就站在洪森身邊，只不過這件事在城裡引起遍地噓聲。昆恩這麼做，賠上了人權組織和國會對他的輕蔑，甚至是憎惡。在他們眼裡，昆恩根本是賣國賊。

這或許能解釋，為什麼他在電報裡指出是拉那烈發動戰爭，國務院卻不怎麼放在心上。「他總是自誇跟洪森的關係有多好。」阿伯尼說，聲音聽起來帶有一抹嘲諷。戰爭畫下句點幾天後，在一場眾議院聽證會裡，來自加州的共和黨代表羅拉巴克（Dana Rohrabacher）要求，「立刻從柬埔寨召回我們派駐金邊的大使昆恩，出席面對委員會以及全體美國人民，回答為什麼我們目睹柬埔寨發生如此可怕的事件，他卻未能祭出強力反對？」

阿伯尼出席聽證會時，他也添上幾筆：「（美國大使館）持續拒絕批判洪森，事實上，他們與洪森維繫的關係，嚇退了對於強權政府的直言抨擊。」

一位國務院官員則在聽證會上說，政府全然信任昆恩。這些都無法改變成見，幾乎所有國會成員、每一位外交官、每一位新聞記者與評論家全認定洪森是壞胚子。從他扮演河內的傀儡和「共黨卒子」統治柬埔寨那些日子開始，他們長年鄙視洪森，維持既有姿態顯得再自然不過，甚至比較舒適，這是必然的結果。將他定罪的想法一旦滋長——是洪森運作一場「政變」，奪去在他之上第一總理拉那烈的權力——幾乎所有關切柬埔寨者原先對這個人的反感，立刻增長為嫌惡。

現在洪森得為幾乎是所有人深信的結論負責：**全世界曾追求過最宏偉的建國行動，如今業已崩解。民主已死。洪森浪費了送給長期受難柬埔寨人民的三十億美元大禮。**「四年的民主實驗陷入絕境，而暴君以兵力、威嚇、恐怖行動和即刻處決來展示手中權力。」眾議院亞太附屬委員會主席博魯特（Doug Bereuter）表示，「這些全都是柬埔寨人過於熟悉的場面。**過去三十年間，鮮有人不幸如柬埔寨人民，體驗到如此多的悲痛、苦難與恐怖。**」

維迪奧諾（Benny Widyono）剛結束聯合國駐柬特別代表的任期，他是極少數責怪另一方進犯政黨的公共官員之一。「（聯合國）放任這四個政黨為所欲為、全副武裝。」他告訴《華盛頓郵報》，聯合國行動的資金遭到狠砍，以至於「我們得對大選孤注一擲，（形同）那是協定裡最主要的事。我們應該要停留更長一段時間的，留到衝突後的重建時期。」[9]

聯合國駐柬資深官員亞當斯（Brad Adams）對一個國會委員會說：「應該要問，為什麼國際社群會談妥一項有關民主人權的和平協定，接著演變成有史以來規模最大、最昂貴的維安行動——投入兩萬名士兵和一整支軍隊監控大選與維護人權，加起來花費超過二十億美元——然後卻對這件事失去了興趣。」

---

[9]《華盛頓郵報》於一九九七年七月二十日刊載維迪奧諾談論聯合國占領行動失敗的言談。

不過祕書長安南（Kofi Annan）似乎活在夢幻世界裡。他持續誇耀聯合國的偉大成就，即便在那場戰事剛結束的幾天後依舊如此。安南主張：「聯合國行動成功協助國家機構的建立，俾能導向穩定局勢和經濟發展。」

昆恩是最感到失望的人。一九七四年，他發出世界上第一聲警告，提醒赤柬恐怖即將到來。他寫下那篇關於赤柬的論文。身為副助理國務卿，他是建置聯合國占領行動和大選的要角，傾全世界之力要救贖這個國家和它的人民。接著他以大使的身分抵達，「抱持理想觀點，認為假使能找到方法讓每個人共存並願意分享，那麼人人都能過更好的生活。」

或許太天真了，不過他如今說：「國際社群付出天文數字幫他們重建國家，但是他們卻搬演另一場遊戲。他們全都試圖要改寫局面，重回權力主位，剷除擋路的人。」昆恩了解到，「為了自身利益，柬埔寨人有辦法對祖國做出糟糕透頂的破壞行為。你最終會絕望地離開，因為他們如此盡力操弄，使你成為他們顛覆國家的一個卒子，而私人利益是這一切的目的。所有我們努力過的事物，如今淪為攤在地上的碎片，像蛋頭先生⑩一樣。所有的承諾都四分五裂。一切都結束了。」

華府有些人憤怒至極，他們咬牙切齒，開始高喊要改變政權。

⑩譯註：原文為Humpty Dumpty，最初出現在美國童謠的一則謎語裡，問題大意是：「從牆上摔下來再也無法復原的是什麼？」答案是雞蛋。後來插畫家普遍把Humpty Dumpty畫成有四肢的蛋頭人。

CAMBODIA'S CURSE
THE MODERN HISTORY OF
A TROUBLED LAND

第七章

野地仍有白骨哭聲

難以抹滅的傷痛

對一群仍因戰爭創傷而無法站穩的人民來說，一九九〇年代持續不斷的暴力行為，成了心理衰弱病症的溫床，折磨許多柬埔寨人至今。在那場爭奪政府主權的街戰中，上萬人民在家中相擁，全身顫抖，心臟狂跳不止。

即便等到戰事終止，遊客卻常發現村落居民畏懼跨出小鎮一步，害怕赤柬士兵從任何一棵樹後現身，舉國上下皆如此。同時，柬埔寨人在全國持續意外挖掘出大型墓穴，埋著赤柬刑場運來的屍骨殘骸，死者有的數十，有的上百。村民通常把屍骸堆往倉庫棚架，或是赤柬曾使用過的外屋。即使到了數十年後的今天，村民說，骷髏頭仍會向他們泣訴。

《紐約時報》記者邁登斯曾在一九九六年五月造訪其中一位村民，目睹驚人景象[1]：

在遠離任何一條柏油路的美麗村落，當空氣變得凝滯而沉重，人們說，有時會聽見柬埔寨屠殺的骷髏頭在大太陽下交談。它們堆在附近的廢棄校舍，「有時候我們聽到它們哭泣」，農夫辛譚（Sim Than）說，「你可以聽到女人、小孩和男人的聲音，好像他們還活著一樣。」

村民說，他們仍隱約聽到午餐鐘聲。就像是超過十七年前學校被當成監獄，有時甚至化身為刑求室那時的鐘聲。他們說，最糟糕的是囚犯被粗竹棒擊打後頸致死的哀鳴聲又傳入耳裡。當人們趕牛放牧，或是孩童遊蕩撿拾黃色漿果而經過校舍，他們時不時會彎腰撿起被牛隻踢落的骷髏頭，放回原位，和其他好幾百顆堆在一起。

柬埔寨全境有數百個像這樣的廢棄刑場，骨骸與衣服碎片散落一地，未加掩埋，大多無人理會。而像這樣的村落有數千座，曾為赤柬效力的男男女女回復往常的平靜生活，耕種且養兒育女，和他們曾經虐殺的家庭一同過日子。那些無名的骨骸以及不受懲罰的加害者，交織構成了今日的柬埔寨。

這個國家的赤柬時期倖存者，大多受**創傷後壓力症候群**所苦。然而直到一九九〇年代，柬埔寨仍然無人認清事態，或是提供任何治療。完全沒有人投注關心，任由傷口生瘡，有些病例甚而惡化。某些創傷後壓力症候群患者，幾乎面臨所有脫離常軌的事都會引起揪心的恐慌。對於患有心臟疾病的老年人來說，這一類的恐慌有可能引發心臟病。

一九九〇年代末的某一天，技師在金邊外圍一角點燃計畫中的爆炸。「柬埔寨地雷行動中心會例行性地炸毀一些老礦坑」，昆恩回憶，「爆炸聲響在市區往往引起巨大恐慌，人們以為再次回到一九七五年，城裡馬上就要重回赤柬手中。市場關閉，學校淨空，人們奔走尋找親人回家避難。」

醫學博士辛頓（Devon Hinton）是哈佛醫學院的心理學與人類學者，鑽研這個症狀許多年，他的主要研究對象是麻州洛威爾市的柬埔寨難民。在這些赤柬時期倖存者裡，超過半數患

---

❶ 邁登斯的報導於一九九六年五月二十七日刊登在《紐約時報》。

有創傷後壓力症候群。他認為這個疾病只是冰山一角，不幸的，有更多不同種類的致命生、心理疾病相應而生：一種併發另一種，接著又引發下一種，形成連鎖效應。他們大多承受數種創傷後導致的生理症狀，包括：視力模糊、頭痛、心悸、長期耳鳴、呼吸困難與肩頸疼痛——模擬替赤柬工作時，用竹竿肩挑滿載泥土的沉重吊桶那種疼痛。

這些人之中，超過半數的倖存者經常感到緊張，有時會對自己的家人突生暴力行為和怒氣。尋常家庭糾紛就能引發這樣的意外事件，甚至像是小孩說謊或頂撞之類的小事也不例外。受害者可能會朝自己的孩子吼叫、丟擲物品或是責打他們，同時經歷恐慌發作的心悸、呼吸困難、暈眩、胸痛等症狀。造成個體心理疾病的事件，也可能在這一刻快速閃過腦中。受害者通常會想起淪為赤柬囚奴時，飢餓受虐的工作景況，或是「被迫站立著讓會咬人的螞蟻爬滿全身」，辛頓在二〇〇九年發表的研究裡寫道。❷

這些症狀深植柬埔寨人的精神狀態裡。東南亞人相信，多數生物與人體中棲有靈魂。外型像一座小廟的神龕，矗立在商鋪和住宅附近的空地，它們與佛教並不直接相關。人們在神龕奉獻食物和其他貢品，以祭祀靈魂。柬埔寨人相信，人體裡的靈魂特別強大，憤怒會將它們釋放出來，造成對身體的傷害——在體內流動的血液會沸騰，最終流抵大腦。這項根深柢固的恐懼本身已經夠嚇人了，再加上使人衰弱的創傷後壓力症候群，情況變得更為嚴重。

對這些人來說，連入睡時也得不到放鬆。許多柬埔寨人患有睡眠癱瘓症以及相關的失調，俗稱「鬼壓床」。辛頓的研究對象中，六〇％罹患創傷後壓力症候群的男女受到這兩種病症折磨。「臨床經驗指出，柬埔寨人口中有非常高的睡眠癱瘓症比例。」他寫在另一篇已發表的研究裡。睡眠癱瘓症發作時，「柬埔寨人常幻想某些超自然現象的存在，（包括）巫師派來殺受害者的鬼魂，它會把物品放進受害者身體裡；惡魔前來驚嚇體內的靈魂，來者也可能是某個波布時期橫死者的鬼魂。」其他人可能會幻想「瀕臨溺死的體驗」或是「頭上罩有塑膠袋」，兩種都是赤柬常用來刑求或處決人的手段。這類情況看似發生於半夢半醒的狀態，持續時間從大約五分鐘到三十分鐘不等，受害者從頭到尾都覺得身體癱軟，動不了也無法開口說話。柬埔寨人把這種狀況叫做「鬼壓身」。

在辛頓研究的檔案裡，有一名受害者是四十一歲的女性，她說自己反覆看到「一個男人的黑影，緊握刀子走向她。那黑影一隻手舉刀指著她，另一隻手抓住她衣衫的前襟。」另一名四十八歲的女性受害者，「起初意識到失去移動的能力，接著看到三隻幽靈似的惡魔朝她逼近，身上有毛，嘴裡伸出長尖牙。其中一隻妖怪靠近她的頭，（一隻）抬她的腿，另一隻抬她的手。（接著）妖怪想要把她活活嚇死。」通常會有人聽到她驚慌地喃喃自語，再設法把她完全搖醒。這名只記載叫謝（Chea）的女子說，像這樣的晚上，接下來她便完全無法入睡，反而是赤柬時期的可怕畫面重新湧入腦海裡。其中一個場景是，她日睹士兵把三名同村友人的眼睛矇住，帶往二十碼外一排樹叢後頭。「一分鐘過後，謝聽到頭骨被棍棒擊碎的聲音，令人驚嚇到幾乎嘔吐。」

❷ 辛頓關於患有創傷後壓力症候群柬埔寨人的研究，於二〇〇九年三月三十一日刊載於《文化醫療精神病學》期刊（*Cultural Medical Psychiatry*）。

受困於睡眠癱瘓症、鬼壓床和相關創傷的受害者，醒來後一整天都會感到驚恐、精疲力盡，有時還導致恐慌發作。有些人變得極度焦慮，以至於覺得暈眩，害怕自己會跌倒。不令人意外的，他們患有慢性失眠，害怕入睡，使病症愈來愈嚴重。

醫學博士瑞切特（Daryn Reicherter）是任教於史丹佛大學的心理學者，他在加州聖荷西另一群柬埔寨難民中，也發現相同的睡眠癱瘓和鬼壓床症狀。❸他還目睹另一種稱作歇斯底里視盲（hysterical blindness）的現象。「赤柬一般會放過盲人。」他指出，「所以人們把這當成因應策略，假裝自己瞎了。」現在，「許多赤柬受害者的應對策略到今天變成不適應」，或是不恰當。他有些病人看似會在「感受到壓力時」變得看不見。有次瑞切特在辦公室裡揮舞手臂，四處撞來撞去要嚇一名病人。「你無法確實分辨他是假裝的，還是真的看不見。對他來說可能是真的。症狀來了又去，直到今天還是反覆出現。我在柬埔寨也看過這種症狀。」瑞切特補充，「那裡的情形至少跟這裡一樣，很有可能更糟。」

麻州和加州深受困擾的難民大多機能失調，眾多研究顯示他們無法承擔工作。在一項研究中，麻州的創傷後壓力症候群患者有九〇％失業。搬到美國數十年後，這些人仍然不會說英文。他們在政府的扶持下痛苦度日。

一九九五年發表於《美國醫學會期刊》的一項研究，關注對象是住在加州長灘的柬埔寨難民，他們來到美國的時間大約是一九八〇年代初，距離赤柬結束執政不久。在他們之中，超過一半有嚴重的衰弱憂鬱症，三分之二罹患創傷後壓力症候群。成年人裡，超過四分之三未受教育。他們大多失業、赤貧，而且有非理性暴力行為的傾向。四分之一以上的人殘廢。他們住在貧民窟，失去與他人交流情感的能力。即便來到聖荷西，他們依舊「只懂一種語言，不識字，拒絕文化同化，而且總是喝醉。」瑞切特說，「**這些人大多無法工作。他們持續維持失能狀態，全都患有嚴重的憂鬱症。**」

代代相傳的心理疾病

由於數十年前歷經的創傷，好幾百萬柬埔寨人深受類似的症狀和失能所困。少數在國內進行的研究證實了這件事。金邊的心理學家慕尼索薩拉（Muny Sothara）描述：「二〇〇四年在磅湛省做的地方家戶調查顯示，四七％的人口患有壓力後創傷症候群，或是出現其他種精神失常的症狀。」

放任病症不去醫治，這些人卻把自身的病又傳給下一代。費爾德（Nigel Field）是位於北加州的太平洋心理學研究所的教授，專精於他稱之為「隔代效應」（second-generation effects）的領域。他研究金邊一所高中的兩百名孩子，發現一旦他們對父母的創傷經驗了解愈多，他們自己就變得愈糟。「孩子還在尋求認同，他們會仿效父母的異常行為」，費爾德解釋，「孩子也會傾向化身為父母的『雙親』，試圖平息父母的焦慮。沒有危險的時候，這些孩子會有感到

---

❸ 瑞切特於二〇〇五年八月三日在《美國醫學會期刊》（*The Journal of the American Medical Association*）發表〈柬埔寨難民定居美國二十四年後的心理健康〉（Mental Health of Cambodian Refugees Two Decades After Resettlement in the United States）一文。

危險的傾向」，就和他們的父母一樣。要求他們列出父母曾經歷過的事件時——例如飢餓、刑求、瀕死——「有些人會在談論這些事的時候變得憤怒，顯露角色錯置的情況。他們變得比較焦慮和憂鬱。這些壓力啃食著他們的生活。」

柬埔寨心理學家慕尼索薩拉認為，父母在不知情的狀況下，讓孩子學會創傷後壓力症候群。他們的作法是「教導孩子遠離危險。總是說『不要參與，別扯進去，保持沉默。』」瑞切特則是這麼說的：「我們已經知道，如果你有個創傷的童年，你就比較有可能罹患創傷後壓力症候群。我們眼前有一群孩子，在他們的成長過程中，行為暴力的父母總是喝醉酒，而且動手毆打他們。即將成年的這一代年輕人就是這麼長大的。」

新世代已經來了。大約在二〇〇四年，柬埔寨官員估計國內有四分之一的男人經常打妻子和小孩，全球名列前茅。❹到了二〇〇九年底，更多赤柬受害者的下一代娶妻生子，這項數據竟攀升到**大約三分之一的家庭有暴力行為**。

辛頓和瑞切特都指出，治療對部分柬埔寨難民有效。但是在一九九〇年代，柬埔寨的心理學發展連嬰兒期都稱不上，全國僅有四、五位心理學家。他們都在醫院工作，開過時的處方。瑞切特曾造訪一座村落，「我們看到一個男人，很明顯是精神分裂症患者，他脖子上圈著狗鍊，綁在樹上，這根本是一千年前心理學家的作法。我們給他打了一針。就一針，然後他們就可以放他走了。」

政府成員似乎毫不在意，即使許多資深官員患有相同的症狀。「**在這裡，心理健康是擺在最後考慮的事，提供協助的能力相當有限。**」世界衛生組織金邊辦公室主任歐萊瑞表示。

新聞部長喬甘哈里表示，反覆出現的惡夢纏著他，這是創傷後壓力症候群的證明。「我返回家中，大部分家人跪在地上」，正如同他們被赤柬處決前的情景。一九七九年時，「有一次我回到家裡，地點坐落在路旁的一個村落。我在牆上寫著：我活下來了！但是待在那裡壓力實在太大，後來再也沒有回去過。創傷後壓力症候群，每個人都罹患。」持續與赤柬軍的交戰，只會加深這群人的傷痛。

同時，甚至在一九九七年「政變」過後數個月，柬埔寨人民黨和奉辛比克黨仍在全國零星交戰，心裡只想著要提升自己的地位，不顧其他任何事。他們理應服務的人民，被兩黨該死的行徑折磨，成千上萬人驚恐之餘，再度逃竄至泰國，重返他們一九七九年走過的路。

第二次全國大選

舉國情勢混亂到極點，然而柬埔寨應該要在一九九八年七月舉行全國大選，距離拉那烈和洪森開戰僅相隔一年。拉那烈流亡在外，洪森表明，要是他膽敢回國，就要以叛國之類的罪名審判他。翁霍（Ung Huot）是手無實權的奉辛比克黨補位者，他坐進拉那烈的辦公室，維繫黨在大選前的運作。不過，要怎麼在只有一個主要政黨競選的情況下舉行大選？奉辛比克黨贏得上一次大選，但是身為「皇室」政黨，少了拉那烈，他們毫無勝算。

---

❹ 柬埔寨男人毆妻的政府統計數字，取自作者與官員的訪談。

當然，在伊拉克、埃及、葉門和無數主權國家，領導者曾把只有一個政黨競選的大選搬上台。但是柬埔寨的情況不一樣。距離聯合國占領和全國第一次大選才隔了四年。援助國形成一年給柬埔寨政府約五億美元的慣例，超過政府年度預算的半數。洪森不能冒失去所有慷慨餽贈的風險，也不願喪失世界對他們僅存的微渺善意。

在華府，大量譴責早已漫天傳布。聯合國官員亞當斯（Brad Adams）向一個耳根子軟的國會委員會說：「奉辛比克是皇室政黨，現在領導階層缺乏皇室成員，致使這個政黨失去政治意義。洪森設下清楚的策略：建立一個表面上擁有憲治與多黨的政府和政治體系，例如安置像翁霍這樣順從的人去當第一總理，隔年大選時就不會存在真正的對手，徹底掌控每個層級的政府，操縱電子媒體，並且等待國際社群不情願地宣告，這場選舉至少做到最低限度的自由和公平。」

到頭來，日本人出面為一場交易牽線。日本積極爭取東南亞地區的影響力，以制衡中國逐漸崛起的勢力，並且介入協助突破僵局。拉那烈曾請求父親西哈努克國王寬恕他，但是西哈努克斷然拒絕，除非拉那烈道歉。西哈努克至少明白是誰發動這場戰事，而且這對父子如今處得不是很好。拉那烈拒絕道歉，表明不願坦承罪責，即使他知道自己實際上有罪。（雖然真相是雙方共同釀成這場戰爭，如果拉那烈沒有發動攻擊，洪森或許遲早會行動。）這導致後續更加複雜的謀略攻防。

日本人的計畫是這樣的：洪森的法院搬演一席表演性質的審判，將拉那烈走私軍備以及與赤柬游擊隊共謀發動政變的行為定罪，判處不在場的拉那烈三十五年徒刑，罰鍰五千四百萬美元，因為他發動的戰爭造成商家損失——戰爭結束後的洗劫也造成損害，而那實際上是洪森軍隊幹的。一旦做出判決，西哈努克就原諒他的兒子，而拉那烈得以在一九九八年返國。他再次參選，就像是一切都沒發生過。

計畫再精簡不過了，而拉那烈在柬埔寨人心中的形象，如今已不再純粹清白。這次他也面臨一個真正的對手：森朗西。國會終究通過一項政黨法，而森朗西現在成了森朗西黨的主席，表示他有多麼勇於展現關於自己的自我觀點。

這些因素全部加總起來，把洪森搞得十分緊張。他輸掉上次大選，而現在面臨兩位強大的對手。他不確定自己能不能贏。怎麼辦？他最後依靠的還是傳統的恐嚇手法。很快的，打手開始威脅、折磨和殘殺奉辛比克黨官員，跟上次大選前發生的事一模一樣，超過十二人因暴力事件而送命。

最糟的案例或許是奉辛比克黨官員宋蘇法（Thong Sophal）。大選前一個月在幹丹省尋獲他的屍體，頭和臉被打爛到無法辨識的程度，雙眼被挖出，耳朵遭割除，手指被切掉。他從大腿根部一直到雙腳踝，連皮帶肉被剝下來，只剩骨架還在。**受害者的恐怖照片登在《金邊郵報》上，有名當地警官說這是「自殺」**。對所有膽敢挑釁執政黨的人來說，這不就是最有效的警告嗎？

從來沒有人證明洪森直接下令或同意這次攻擊，以及任何一樁類似案件。然而洪森喜歡說自己是萬能的，他控制一切事物。如果他不允許這種策略，他大可阻止謀殺和攻擊。但是他不曾公開反對暴力行為，他反而常責怪受害者犯了罪。以上種種顯示，所有人都認為洪森無疑是實際主事者，而那些認識他的人則說這些事使他狂喜。

多起謀殺案清楚傳遞一則訊息：**起身對抗我，然後看看什麼事會發生在你身上。我會在讓你斷氣之前挖掉你的眼睛，切斷你的手指頭，把你雙腿的皮肉剝下來。**洪森在赤柬軍數年以及越南服役十年期間學到這些殘忍的手段。如同共和黨國際事務協會柬埔寨專員古洛夫（Paul Grove）在國會聽證會的發言：「中國人有個說法，或許最能形容這些殺戮背後的道理：殺雞儆猴。」

雖然大選觀察員埋怨對選民的威嚇——柬埔寨人民黨控制了全國每個城鎮的村長——以及買票，不過整體而言，暴力事件不如一九九三年大選時頻繁或嚴重。在人權倡議者尖聲抗議的同時，洪森卻踏上了正當政治策略之路的開端，而且看似有效。他會這麼說：**我帶給你們穩定。我為了你們跟赤柬交戰已久，他們如今奄奄一息。**聽在這個國家情感受創的人們耳裡，洪森的策略十分動人。穩定比其他任何事都來得重要。柬埔寨人尤其想要和平與寧靜，以及自從一九六〇年代晚期至今仍不可得的生活品質。他們不想再被打擾。

外交人員抱怨木已成舟。超過八〇%的人口住在鄉下。在一九九八年，他們沒有電視或收音機；報紙不在城市以外發行，而且大部分的鄉間居民不識字。他們能聽聞有關於競選的新聞，多半來自於村長，而每一個村長都是柬埔寨人民黨的忠僕。

更有甚者，洪森掌控所有為了確保選舉自由而設立的政府機構，包括國家選舉委員會、憲法委員會及其他機構。逼進大選日的時候，共和黨國際事務協會柬埔寨專員古洛夫到選委會走了一趟，想看看他們為達成自由公平選舉做了哪些事。古洛夫告訴國會，所有選委會工作人員只有興趣談論「在選委會辦公室鋪設電線」有多困難。職掌排解選舉爭議的憲法委員會則尚未完全建立❺。

和上次一樣，柬埔寨人再度擁抱大選，超過九〇%的選民投票。外國選舉觀察員認為大選日既公平且自由，顯示洪森終於學會怎麼做出一場乾淨選舉的表面工夫。投票日之前無論有多少賄賂或謀殺，現在都無所謂了。如果這次大選被判定為乾淨的，選舉觀察員就會替大選結果背書——頂多在紀錄裡暗示競選期間發生的問題。

一九九八年大選後，國際觀察員稱這場選舉是「湄公河流域的奇蹟」。不過對於之後的大選，共和黨國際事務協會是其中一個拒絕參與的團體。「柬埔寨不是真正值得觀察的對象」，協會主席克雷納表示，「結果是已知的定論。」

大使群和其他外交官員註記，這次暴力事件少了一些，沒那麼多買票行為，而且通常會評論：「這是至今最棒的一次選舉。」洪森會為此大開筵席，大肆慶祝，而反對黨領袖們垂頭喪氣。提到美國，一位反對黨國會議員莫淑華（Mu Sochua）感到非常失望。「你們一再說『有進步了』。倒也沒錯，但是我只有一輩子的時間，我沒有三十條命。」在金邊，「來自華府的讚賞大大有幫助。」

❺譯註：官網載明，柬埔寨憲法委員會是在一九九八年六月十五日開始運作，距離七月二十六日的大選不滿兩個月。

洪森鞏固大位

一九九八年的開票結果像虛擬鏡像一樣，反映了一九九三年大選，只是這次反對洪森的不同政黨分散了選票。洪森贏得最多選票，得票率四一・四%，他的政黨為此歡呼。奉辛比克黨的得票率是三二・二%，而森朗西黨是一四・四%，這些選票大多來自教育程度較高的都市人口。他們宣告洪森是贏家，就像上次的拉那烈一樣。但是假設把拉那烈和森朗西的票數加起來，他們占有多數，幾近於四六%對上四一%。如果反對黨願意聯合執政的話，他們就能掌控政府。問題是，森朗西和拉那烈彼此憎惡。森朗西認為拉那烈是披著王室外衣的惡棍；拉那烈則把森朗西看做自以為正直的偽君子。所以，他們沒有選擇共商結盟，而是同時採用一項漸成落敗候選人的標準策略：**宣稱選舉遭到不公平地操控**。

國家選舉委員會終於搞清楚怎麼讓燈亮起之後，他們不改作風，編造出一套選票分配公式，分配五十三個國會席次給柬埔寨人民黨，即使他們只獲得四一%的選票。不過，還是需要三分之二的選票才能聯合執政。

洪森計畫修憲，如此一來他只要占多數就行了，而且現在他幾乎就是。西哈努克國王警告他別這麼做之後，他收手了，至少暫時如此。

就在此時，外國政治領袖們列隊抵達金邊，全都決心要說服森朗西和拉那烈結為同盟，把洪森趕下執政台。昆恩說，前眾議員索拉茲「在拉那烈的辦公室待了一個小時，請求拉那烈與森朗西結盟。」索拉茲表示：「我盡力了，但是他們雙方都拒絕。」

在華府，參議院外交委員會傳喚新任助理國務卿羅斯（Stanley Roth）前來為這場政治僵局發表證言。與金邊那場勸說的立場一致，他說：「十個選民裡，有六個選擇不是目前執政的柬埔寨人民黨。」為了有六〇%，羅斯把所有小黨的得票率都算進去，其中有些小黨的得票率還不足以贏得一個國會席次。在他的觀點裡，這個結果「明白顯示意圖恐嚇柬埔寨選民的努力失敗了」。接著他陳述，國務院希望政黨「協商一個聯合執政的政府，使其能反映人民以選票表達的意願。」而在所有投下的選票裡，他再次強調，六〇%的人投票反對洪森。

事實上，拉那烈並不太有興趣和反對勢力組成聯合執政，他更熱中於跟洪森談成合作條件，使他能位居高位，手撈流通於資深政府官員間的貪汙金流。

協商拖了六個月，在這段時間裡，洪森的政黨收買一個又一個奉辛比克黨支持者，奉上油水多的官職和現金。教師宋桑（Sun Thun）是森朗西黨在磅通省的主要成員，他詳述自身的經驗：「他們試著要收買我，承諾說會給我錢和一個政府裡的位子。我沒接受，但是我有個朋友答應了。他們給他一百萬柬埔寨幣的報酬。現在他是教育部次長，而且每個人都稱呼他『閣下』。」最終洪森和拉那烈達成協議，洪森重返總理的位子，拉那烈則擔任國民議會議長。這可是油水十分豐厚的職位。

問題是，這個職位無法讓拉那烈的眾多支持者和助手獲得他們需要的政府官位，好購買豪宅並且供小孩就學。奉辛比克黨分到財政預算稀少的幾個部會，像是教育部、衛生部、城鄉建設部和其他；洪森則緊抓司法、國防、內政、商務、建設、工業和國土規畫部。但是在協商交易中，日本掮客提出另一個讓政黨成員進入獲利體系的管道。國家將成立參議院，議員權力有限，但是又擁有足夠的地位和影響力，去促成具有龐大金錢利益的事。席次會依照之前大選的得票數來分配。

在這整個過程中，森朗西持續抱怨大選不公，所以他最後在聯合執政的交易裡什麼都沒撈到，僅有森朗西黨在國會的席次。為了展現柬埔寨不存在反對黨政治人物的生存空間，當森朗西返國參與新開始的國會議期時，警察用木棍和電擊棒痛毆好幾十名趕到機場迎接他的支持者。如果用悲痛來形容他，那真是堪稱世界級的輕描淡寫。

一九九八年九月，西哈努克國王把大家叫到他位於暹粒省的皇宮，參加新議會的開幕儀式。這趟行程必須搭一段飛機，然後乘車走一段路，才能抵達西哈努克的皇宮。駛離機場的道路上，一小群人手拿PRG-2榴彈發射器躲在樹叢後。PRG-2有時稱作B-40，是一種舊式的簡陋武器——前蘇聯於一九四九年設計的第一代火箭推動榴彈發射器，供應盟國使用。越戰時期北越軍拿它射擊美國陣營，赤柬也用PRG-2。這種武器雖然致命，落點卻不甚精準，僅配備開放式機械瞄具。

不久後，洪森的車隊接近，警報高聲響起，而發射器已點燃。榴彈沒射中目標，剛好從洪森的擋風玻璃前掠過。最後降落在道路的另一頭，炸死一名年輕男孩，還有幾個人受傷。起初洪森和他的政黨不清楚剛剛發生什麼事，不過抵達皇宮步入典禮會場的那一刻，他們搞懂了。洪森是這麼說的：「這很明顯是想要取我性命。」他補上一句：「他們想要殺了我，這是一定的。」但是他沒有點名任何人。一位參加典禮的外交官描述，森朗西和西哈努克聽說這件事之後，「兩個人看起來都面色蒼白」。

西哈努克住處的慶典結束後，新任議員要在吳哥窟宣示就職。在那之後，洪森直接飛回金邊，森朗西和拉那烈則走避國外。「我們當然會擔心」，森朗西的發言人告訴記者，「看起來他們宣稱這是一次企圖暗殺洪森的行動，可以獨立用來指控任何一人。」拉那烈指出，他身處同一列護衛車隊裡，「我自己搭的車如此接近」時，他為什麼要下令攻擊？洪森的國家警察署總監霍倫迪（Hok Lundy），同時也是個野蠻的殺手，他立刻介入這場爭論，並迅速宣告：「我們得到結論，這明顯是輸掉選舉的政黨放手一搏。」

拉那烈和其他任何人全都沒有提到那個送命的小男孩，展現了柬埔寨的某種特有性格。如果發生在美、法、芬蘭或日本，他們會怎麼對待一名在暗殺國家元首的行動中身亡的小男孩？而且他是個無辜的旁觀者。大家會知道關於他的一切，但是柬埔寨則不然。**這個國家的領袖群過度聚焦在自己身上，所以小男孩無關緊要**，只是不值一提的連帶傷亡。

如同所有插曲，結局是沒有人被逮捕。森朗西和拉那烈終究溜回城裡，而一切事物如常運轉——儘管洪森現在第一次沒有對手，當上國家領導人。

洪森動用許多力量和謀略來鞏固權力，其中兩項是裙帶關係和聯姻。他的弟弟洪寧（Hun Neng）是磅湛省長。洪寧的女兒嫁給警察署副總監，兒子洪獻恆（Hun Seang Heng）娶了索蘇菲克（Sok Sopheak），她是另一位警察署副總監的女兒。洪森的兒子洪馬尼斯（Hun Manith）娶的對象是霍晨戴維（Hok Chendavy），她的父親霍倫迪是國家警察署總監，二〇〇八年任內因直升機墜毀身亡。意外發生後，洪森指派自己的外甥接任警察署總監。他也讓女兒洪馬娜

（Hun Mana）擔任辦公室資深助理。洪森另一個兒子洪馬尼（Hun Many）娶了城鄉發展部長的女兒嚴齊琳（Yim Chay Lin），而他的其中一個女兒嫁給副總理索安的兒子索蒲賽武（Sok Puthyvuth）。

上述只是牛刀小試，整個政府就這麼被聯姻和官位的裙帶關係切割開來。**在一個不能相信任何人、每個人只管自己的國家，親族是僅存能彼此信賴依靠的社會群體。**

農民之子崛起

洪森的朋友說他足智多謀，至於他的眾多敵人則形容他狡猾、殘忍且邪惡，但是我們找不到一個所有人都同意的論點。他無法接受自己對國家的掌控力不完全且綁手綁腳，如同昔日的君王。現在他擁有想要的地位了，而且樂於自誇：「我希望非常清楚地表明」，他在一場重大的演說中發表，「**沒有人能擊敗洪森，只有洪森自己可以。**」不過他有次抗議：「不要指控我熱愛權力，這是人民給我的。」實際上，應該是越南領導人長征（Truong Chinh）在一九八〇年間占領柬埔寨時，把洪森拱上總理的位子。

一九五二年洪森出生在磅湛省的小村落，位於金邊北方。他父母是未受過教育的農民，他靠自己到村裡的佛寺讀書，在那些地方僧侶會傳授佛經，有時也教讀書寫字。洪森說，接下來他搬到金邊繼續念法國學校因陀羅提毗（Lycée Indra Devi）國中，不過他從沒解釋一個農夫的孩子是如何辦到這件事。然而國家處於戰火中，當洪森聽到西哈努克國王力促年輕人加入赤柬，他就照國王說的去做了，當時是一九七〇年。

大部分柬埔寨人事後都出面描述他們在赤柬時代的生活。數百萬名受害者當然有悲慘的故事要傾吐，不過許多前赤柬士兵和官員構築出另一套傳說。他們訴說自己生活在遙遠叢林裡，像奴隸一樣替赤柬做苦工。這些故事無法證實，也難以反駁。

跟這些赤柬退役兵不同，洪森從未公開談論他身為赤柬軍人的過去。升遷迅速說明了他一定十分忠實地執行波布的信條[6]。他有參與那場一九七五年攻占金邊的戰役，並因此瞎了一隻眼睛。到了一九七八年，他擔任駐紮柬埔寨東部的指揮官。一九七七年越南曾短暫入侵柬埔寨東部，赤柬和越南軍隊在邊界持續交火，而波布開始疑心到處都有越南的同夥。所有派駐邊界的軍人都被假定是叛徒，在一片疑神疑鬼的氛圍中，赤柬高層把懷疑的眼光投向洪森只是遲早的事。

有一天區域總部傳喚洪森。在邊界活動的人都知道自己隨時有可能送命，只要是總部叫回去調查的人，沒有一個回來過。洪森前往赴約，他說他在袋子裡放了一把手槍。一位資深官員質疑他的忠誠，訊問即將結束時，洪森把手覆蓋在袋中手槍的位置上。但是他們放他走了。洪森步出屋外，剪斷辦公室的通訊電線，然後前往邊界投靠越南。起初越南人把他關在牢裡，之後釋放他，把他納進入侵計畫中。越南一攻占金邊，就讓洪森當外交部長。

洪森似乎符合他的盟友和敵人的每一個描述。無可否認，洪森腦袋聰明，不然他長年來

[6] 譯註：一九七〇至七五年，五年內洪森從赤柬連長、營長、團長，一路升到師長。

要怎麼智取如此多政治對手，而他們個個都像他一樣殘忍？他心狠手辣，允許他的政府或是他的政黨在數十年間謀殺好幾百名政治反對者。他也十分狡猾，如同希爾（Christopher Hill）第一手發現的那樣。二〇〇六年，希爾擔任副國務卿，主管東亞暨太平洋事務，是索樂文和洛德待過的同一個職位。他到金邊開會，幾天前政府編造罪名逮捕兩名活躍的人權分子。希爾見到洪森時，「我告訴他：『我並不真正了解柬埔寨，但是我懂華府。如果你做出這種事，很快人們就會把你看成另一個緬甸。』洪森和他的副手們商討了一分鐘，然後說：『我們兩點釋放他們，如何？』」

「『這樣很好啊。』我回應。」

「『但是，你沒有對我施壓，對嗎？』洪森堅持。『你不會說自己施加了任何壓力，是不是？』」

不會，希爾告訴他：「我不會說我施壓。」

洪森接話：「『好啊，那麼，我釋放他們，當作送你一份禮物。』」

希爾向他道謝，轉身離開。稍晚，當時的大使穆索梅利指出：「沒錯，他是對希爾許下承諾。但是在希爾抵達之前，洪森已經答應要釋放他們了。」

然而洪森不只有狡猾和威嚇的一面，他還是個焦慮的人。從多位熟悉他的人士口中得知，洪森受恐慌症發作所苦。「他會發抖、緊張不安且慌張。」昆恩描述，「症狀發作時，他像是突然不知道身在何處，說出類似『怎麼了？發生什麼事？』的話。」

面對不喜歡的選擇時，洪森時常提到他對於動盪和戰爭的恐懼。他竭盡所能地保護自己和家人。一九九六年異議報紙編輯圖恩奔里被謀害後，憤怒的森朗西支持者抬他的棺材上街遊行。洪森打電話給昆恩，懇求他派人保護自己在美國念書的兩個小孩。國務院對洪森的請求反應冷淡，不過當地警方還是有派出警車前往確認小孩是否安全無虞。洪森對這件事十分感激。

像洪森和他這類人，「過去的背景使他們處於永恆的恐懼之中。」昆恩解釋，「那種害怕失去控制權的想法，不斷滲透進他們的內心。」

綜合評估這些特質，心理學家瑞切特認為：**「聽起來他絕對像是患有焦慮症的人。想著權力隨時都可能被奪走，這不是一個領導人的正常行為，這是創傷後壓力症候群的症狀。」**

華府拒絕派駐大使

到一九九九年，昆恩在金邊已經待了超過三年。國務院讚賞他的工作表現，但是他跟洪森的關係導致兩極化的形象。有些對柬埔寨展現高度關心的資深共和黨參議員「了解這是他們必須密切觀察的事」，阿伯尼說，「他們把這項任務交給我們。」也就是阿伯尼和他在共和黨國際事務協會的同事。由於協會是敵視洪森的中心點，並且深深懷疑大使昆恩；這些參議員接收到的訊息，嚴厲地聚焦在失調的政治情勢。

阿伯尼在手榴彈攻擊中受傷後，共和黨國際事務協會對洪森的固有印象順勢大鳴大放。古洛夫在一九九〇年代中期曾任協會的柬埔寨專員，他跟協會其他人一樣是森朗西的粉絲。古洛夫說：「每次他來華府，我們一定要他到國會山莊發表演說。」阿伯尼常跟他一起去，他觀察到：「森朗西能讓議員真正振奮起來。他就像是柬埔寨的翁山蘇姬[7]，跟他們說那些柬埔寨政治的內幕。他們愛死了！」

一九九〇年代末，古洛夫接任新職，成為共和黨參議員麥康諾（Mitch McConnell）的資深助理。麥康諾剛好是參議院國外業務撥款附屬委員會的主席，對於美國資金在國外如何運用具有顯著的影響力。麥康諾來自肯塔基州，過去擔任郡政府的行政官員，他打從一九八五年就進了參議院。直到僱用古洛夫之前，麥康諾對柬埔寨並未抱持特別強烈的意見。一九九八年以前，他很少提到這個國家。古洛夫加入團隊後，麥康諾造訪柬埔寨，寫社論抨擊洪森，並且廣受引述。「他願意關心員工提出的議題。」古洛夫謹慎地說出自己的觀察。

柯林頓政府於一九九九年一月提名繼任昆恩的駐柬大使，麥康諾行使參議員職權，對人選表示保留。提名程序無法繼續進行，除非麥康諾撤回保留。參議員對提名人魏德曼沒有特別的意見，他上一個外交職務是擔任駐緬甸代辦。不，麥康諾與共和黨同仁的目的簡單且直接：**政權轉移。洪森得走人**。有什麼比拒絕派駐大使更好的表達方式？這是誰出的主意？答案是森朗西。

魏德曼在國外服務的資歷既深且特殊。他待過以色列、新加坡、波蘭、台灣和中國。爭論不在他身上，他也明白這一點。「**不派大使是表達嫌惡非常有效的方式**」，他解釋。「而且森朗西確確實實是他們的委託人，他赴美成功取得國際關係委員會其中一些成員的支持。最重要的是，從非常早期開始，共和黨國際事務協會的人就認為森朗西是更好的民主戰士。」

森朗西當然全盤否認與此事有關。他斷言：「我不了解華府的事。試圖影響國會山莊，對我來說太吃力了。」（之後有機會解釋自己說的這個和其他謊言時，森朗西拒絕了。）麥康諾的另一位參謀告訴參議員，魏德曼擔任駐緬甸代辦時，對執政者不夠強悍。這點也算進魏德曼的問題裡。

昆恩說國務院要求他繼續留任，而提名人爭議延宕了一個月又一個月。他表示同意，並且打給森朗西，明顯流露出喜悅的心情：「能夠無限期留下來，我很高興。」那當然是森朗西最不願意聽到的事。昆恩從金邊觀察這件事，他認為最終是「森朗西喊停，很快魏德曼就確定任命了。」

事實上，相對冷靜的意見在參議院滋長。「麥肯（John McCain）和羅柏（Chuck Robb）插手干涉。」魏德曼說。森朗西的友人和支持者告訴他：情勢往同意派駐大使的方向發展，所以他就停止反對。」麥康諾撤回保留。

美國只管人權議題

魏德曼在一九九九年八月一日就任新職，他的態度和身處的環境，跟兩位前任大使完全不一樣。唐寧和昆恩都曾直接接觸赤柬年代的恐怖狀況，他們也都在聯合國占領行動中扮演要角。兩人就職時，帶著對柬埔寨人民深厚的同情而來，而且經過聯合國大力扶助，他們都對這

❼ 翁山蘇姬（一九四五—）是緬甸的反對勢力領袖，她一生中大部分的時間都被軟禁在家中。（譯註：翁山蘇姬於二〇一〇年十一月十三日全國大選後獲釋，二〇一二年四月當選國會議員。她一生中斷斷續續遭監禁的時間長達十五年。）

個國家的未來抱持審慎的樂觀。在他們的任期內，美國人的任務懷抱著希望：幫助柬埔寨人建立民主政府，以期撫平赤柬時代的傷痛，使人民脫離貧窮，參與現代世界。

魏德曼待過緬甸、中國、以色列和華府等地，在赤柬時期和其後的歲月，他投身於亞洲和拉丁美洲的事務。當然他有追蹤相關報導，也同情柬埔寨人民——跟世界上大部分的人一樣。但是相較之下，他對這個國家和人民不具有特殊的牽絆，在聯合國任務裡也未曾押下賭注。而且他派抵柬埔寨時，整個世界大多做出結論，認為聯合國任務失敗了。政府中對這個國家懷抱強烈興趣的人都離開了，無論索樂文或昆恩——當整個政府專注於更優先的事項時，這個人會跳出來替柬埔寨說話。

如今美國駐柬大使在金邊的氣氛改變許多。「現在仍然處於艱困時期，因為美國對一九九七年的攻擊事件抱持非常負面的觀感。」他分析，「我們斷絕援助，縮編大使館。」這導致魏德曼從踏足國土的第一天開始，就跟洪森存在對立關係。不像昆恩，魏德曼只能建立「與洪森算是合宜的工作關係，雖然說是很棘手的那一種。特別是在我要去抗議某件事時，例如謀殺案或凶手被判無罪。我會去他的辦公室，我能感覺到他的憤怒。他的回答簡短唐突，你可以看出他有點抽搐。」

基於種種情勢，美國對柬埔寨採行新的任務；明確來說，美國根本放棄了實質的任務。「現實是，國務院為了應付中國忙得不可開交，要處理北韓的核武，還有蘇丹共和國[8]。」魏德曼解釋：「**我們不太有時間留給柬埔寨和緬甸這些小國。這些地方不具有重大國家利益，所以留給人權組織的人去處理**。我們會說：『讓我們把人權當做主要事項，或許也是唯一的外交政策目標。』所以我們把所有的人權組織帶去，包括人權觀察組織、國際特赦組織、共和黨國際事務協會。」這些團體開始扮演「巨大的角色，他們全都集中對洪森抱有極度的敵意。以共和黨國際事務協會為例，我在金邊的時候，他們的主要目標是力助森朗西上位。洪森完全蔑視法律，他必須走，他得讓出位子下台。」

這代表美國政府實際上公開堅決地站在與洪森敵對的立場。洪森政府不太知道該怎麼應對。他們聽從建言，僱用一位華府說客，不過沒有發揮效用。「我們付他一百萬美元，但是他欺騙我們。」新聞部長喬甘哈里表示，「他是柬埔寨人。我們決定此後再也不僱用說客。」無論有沒有說客，洪森政府持續提供對手可以用來攻擊他的子彈，月復一月又一月。

❽ 譯註：一九八三年爆發的蘇丹第二次內戰，在魏德曼上任時仍未結束，一直打到二〇〇五年才終止。

CAMBODIA'S CURSE
THE [redacted] OF
A [redacted]

第八章

政府是全國最狠的惡霸

森林浩劫

樹木對柬埔寨人的重要程度，怎麼形容都不為過。從人跡現身這片鄉野國土開始，人們就用樹的主幹、枝幹和細小分枝蓋房子，甚至連葉子都用上了。他們摘食果樹上的水果，燒樹枝烹煮食物，躲在樹蔭下遮蔽駭人高溫，採集樹脂封起漁船外殼，還有其他許多用途。這是如此多群眾發自內心厭惡赤柬的原因。打從戰敗後，他們撤退至柬埔寨西北部的廣闊森林裡，販賣木材給泰國的將軍。

這裡說的可不是什麼隨便的大樹，柬埔寨夠幸運，境內的熱帶森林育有世界上最美麗的樹木。有些樹種生產的木材色澤濃厚，樣貌獨一無二，大約介於胡桃木與桃花心木之間，富含吸引人的弧形紋理；有些樹種以具有金色木紋為特點，金紋約四分之三英吋寬，環繞全樹。柬埔寨人將這些樹木生產的木材稱為「上等木」，價格高昂，十分珍貴。為了彰顯地位，資深的政府部會首長會在辦公室擺上幾把高級木材製成的座椅；椅高六呎（約一百八十公分高），椅背有精細雕工，完工後塗上亮光漆，看起來閃閃發光。

一九九三年執政後不久，拉那烈和洪森發出那封給泰國政府的信，表明自己是唯一有權經由國防部販售木材的人。接下來幾年，他們將政府口中的「特許權」賣給親朋好友——其中數十筆交易涵蓋數千畝的森林。買主砍下所有的樹，運走木材，留下空無一物的廣闊土地，僅剩醜陋的殘椿妝點其間。（至於這些交易的錢進了誰的口袋？答案顯而易見。）而一旦洪森和拉那烈指定國防部為全國唯一合法的樹木交易商，部裡的官員就開始在森林裡自由活動，砍倒上千棵樹木中飽私囊。

橫跨一九九〇年代，四面八方的柬埔寨人全陷入砍伐森林的狂熱。在鄰近西方邊境的拜林市，路旁啤酒吧裡顧客坐的是上等木椅，桌板由同樣品種的實心木製成，整整有四呎寬六呎長（約一百二十公分寬、一百八十公分長），厚達七英吋（約十八公分）。馬德望市❶一晚索價十五美元的旅館，房裡的大型上等木床配有八呎高（約兩百四十公分高）的精雕床頭櫃，床尾板可見金色流紋，每張床重量超過一千磅（約四百五十五公斤重）。

柬埔寨的樹木迅速消失，但是到了二〇〇〇年代初，世界銀行的金邊辦公室將拯救僅存的森林當做首要任務。世界銀行是這個國家最大的幾個國外援助組織之一，並且在捐贈社群裡十分具有影響力。所以，當世界銀行力促洪森要僱用公司來監控森林時，他同意了，甚至願意接受世界銀行的推薦人選，一個名為「全球見證」的英國遊說組織。他們這麼描述自己的任務：「全球見證揭發對於自然資源和國際交易體系的貪腐開採，推行能夠終止貪汙、資源相關衝突、違背人權與環境的運動。」

全球見證的調查員一九九五年已在柬埔寨活動，寫就一份關於赤柬販賣木材的報告。事後為了吹噓這件事，他們寫道：「一九九五年，我們在成立辦公室的五個月內執行第一起行動，掌握泰柬邊境赤柬與泰國木材公司之間每月達兩千萬美元的交易。」如今，全球見證火力十足

❶ 馬德望市位於柬埔寨西北部，是馬德望省的首府，全國第二大城，保留許多法國殖民時代的建築。

的調查員得到他們最想要的——一份政府合約！同時，世界銀行在金邊的辦公室正努力要終止政府極度腐敗的土地特許模式。這兩個組織許下承諾，要使木材生意關門大吉。

幸好還來得及。世界銀行的柬埔寨辦公室主任波特（Ian Porter）說，事態已有進展：「森林特許已經暫緩，公開揭露獲得改進，而且環境和社會衝擊評估已納入永續林產管理計畫內。」然而後來才知道，這離故事的結局還差很遠。

販賣少女和嬰孩

洪森和他的柬埔寨人民黨，如今掌控政府所有的重要、能撈錢的部會。部會首長和同黨展現出想像力和創新力的極限，然而他們當然不是在思考聰明的方法來幫選民做事，柬埔寨人民的健康和福利條件的最佳狀況，就是停滯不變。相反的，當地人權團體在二〇〇一年揭發了一項醜聞，顯示政府高層對人民有多麼不關心，特別是兒童。

在那時的泰國清萊，母親會把滿十二歲的女兒賣給奴隸販子，落入妓院、卡拉OK酒吧或脫衣舞俱樂部，過著如囚犯般的地獄生活。有時這些泰國人口販子必須買通當地警方，但是沒有證據顯示曼谷的中央政府官員涉入，他們甚至會逮捕這些罪犯。然而在柬埔寨，**非常資深的內務部和外交部官員卻從嬰兒交易中直接獲利**。

一個柬埔寨的人權團體首度揭發這件事。一九九二年，聯合國協助柬埔寨促進和保護人權聯盟成立，屬於聯合國所做出的部分努力，要替人民建立堅強的私有公民社會倡議者。由於全名太長，很快聯盟就以法文縮寫「Licadho」廣為人知。二〇〇一年，有兩名母親到聯盟位於金邊的辦公室求助。她們離了婚且貧窮，兩人都說有個友善的男人找上她們，答應會伸出援手。他提議把她們的嬰兒——分別是六個月大和才剛出生四天——帶到兒童收容中心，那裡的人會照顧孩子，直到他們的母親有謀生能力；媽媽隨時都可以去看小孩。他分別給她們一點錢，然後把寶寶帶走。可是，她們把孩子交出去後，就再也看不到自己的小孩。聯盟調查後發現，**柬埔寨幼嬰被帶到「由認養仲介經營的孤兒院，把嬰兒轉手到美國市場」**。而且這兩起事件不是僅有的個案。

全柬埔寨有數百名母親受騙，或被迫讓出自己的嬰兒，這些小孩被有效率地賣給美國人；他們渴望領養柬埔寨小孩，卻不知道這些嬰孩是被偷來的。類似服務的費用普遍要價約一萬美元。每個離開國境的嬰兒，都需要內務部和外交部核發的護照。這兩個部會的官員向掮客索取高額賄賂，而且他們如常地將部分酬金往上傳到長官手裡。由於幾乎全部的小孩是被賣往美國，大使館也牽涉在內。當美國官員開始聽到醜聞的些微風聲，他們僱請柬埔寨促進和保護人權聯盟，以及另一個類似組織柬埔寨人權發展協會著手調查。結果令人瞠目結舌，大使魏德曼說：「有些女人在市場買魚，才轉過頭去一秒鐘，再回身時小孩就不見了。還有些女人生產不順，有人幫忙送她去醫院治療並照顧孩子。當她醒來時，這些人卻說：『小孩？哪來的小孩？』嬰兒已經被帶往倉庫之類的地方，一次可能有五十個嬰孩在手上。我曾經看過幾個這樣的地方。」

有美國人在背後撐腰，調查員得以訊問內政和外交部的副部長，以及其他資深官員。雖然無法證實，調查員離開時確信甚至連資深部會人員都有涉入；縱使遭到他們否認，魏德曼仍表示：「這個集團有官員共謀，牽涉到非常高的層級，但是我認為洪森不知情。我告訴洪森，政府內部明顯存在共犯；這些人知道嬰兒交易正在發生，而且他們收了不少錢。」

魏德曼說，洪森做出適當回應，他下令這門生意停止繼續運作。美國拒絕發給柬埔寨嬰兒簽證，激怒那些不顧一切想要小孩的美國人。魏德曼表示：「當我們宣告終止認養，我被狠狠地攻擊。」只不過這次發怒的是美國人，而非柬埔寨官員。

在華府，這則新聞僅僅使憎恨洪森的情緒升溫，參議員和其他人憤怒不已：他下令丟手榴彈攻擊美國人的金童森朗西；他運作一場政變以取得完整不受限的權力；現在他的手下還竊取嬰兒。洪森等於是朝著美國和其他捐贈國臉上吐口水，他們耗費數十億美元，只為了讓柬埔寨人民重獲新生。

柬埔寨需要英雄

無論如何，柬埔寨的政治地景正歷經改變。一九九八年波布過世，隔年柬埔寨警方逮捕最後的赤柬指揮官塔莫（Ta Mok），他拒絕接受特赦；而赤柬運動至此告終。戰爭真的結束了，超過三十年來，柬埔寨第一次獲得和平。洪森不能再拿戰爭當藉口，不過他可以吹噓是自己擊敗赤柬，多少為自身做一些辯護——而他也真的這麼做了。

同時，國務院做出忽視柬埔寨的決定，間接結果是，他們變成要跟人權團體打交道。這代表從這些團體傾倒而出的負面訊息愈來愈多，傳進仍然對洪森感到困擾的參議員辦公室。美國媒體也加入這場憎惡的盛宴，一位《華盛頓郵報》編輯將總理貼上「薩達姆．洪森」❷的標籤，《新公共》（*New Public*）則稱他為「洪・阿提拉」❸。

參議員麥康諾曾公開要求換人執政，他也開始撰寫社論，文章裡毫不掩飾他的敵意。第一篇在二〇〇一年八月一日刊登於《波士頓環球報》（*Boston Globe*），從開頭就重擊洪森。他寫道：「三十年後，柬埔寨尚未自屠殺和波布政權造成的社會劇變中復元。今天，前赤柬幹部占據政府高層，包括總理洪森。他在一九七八年叛逃至越南，接著跟隨入侵的越南軍攻入金邊。一九八五年越南立洪森為總理，其後十六年，他設法以富侵略性的政治威嚇、一次血腥的政變、選舉詐欺與詭計穩坐高位。」

不久後，麥康諾提出增加五〇％對柬援金的法案——唯一條件是，洪森要經由表決下台。同時，他掌管的附屬委員會正在研擬一項法案，減少供給柬埔寨中央政府的援金（一九九七年的「政變」發生後，這項援金幾乎已遭全額刪除），並且提供七百萬美元給他們稱為「民主反對黨」的對象，也就是森朗西。這件事激起新聞部長喬甘哈里的諷刺：「他們說『用民主方式選出你們的領導人』，然後現在卻做出這種事？」但是這些法案最後未獲通過。

在金邊，魏德曼支持森朗西；不過他對此人有點保留，畢竟森朗西曾說服麥康諾對他的提

---

❷ 編輯取伊拉克強人薩達姆・海珊（Saddam Hussein）的諧音，把洪森改稱為薩達姆・洪森。《華盛頓郵報》是在一九九七年七月二十日的一則新聞標題這麼顯示。

❸ 阿提拉（Attila）是西元五世紀的歐亞匈人皇帝，率軍攻打東西羅馬帝國，造成極大威脅；在歐洲歷史上素有「殘暴」、「侵略」的形象。《新公共》於一九九七年八月四日以洪・阿提拉作為談論洪森的篇名。

名予以保留。不過魏德曼清楚知道，假使美國想要支持柬埔寨的民主反對黨，那麼森朗西就是這個人。「他是人權團體的選擇，包括國際特赦組織、共和黨國際事務協會和其他團體。」魏德曼說，「他們挑中他。他在這些人身上下了很深的功夫。」所以，魏德曼不時會出席森朗西的集會場合，上台坐在他身旁，像是在表明美國不會讓他發生任何意外。

談到森朗西的政治能力時，大使就更不確定了。魏德曼表示，森朗西和拉那烈「缺少對於戰後柬埔寨的個人投入、不屈毅力和真正的了解，以至於難以（跟洪森）有效競爭。」他接著說：「拉那烈和森朗西會回到法國一連待上好幾個月，就這麼放棄柬埔寨的競爭，這令我感到十分驚訝。或者以森朗西來說，他的競選活動主要發生在美國、法國、澳洲和幾個其他地方。」除此之外，森朗西「不是個鄉下佬，他不太習慣待在地方省分。」

就像森朗西與歷任大使的互動，他仍然會偶爾打給魏德曼，抱怨生命遭到威脅，並且以他最擅長的哄騙語氣要求留居大使館。魏德曼會盡責地與他碰面，試著安撫他。然而隨著時間過去，他說：「我常會這麼想，當森朗西打給我說『有群暴徒正要攻擊我』時，他其實跟放羊的孩子喊狼來了一樣，只是要讓我們知道，在當今的政治情勢下他是代表民主的某種英雄人物。而他面對這個可怕、貪汙成性的敵人，我們應該要讓他躲在保護傘下。」

縱使森朗西不盡完美，無人可取代他的位置。「從一九九三年至今沒有新領袖出現，這是柬埔寨的巨大悲劇之一。」魏德曼表示，「競爭對手同樣是一九九〇年代初期那幾個，大部分收受貪汙並且爭戰自身利益，罔顧國家福祉。」昆恩在任時的駐柬副大使羅德利的觀察則是：**「柬埔寨需要一個英雄。」**

華府對洪森懷恨在心的人，持續朝這個非法總理、共產黨丑角、殺人凶手、政變發起者、嬰兒竊賊背上扎芒刺；然而魏德曼對所謂的「政變」開始產生疑問，這起事件是柬埔寨近代歷史的開端。「我非常仔細地研究，訪談許多奉辛比克黨員，包括他們的祕書長涅本采。從我得知的事實來推斷，確實是奉辛比克黨發動戰爭。他們向我坦承這件事。要不是洪森的組織和情報能力比較強，他們就會打勝仗了。」即使證明這一點，華府和全世界的保守勢力堅守立場：**沒有任何爭議，洪森是唯一的罪人**。

地方選戰開打

市鎮[4]政府選舉即將在二〇〇二年到來。柬埔寨的一省等同於美國的一州，鎮則類同於郡。赤柬失勢後，柬埔寨一千六百二十一個市鎮的每一名鎮長，都是由洪森政府指派。實際上，柬埔寨過去從未舉行過像這樣的地方公開選舉。聯合國關於選舉的協定曾要求在一九九三年舉辦，但是政治和軍事動亂使國家元氣大傷，時至今日才有可能籌辦更多選舉。不出所料，由同一批對手推出候選人：洪森、拉那烈和美國寵兒森朗西。而且每一個人都忠於自己的角色演出。

距離投票日十八個月前，一群公民社會選舉團體與三個政黨坐下來商談，提議他們相信能

[4] 譯註：市鎮（高棉文：khum；英文：commune）是柬埔寨第三層級的行政區，次於省和縣（srok）；市鎮之下則有村（phumi）。

夠促成公平選舉的幾個改變；柬埔寨自由公平選舉委員會也包括在內。首先，他們建議選民應該要可以投票給單一候選人，而不是投給政黨。這背後的原因，當然出自洪森的政黨獨占了全國地方官員的事實，對手無法匹敵。森朗西和拉那烈立即表示贊同，洪森說他喜歡這個想法，但是不確定「技術上要如何實行」。這代表事情未成定局。

私人團體說，他們想找到能夠確保更多女性參選的方法。森朗西和拉那烈背書後，洪森再度表示，聽起來是好主意，但是他擔心會牴觸憲法主張男女平等的信條。還是沒有成功。

森朗西和拉那烈都熱烈贊成重組國家選委會的提議，這個機構簡直是柬埔寨人民黨的喉舌。（就是他們搞出的選票分配公式，把五三%的國會席次給了柬埔寨人民黨，即使政黨得票率僅有四一%。）洪森說可以，不過要等到選舉結束後的二〇〇三年，讓現任委員做滿任期。到了二〇〇三年，自然沒有任何改組的事發生，之後也沒有。

同一時刻，美國國際民主研究院❺贊助全國的候選人舉行辯論。由於所有的電視網仍由國家掌控，主管的選委會拒絕轉播辯論會。然而，電視台卻充斥形同買票的報導——柬埔寨人民黨官員集體派送沙龍布裙和家用品給鄉村選民。

市鎮政府選舉是聯合國占領行動後的第三次選舉，各政黨如今已有常規可循。森朗西和拉那烈大部分的時間都待在國外；尤其是森朗西，他的行為看起來像是要在美國競選。魏德曼分析，「森朗西機伶地操弄西方人同情心的手段，不僅指陳柬埔寨人民黨違背人權，而且時常誇大其辭。」但是大使補充，「森朗西無疑更善於在華府激起同情心和支持，而不是金邊或柬埔寨內地。」

這時，洪森使出由政黨和地方官員組成的廣大網絡，要求深入每一村、每一鎮、每一省的自己人，盡其所能地確保柬埔寨人民黨能夠獲勝。歷經兩場選舉，他們的策略更加精進。如今迎向第三次選戰，這群人了解哪些手段才有效。

謀殺反對黨人士

聯合國派出特別代表，觀察將於二〇〇二年二月舉行的選舉。幾乎在抵達的同時，他就發現已經有十五名競選相關人員遭到謀害，而距離投票日仍有兩個月之久。「其中十二樁謀殺是槍擊案。」他寫在聯合國報告上。至於其他案件，至少有兩起的受害人遭毆打致死。「僅有一起案件無法確定死因：奉辛比克黨候選人羅思冬（Ros Don）被發現陳屍在路旁溝渠裡。」而且，每一名受害人都是奉辛比克黨或森朗西黨的活躍分子；沒有一個柬埔寨人民黨員被殺。聯合國報告發現，「警方對於這類型案件的調查與後續司法程序均嚴重不足。調查當局不願朝可能的政治動機辦理，害怕若歸罪到執政黨打手，自己會遭殺害。」案件最後躺在國家選委會的收件箱裡，從此不見天日。

不過柬埔寨人民黨也採行其他策略，略為減少謀殺數量。許多地區的村長要求成千上萬村民交出選民登記表；村長通常保管幾天後交還給選民，讓他們覺得村長有辦法查出村民投給

❺ 譯註：相對於共和黨國際事務協會，美國國際民主研究院是與民主黨關係深厚的民主推動組織。

誰。聯合國指出，還有些村長召集民眾到城中廣場，要求他們集體「宣誓對執政黨的忠貞」。數個人權團體和報紙陳述，謀殺和恐嚇天天發生；政府照常否認與其相關。到了競選尾聲時，主管國家警察的內政部長還發出新聞稿，自豪地宣稱：「內政部很榮幸地宣布，從競選活動開始至今，沒有發生任何因政治而起的犯罪。」

對魏德曼來說，這些事實在太過分了。他的兩位前任大使唐寧和昆恩都曾目睹政治暴力，情況至少跟現在一樣糟；他們發出拐彎抹角的聲明以符合國務院期待，試圖確保不得罪任何人。他們的典型說法類似於：「我們譴責這起暴力行為，並且呼籲所有的政黨避免挑釁行為，如此柬埔寨人民才得以在免於恐懼或威脅下行使民主權利。」

不過魏德曼可不這麼幹。他等到投票結束才發言——不意外的，在一千六百二十一個市鎮中，洪森拿下一千六百個——那時已有至少二十名反對黨活躍分子遭到殺害。魏德曼宣稱，政府否認一切責任「不盡責得令人心寒，幾近於侮辱。而且蔑視國際社群的關切，即使他們一次、一次又一次地表達，起因於政府拒絕接受這是政治謀殺的事實。」柬埔寨報紙熱切地刊出他的評論。稍後他解釋：「我十分確信政府牽涉在內，而且對於他們的否認感到憤怒。這很明顯有政治動機，所以我決定對大眾公開揭露這件事。」

背後事實是新的政治秩序已然成形。對魏德曼和其他外交人員來說，過去驅動他們的那些希望和理想主義全都幻滅了。那麼何必要保留呢？「對於柬埔寨過渡時期聯合國權力機構以及國際社群抱持的希望未能實現，每個人都湧現龐大的挫折感；外交圈裡存在許多類似的情緒，人人無助地扭緊雙手。再加上生活在金邊，非常容易被洪森的伎倆給氣炸。」

在洪森這頭，提到選舉不符合國際標準的批評時，總理大發脾氣。他回以一貫的荒謬言論：「什麼是國際標準？」洪森故作誇張地問。「我不了解。國際標準只存在運動裡。如果你不懂，回去好好做功課。」

掃蕩黑金徒勞無功

如今美國已背離柬埔寨，除了那些決心要推翻洪森的參議員和工作伙伴們。駐柬大使館的任務逐漸從支持民主改革轉向制止貪腐。美國國際開發總署是這項任務的主管單位，用不了多久，光是這件事就占去署裡官員幾近全部的時間。

美國大使館身影孤單。「總的來說，美國大使館幾乎是唯一坦率談論此政權不當行為的國家——洪森政權貪汙，而且不懲罰犯罪者。」大使魏德曼說，「或許澳洲佬有時候會表示意見，英國佬偶爾加入。某部分來說，我認為這關乎我們國家的行事風格；其他國家傾向接受有些改變的過程需要非常、非常久的時間，我們沒那麼有耐性。我們想要更快看到結果，而且理由充分：**人們正在受苦，一個個邁向死亡**。」

打從一開始，國際開發總署官員就決心要委託關於貪汙行為的全面調查，搞清楚這個問題究竟牽涉多廣的範圍，以及多少金額。每個人都「知道」貪汙盛行，不過要是拿這件事去問政府官員，他多半會搖搖頭，感嘆世風日下，同時卻坐擁大筆財富。

國際開發總署僱用卡薩爾斯聯合顧問公司（Casals & Associates）調查以下問題：「柬埔寨的貪汙程度有多深？哪種貪汙對民主政府的傷害最深？政府、公民社會和媒體有多少挑戰與揭發貪汙的能力？」完成這項研究需時好幾個月。

同時，國際援助機構仍舊年復一年在金邊召開捐款會議。與會者從世界銀行到「失望者拯救流浪者組織」，有兩千個以上的機構出席，準備告訴柬埔寨官員他們隔年預計花多少錢。捐贈團體奉上捐款的同時，也會做出一定的要求。即使這樣的風氣漸成，有些捐贈者仍然嚴厲譴責同行設下捐款條件。最主要的條件是：**除非政府停止政治謀殺，並且通過反貪汙法，否則半點錢都不要給**。要求一年年愈列愈長。而從魏德曼開始，每年美國大使對這群團體演說時，總是會痛批政府進展有限。

魏德曼任期將屆時，他看出事情發展的模式，令他氣憤填膺。他表示：「每年捐贈團體聚會，他們內部事先已經決定要跟政府談什麼了。那兩天裡，他們痛罵政府部會，然後你會得到所有決心改變的承諾。捐贈團體把錢交出來之後，什麼都不會變，年復一年都是如此。捐贈團體做他們的事，洪森一毛錢也不用出。你知道他確實有得到一些經由合法途徑收來的錢，像是服裝業和少數其他產業繳的稅。」加上更大一塊是非法販賣木材和土地給密友獲取的利益。魏德曼的挫折感已經接近爆發點了。

二〇〇一年，他決定要把自己的想法一五一十地告訴洪森和其他政府官員。每一位部會首長都會出席捐贈團體的會議，而魏德曼毫不膽怯。每年至少有幾天，各個部會首長對這些機構和國家逢迎拍馬，因為他們將為國家預算注入數百萬美元，供醫院和學校使用——也會負擔官員小孩就讀私立學校和新加坡購物行程的費用。來自世界強國的大使輪番上台，包括英、法、美國和其他國家。輪到魏德曼時，「我直直看著洪森。」多年來壓抑已久的憤怒和挫折情緒，在他內心翻騰。他描述當時回想，「有次，一群來自東歐羅馬尼亞和保加利亞的年輕女子被運來關在飯店裡，供給柬埔寨政府高官享用。柬埔寨促進和保護人權聯盟或是其他的援助機構告訴我這件事。後來是我們救出這些女孩，照顧她們，然後送她們回家。」

魏德曼在捐贈會議上，對著洪森和其他部會首長說：「這個國家明顯存在相當嚴重的貪汙。貪汙存在許多地方，美國也不例外；但是**柬埔寨的情況已經失去控制了**。問題是你們反應遲緩，未能體認這一切正在發生。假使只是限於較低階層的普通貪汙，那是另一回事；不過這不是。每一年在每一場捐贈會議上，我們都把問題攤在你們面前。」魏德曼說當他發言時，洪森和他的幕僚看起來「坐立難安且生氣」。「**每一年我們都得到那些說要改變的承諾，乖乖把捐款奉上。然後什麼都沒變，一年一年又一年。我們受夠了，你們得做些事。**」魏德曼告訴他們，首先最重要的是通過反貪汙法。

捐贈會議前幾個月，政府宣告已起草反貪汙法，送交與美國內閣相當的部長理事會審議。通過部長理事會後，法案就會送往國會。

當然囉，過去七年間，政府有好多次說過一模一樣的話。以一九九五年那次為例，國民議會第二副主席宋蘇北（Son Soubert）向媒體表示，國會的國防、內政和調查委員會對於一項嚴格的反貪汙法的審查，接近完成。一九九六年，拉那烈立誓要加速通過這項法案。到了一九九九年說法翻盤，現在政府聲稱有幾名部長正在起草反貪汙法。二〇〇〇年七月《柬埔寨日報》（*Cambodia Daily*）報導，部長理事會已通過草案。

在魏德曼那次發言前一年的捐贈會議裡，亞洲開發銀行駐柬代表馬立克（Urooj Malik）再次堅稱捐贈者要在來年看到真正的進展。「從上次會議到現在，政府的成績單看起來不太理想。」馬立克當時說。英國駐柬大使布利吉斯（Stephen Bridges）補充說：「**試著改革司法或反貪汙的進度幾近於零**。這些是關鍵的改革議題，對國家未來發展至關重大。」洪森和他的幕僚一如往常，發誓今年就是捐贈者看見真正進展的一年。之後捐贈者依舊捐出五億四千八百萬美元。

一年後，當魏德曼站上台時，不見任何改變。儘管如此，捐贈人公布捐款金額時，總計達六億一千五百萬美元，比政府要求的數字多出一億一千五百萬。

世界照常運轉，而且也會一直這樣下去。

CAMBODIA'S CURSE

[redacted]

第九章

官商勾結的貪汙網絡

濫伐斬斷人民生計

一群男人夜半開著推土機、手持電鋸到來，他們穿越鄰里、稻田，甚至當地寺廟前的土地，開出一條道路。天剛破曉時，他們抵達森林邊緣。推土機引擎持續運轉，從垂直排氣管噴出濃煙，把小型樹木鏟倒在地；男人則拿出電鋸對付較為粗大的樹幹。他們製造出非常大的噪音，憤怒的村民從吊床上起身，趕往半哩外的森林，那是他們每個人再熟悉不過的地方。「沒人告訴我們」，森林的砍伐會從那一天開始，村民領袖恩霍特（Um Huot）說。

恩霍特和其他數百人靠這片七萬五千畝的森林謀生。他們狩獵小型動物，採集樹脂、水果和竹子，割下棕櫚藤製作籃子和家具，自森林底層摘取蘑菇和香草，也偶爾砍倒一棵樹作為木材。由於森林的慷慨贈禮，他們「靠大自然存活」，遵循柬埔寨人長久以來的作法。他們沒得選擇，沒有其他可得的維持生計方式。但是當天早晨村民趕到森林邊緣時，他們發現有一支重裝軍隊在保護那群開推土機、拿電鋸的人。士兵舉起武器，命令村民離開。

村民清楚知道，正面襲擊他們的森林的那家公司，打算清空林場，砍倒每一棵樹，運走木材賣給中國或台灣的建商，空留一片遼闊卻僅存樹樁和木屑的土地。他們心中如此篤定，因為幾年前洪森在金邊舉行一場盛大的簽約典禮，將這片森林的砍伐權讓渡給富產公司（Pheapimex）。新老闆劉明勤（Lao Meng Khin）是著名的企業大亨和紅頂商人（oknya）[1]，大體上被歸為洪森的富裕密友之一。

在柬埔寨商業圈裡，成為紅頂商人是十分榮耀的事，這個頭銜擁有悠久的歷史傳統。據歷史學家錢德勒分析，在一八〇〇年代，紅頂商人要進貢國王豐厚的贈禮，獲得標示地位的頭銜、印璽和徽章作為交換——再加上使他們得以累積更多財富的官位或生意機會。

一九九三年洪森頒布命令，捐贈十萬美元以上給公共建設的人，就能獲得國王授封紅頂商人頭銜，在戰後柬埔寨是極高的數目。擁有頭銜者要給洪森好處，通常是承接能夠提高洪森聲望的建築案。他們也能拿到回報，例如有辦法買下森林特許權。「okny a」在英語裡沒有直接對應的字詞，它源自古老的高棉帝國，意指印度教主神濕婆的重要信徒；在現代語境裡，則是指作為洪森重要信徒的富商或高官。

每次，總理參訪某個遙遠地區的粗陋村落時，他總會帶上幾名紅頂商人，像助手一樣圍繞洪森身旁，聽他詢問赤貧村民最需要的是什麼。一九九〇年代，鄉村居民常回答他們想要一所學校。洪森會張開雙臂表達善意，然後指向其中一位紅頂商人說：「依村民的要求餽贈。」通常全部的過程會在政府掌控的某個電視頻道上播出。接下來，蓋一所新學校就是那位紅頂商人的責任了。

蒙雷特西（Mong Reththy）大概是蓋過最多學校的人，有好幾百所。他是農業大亨，經營全國最大的棕櫚油產區，因此成為洪森的第一位紅頂商人。他解釋：「洪森殿下要求任何人建學校或蓋廟之前，會先問我們是否同意。當我們前往真正貧苦的地方，我事先心裡有數自己會

❶ 譯註：okny a為高棉文，意思等同於中文的紅頂商人，意指同時具有官、商兩種身分，或是政界關係良好的商人。

負責完成村民的願望；我知道殿下會轉向對我說：『蒙雷特西會伸出援手。』殿下沒有強迫任何人。」

蒙雷特西說這段話時，坐在令人望而生畏的上等木桌前，地點位於房屋前院的木平台，上方有頂棚遮蔽。這是一棟希臘混合亞洲式的豪宅，通過外圍柵門後，可以看到裡頭的柯林斯圓柱❷和飾金屋簷。昨天剛在這片庭院舉辦他五十五歲的生日派對；蒙雷特西指出，這也是他公司成立的二十一週年。空中拉出二十四條線布滿廣闊前院，線上懸掛數十面白色旗幟隨微風擺動，啪啪作響，那光影和聲音形成戲劇般的場景。二十四架黑色立扇在他的左手邊排成一行，電線經過仔細捲收，等著傭人收回儲藏室。侍奉用茶的年輕女孩坐在二十碼（約十八公尺）外，雙眼緊盯著蒙雷特西，等待他隨時召喚。女孩後方的車庫停著一台BMW 750i和一台Lexus LX570，共計價值超過十八萬美元。

如同大部分紅頂商人，蒙雷特西也擔任參議員，這在某些柬埔寨人看來具有嚴重的利益衝突。蒙雷特西是「這個產業的企業鉅子」，一位當地非政府組織的資深經濟學家康乾達拉若（Kang Chandararot）表示，「身為參議員，他使得後來進入這個產業變得困難重重。」蒙雷特西加以否認，「我在議會主管農業，這不令人意外。我也擔任農工業協會的會長。」他把手放在心上說：「我不利用地位為家人或自己謀利。有些人會利用機會做那種事，但是我立誓要為人民做事。我的生意完全是另一回事。」接著他吐露：「我沒受過教育，我只上過四年的寺廟學校。」不過他的名片列有商業博士學位，這在柬埔寨名人間是常見的不實作法。他帶著一絲懇求的語調說，「我希望你看得出來，我只是一個普通人。」

像蒙雷特西家這樣有大門的豪宅遍布金邊和其他城市，裡頭的紅頂商人接到總理打來的電話，就得動身到某個偏遠地方，花點小錢替洪森做面子。然而當他們需要或想要什麼時，只要談妥價碼，總理也準備好要回報。所以在二〇〇〇年，當其中一位紅頂商人劉明勤要求買下柬埔寨中南部菩薩省最後一大片森林的砍伐權時，他們談好價格，直接付給洪森。

另一位紅頂商人黎庸泰（Ly Yong Phat）也是個富有的參議員，實際上他買下了許多柬埔寨土地的拋售權。新加坡是老實的砂石買主，用以填土並建造更多房產。多年來，新加坡向印尼購買砂石，然而從海床底部抽取砂石可能會「在多座印尼島嶼造成非常嚴重的環境破壞」，印尼外交部長表示。因此，印尼立法禁止開採砂石。

黎庸泰幾乎是立刻買下柬埔寨河川與海岸的開採權，把從河底與海底採得的砂石賣給新加坡。根據《金邊郵報》報導，砂石開採在賓克拉（Peam Krasp）野生動物保護區內動工，也包括其他地方。到了二〇一〇年夏天，河岸開始塌陷，碼頭與沿岸建物隨之沉落水底。

對於砂石開採，洪森最終發出他所謂的「部分禁令」，仍然替自己留下漏洞可鑽，允許他樂意放行的銷售合約。洪森採用類似的作法，在二〇〇二年發布木材砍伐禁令。沒有人可以再砍倒任何一棵樹，並且取消已售出的土地特許權，等候評估——包括劉明勤在內。這是用來討好世界銀行和其他捐贈團體，他們持續公開譴責柬埔寨森林遭受的掠奪。然而，這一類法令有

❷ 譯註：柯林斯圓柱源自古希臘建築，柱頭做成毛莨葉的樣式。相較於其他柱型，柯林斯的柱圍較細，更具裝飾功能。

太多往例，遵循一八八〇年諾羅敦國王數度承諾廢除奴隸的傳統，禁令只存在紙上文書，卻少有實效。劉明勤為了特許權付出可觀金額，沒有跡象顯示洪森把錢吐還給他。對劉明勤和其他經營林業的紅頂商人來說，禁令僅僅是很短暫地停工。

流血抗爭

一段時間過去後，政府採取新的策略。現在政府不再販售伐木特許權，紅頂商人和其他企業家變成可以購買廣大土地，建立所謂的植栽場。就這麼剛好，他們計畫的植栽場正坐落於國土上逐漸縮減的森林地。他們得以砍下（並且販賣）所有的樹木，挪出空間給新的榴槤和金桔農場。

劉明勤很快就發展出他的新模式：一旦「植栽」的土地清空，富產公司就會在上面種一片廣大的尤加利樹林場，日後還能供應紙廠的原料。這就是二〇〇四年推土機出現在森林中打算做的事，並且受到柬埔寨皇家武裝部隊保護。「我聽說人們在抱怨，生產樹脂的木種遭到砍伐。」劉明勤的說法是，「但是我們準備種植尤加利樹的這片土地，並沒有侵犯到任何人的地產權。」

他說得沒錯，村民並不擁有森林的土地；實際上，洪森也不算擁有者。但是在洪森宣告這筆交易的不久後，超過七百名村民現身金邊抗議。「如果他們要毀了這片古老森林，倒不如直接殺了我們。」一名六十六歲的村民略圖恩（Luek Thuon）說。「那片森林是我們的飯碗。」

推土機蹂躪肆虐一整天後，村民決定到森林入口處靜坐。這次行動由逐漸成為抗議群眾發言人的恩霍特組織，他是神情堅決的中年男人，擁有一間金屬浪板屋頂、平凡無奇的房子。他坐在狹小的木製門廊，以堅定的言語描述罪行。過去三十年，越南占領者、赤柬和其他人砍去了菩薩省數百萬畝的森林，廣闊的土地被清空，僅存殘枝野草。恩霍特提出疑問，為什麼劉明勤會特別需要這片土地——當地最後一塊森林——來栽種尤加利樹呢？「空地那麼多，他們為什麼不用那些土地？」

恩霍特明白，答案是**尤加利樹植栽只是個可疑的騙局，讓他們能夠合理掠奪這塊區域的最後一片森林**。任何人只要稍微思考一下，就會知道完全不成道理。不過誰能質疑洪森呢？有任何人能夠影響他嗎？又或者是如同許多外交人員和人權工作者所抱怨的，洪森和整個柬埔寨政府全都躲在不受司法懲罰的金鐘罩後頭？

恩霍特設法募集到八百名村人參與靜坐。他們帶來睡墊，全天候守在森林入口，企圖阻擋推土機。而就像柬埔寨一再發生的偷襲事件，半夜十二點四十五分時，有人從樹林裡偷偷摸摸地扔了顆手榴彈，正朝著熟睡村民的方向。八個人受傷，很幸運的傷勢均不至於致命。恩霍特譴責這次攻擊，警察則照劇本演出，表示抗議者自導自演手榴彈攻擊，好拿來怪罪政府。不然怎麼會沒人送命呢？聯合國人權特使洛伊普雷希特（Peter Leuprecht）當時剛好人在金邊，他大聲疾呼：「我強烈譴責針對和平抗議群眾的手榴彈攻擊，而且我希望看到警方著手進行慎重的調查。」

一如往常，至終無人遭逮捕或起訴。唯一正面的結果發生在數天後，內政部長回應盛怒的外交人員和人權工作者，下令暫時停止森林淨空行動。恩霍特和其他村民認為這不過只是暫緩執行，回到林地繼續過活——他們心知肚明，這段借來的時間總有一天會戛然而止。

這場森林爭議成為世界銀行致力改革林業管理的終曲。歷經數月，世界銀行所有針對手榴彈攻擊的行動，都在政府貪腐的重壓下崩解。而世界銀行本身組織內部的麻木和不稱職，也導致這樣的結果。

二〇〇二年十二月，一百五十名群眾聚集於林業與野生動物部，抗議全國好幾個地方還持續砍伐森林。數千村民喪失生計，就像菩薩省的人一樣。政府命令警方朝抗議群眾開火，警官用電擊棒攻擊人民，朝他們身上拳打腳踢，導致七位民眾送往醫院救治，一人身亡。負責監督政府林業的全球見證因此發表一篇尖銳的控訴報告。憤怒的洪森解僱全球見證，把調查員趕出國境。他可能老早就想這麼做了。

捐贈者當初沒有留給洪森太多選擇空間，他才會聘用全球見證。其後幾年他眼看這個組織站在反對自己的立場，不禁暴跳如雷。「我們有權取消任何人的簽證，假使他們膽敢侵犯我們的國家自主權、政治權利並且使我們的聲譽受損。」洪森表示，「我會對全球見證提告，由於它指控柬埔寨警方殺害且毆傷民眾。」他解僱全球見證後，原來的調查員隨之離開；不過很快就換了其他人來。就像是追捕一小群鵪鶉的獵犬，全球見證不願對調查停手。它們不需要政府契約或是洪森的許可，全球見證會自行完成調查並且發表報告。

很快的，世界銀行陷入自己的麻煩，這次來自它們內部的調查辦公室。多年來，世界銀行致力於改革政府的森林特許權計畫——售出幅員遼闊的森林地給紅頂商人和其他富商。世界銀行的努力成果，是假的伐木禁制令，以及其他做戲用的行政命令。於此同時，數以百萬計的樹木持續在全國各地倒下。卡車滿載木材，甚至造成境內道路壅塞。洪森和他的裙帶官員變得愈來愈富有，因為販售特許權的錢是直接付給他們，而不是政府。

二○○六年，世界銀行的華府調查員察覺，金邊辦公室太專注於追蹤特許權改革與假管制，以至於忽視了實際正在發生的事。如果他們願意把盯著書桌的頭抬起來看一下窗外，就會發現政府核准「推估三至四百萬立方米的非法木材」，資料來自華府調查員的報告。不過，世界銀行的柬埔寨辦公室主任波特（Ian Porter）卻只讚揚新管制令的施行，他似乎忘記這個國家數年前也曾發布類似的管制令。一九九三年執政後不久，洪森和拉那烈曾宣告新規定，內容是木材出口現在「遭到全面禁止」。為什麼世界銀行會認為新的承諾比較值得信任呢？

許多年來，數十位柬埔寨人一再告訴世界銀行的主管人員，森林砍伐仍持續發生。內部調查員最終以內部語彙指出這件事：「世界銀行時常接收到許多關於砍伐生產樹脂木種的抱怨，這項行為導致對當地社群的傷害。世界銀行未能考慮與調查這些問題，違反了ＯＰ四・○一和ＯＰ四・三六❸。」換句話說，國際社群拯救柬埔寨森林的行動已是支離破碎。

❸譯註：ＯＰ指世界銀行內部的行動政策（operational policies），四・○一規範環境評估，四・三六規範森林相關政策。

第三次全國大選

在此背景下，二〇〇三年夏天政府再次面臨全國大選，是聯合國占領行動後的第三次大選。競爭對手還是那幾個，問題依舊，暴力行為則減少了一點。還是有反對黨的官員遭到殺害，柬埔寨人民黨以多重手法威嚇選民，而**所有政黨全都試圖買票**。投票率比前一次一九九八年的選舉掉了十個百分點。分析員推論，這是因為**許多選民認為大選不會、也不能帶來任何真正的改變**。洪森還是會執政，而拉那烈和森朗西會朝著對自己有利的方向操弄結果。

選票計算完，洪森發現自己再度處於困境。這次柬埔寨人民黨贏得四七%的選票，森朗西黨二二%，奉辛比克黨二一%。幾個小黨得到剩下的選票，不過沒有一個小黨的得票足以贏得國會席次。

柬埔寨人民黨「贏了」，但是洪森依然沒有超過三分之二的絕對多數，無法獨力執政。他得跟至少一個反對黨合作，兩者中任何一個都能幫助他上位。但是這次森朗西或拉那烈不會輕易跟他握手。至少他們是這麼說的。

這兩個人聯合組成「民主主義者聯盟」；命名的主旨在凸顯他們與洪森的觀點不同。他們建立黨綱，列出要求，做到之後他們才願意加入聯合政府。任何一個讀過這些條件的柬埔寨人，都能立即看出他們的真正用意：**有效地使洪森失去勢力**。這次森朗西和拉那烈想出一個非常聰明的方式，企圖扭轉選舉結果，這也是他們在國際看台的支持者所樂見的。森朗西和拉那烈共同表示，他們不會加入任何政府，除非洪森簽約同意以下幾點：

◆政府建立新的國家選舉委員會，立場公正。由西哈努克國王指定正副主席。
◆在全國每個村落建立代表三個政黨的村委員會，取代柬埔寨人民黨指定的村長。
◆三個政黨同意司法改革，解除政府對司法系統的掌控。
◆國會制定新的選舉法，使選舉更加自由且公平。例如：開放廣播和電視媒體供所有候選人使用。
◆國會通過反貪汙法，建立獨立的反貪汙委員會（距離洪森第一次提出這個想法，已經過了九年）。

還有其他後續提案，都是為了打破洪森對政府官僚機構、軍隊和警方的控制。最後，假使任何一黨選擇退出聯合政府，國會必須對政府進行信任投票；如果政府無法贏得多數票，大選就會再度舉辦——在新的、或許較為公平的選舉法下。

在洪森多方掌控柬埔寨治理機構的情勢下生活了十年，民主主義者聯盟清楚知道如何於各方面將他排除在外。洪森很熟知森朗西和拉那烈的意圖，斷然拒絕簽署。洪森的發言人喬甘哈里僅僅表示：「輸掉選舉的政黨對贏家提出要求，這多荒謬。」

僵局延宕，月復一月，拉那烈一如預期大多待在巴黎住所，表明洪森一讓步就會回國。森朗西來去於巴黎、雪梨和華盛頓間，仍然嘗試要讓外國領袖相信洪森是個背信忘義之徒。

威逼利誘，削弱反對勢力

於此同時，洪森繼續掌權，好像一切都沒有改變。反對黨領導人物持續遭到肆無忌憚的謀殺，事件頻繁發生。二〇〇四年一月，在大選結果陷入僵持四個月後，有兩名男子騎乘未掛牌照的黑色摩托車，頭戴黑色全罩式安全帽，停在謝韋查（Chea Vichea）正在閱讀報紙的街頭攤販前。他們槍殺了謝韋查，而後揚長離去。

謝韋查是全國最著名的工會領袖，擔任柬埔寨自由工會主席。他組織過許多爭取勞工權益的遊行示威，隸屬於森朗西黨。這起謀殺困擾柬埔寨人民黨許多年——尤其在法院不實起訴兩個明顯無辜的人，並且判處兩人長期徒刑後[4]。柬埔寨人民黨遵循已成標準的程序：**先用討好和賄賂籠絡一些反對黨成員，再把剩下的殺掉**。

這套程序不只拿來對付森朗西黨。二〇〇四年一月，殺手闖進梅區永（Meach Youen）家，以AK-47突擊步槍朝他熟睡的臉掃射。他是奉辛比克黨的重要官員，也是這一個月內被謀殺的第五名反對黨人。

他們發現這樣的手法非常有效。一般來說，柬埔寨人民黨執行者會先打電話或登門造訪一位反對黨官員，提議接受某個會讓他冠上「閣下」稱號的政府高位；附帶豐厚薪酬，以及貪汙金流中令人垂涎的位置。當天下午，他就能去見豐田車商，並把一輛嶄新的Land Cruiser豪華越野車開回家。這是他無法拒絕的贈禮，反對黨員清楚知道，如果說不的話，這個星期還沒過完，他就可能落得跟謝韋查或梅區永一樣的下場。

背叛和謀殺持續不斷削弱反對黨勢力。數週後，隨著森朗西的談判地位逐漸消失，他宣布森朗西黨會與拉那烈的政黨合併。拉那烈對此沒有多說什麼，他人還在法國。拉那烈過去曾背叛過森朗西，森朗西或許認為這樣可以鎖住拉那烈。在宣告合併的同一場記者會中，森朗西再次發出洪森即將要謀害自己的警訊，他也不出所料地向國外友人請求保護。

幾週後，兩黨依照計畫正式宣告「合併」，不過只維持了很短一段時間。拉那烈在六月終於跟洪森談成合算交易，答應與柬埔寨人民黨聯合執政——把森朗西棄之不顧。

拉那烈需要頭幾個月的時間，去談妥他想要的協商，跟森朗西黨合併也只是談判工具之一。在最終決議下，洪森和拉那烈會瓜分「回扣」，也就是紅頂商人和其他富商付給他們買土地的鉅款，用作伐木、商業開發、採礦或其他剝削之途。根據二〇〇五年赫德（Steven Heder）寫於《當代東南亞事務》期刊上的報導，洪森拿走六〇％的回扣，剩下四〇％分給拉那烈[5]。

這件事走漏風聲後，奉辛比克黨和森朗西黨員開始爭先恐後奉上重金給拉那烈，爭取他們想要的政府高位。這些錢很多都白費了。大選結束後十一個月，拉那烈在六月同意新的政綱，

---

4 美國記者製作一部名為《誰殺了謝章查？》的影片，二〇一〇年春天在坎城影展播映，但是遭到柬埔寨官方禁播。工會成員試圖在金邊放映這部影片時，警方闖入並將銀幕扯下。影片論斷柬埔寨政府高層必定知悉這起謀殺案。

5 赫德在文章裡指出，洪森和拉那烈分贓的消息來自「二〇〇四年三月到十一月間進行的奉辛比克黨人與外交人員訪談」。

完全沒有提到當初民主主義者聯盟要求的任何一個字，也沒有給森朗西黨員預留位置。洪森依舊是總理，拉那烈則是國民議會主席。

這次森朗西還是什麼都沒有。很快的，他身邊幾乎空無一人。整個夏天過去，超過一百名森朗西黨員叛離至拉那烈的奉辛比克黨。拉那烈在黨總部舉辦歡迎慶典，並且告訴脫離森朗西黨的人：「我會把脫黨名單送給洪森總理，讓政府提供合適的職位給他們。」他也慫恿更多森朗西黨員脫黨加入，又一次反轉刀口直插進森朗西的心臟。

然而森朗西不是拉那烈唯一背叛的人，在談成對他個人獲利頗豐協議的同時，拉那烈也遺棄了自己的政黨。奉辛比克黨如今握有衛生部、城鄉發展部、旅遊部、公共建設與運輸部、教育部以及文化藝術部。除了公共建設與運輸部還有些可能之外，其他部會都沒什麼收受貪汙的機會。洪森和拉那烈再一次談妥了對自己有利的交易，卻沒有考慮到盟友，或是柬埔寨人民。

金字塔結構的貪汙

新政府上任幾個星期後，美國大使館以一篇題為「大貪汙」的詳盡報告，作為對執政搭檔的歡迎。報告顯示，**政府官員每一年都把五億美元收進自己的口袋——約等於國家年度預算的一半——幾近於政府徵收的每一塊錢**。另外那一半年度預算則依賴非政府組織的捐款。

政府首長等於是把人民留給國外捐贈者照顧，而將國家的錢全都用來照顧自己。「柬埔寨皇家政府獲取的合法歲收非常有限，大部分因走私、賄賂和其他非法途徑損失。」報告總結，「一旦歲收進入國家財政系統，就會經歷更多損失。據消息來源估計，**每年政府金庫遭到五鬼**

搬運的金額，介於三億到五億美元之間。」

一組替美國國際開發總署工作的美國顧問努力了整整一年，建構出金錢流向體系的驚人樣貌，它無孔不入，影響柬埔寨社會的每個層面。「大貪汙包括非法授權的伐木特許，一直到幾乎無所不在的小額酬金，為了加速或僅僅是確保公共服務實行。警方和其他官員以許多藉口要求小額賄款。就讀公共教育體系的學生每天繳交非正式的費用，補貼學校老師和行政人員的薪水，或許也進了部會高官的荷包。同樣的情形也發生在公共健康領域，包個紅包給醫生、護士和其他醫療人員以獲取醫療服務十分常見。」❻

在他們的發現之中，還有一套致命的稅務系統。如同大多數國家，稅收用以支應健康、教育、社會發展和其他國家提供給人民的公共服務，但僅止於表面上。相反的，每次稅務人員拜訪商家時，他告訴經營者，只要拿出比稅金較少的賄金，他就會一筆勾消欠稅。商人大多順從，為了省錢並且避免拒絕可能產生的麻煩。「有些觀察者認為這是另一種形式的稅金，此言某部分為真，這種形式的貪汙使商家處於合法且道德上模稜兩可的位置。他們被自身的行為汙染了，而且會服從官員後續不定期的額外勒索。市民付出的代價更大，**低稅收導致健康和教育等公共服務匱乏，以及次等的基礎建設。**而且由於**潛在的外國和本地投資者不願在柬埔寨經商，造成工作機會有限，更喪失了隨之而來的政府收入。**」顧問群發現，沒有一個人因為上述與其他許多的墮落腐敗惡行受到懲罰：

❻此篇美國國際開發總署調查貪汙的報告名為〈柬埔寨人的貪汙評估〉，發表於二〇〇四年八月十九日。

貪汙構成類似金字塔的結構，存在於警方、教師和醫療工作者為了求生存索取的小額賄款，也有必須與體系中高官分享的部分。獻金和相互義務是這套包羅萬象體系的中心。因為政治人脈或送錢而得到的政府職位，數量十分驚人，他們先前拿出來的錢，會經由廣受認定的收賄權利得到補償。而且不受司法制裁是常態。

這國家沒有一個人因為獻金而受罰，無論是巨大的掠奪或是小額竊取。實際上，敢於抗拒貪汙的個人和組織才有風險。大部分柬埔寨人認為，抵抗終歸徒勞一場。

報告令人震驚。無論洪森如何深思熟慮地回應，一場醜聞風波仍舊擴散開來，首先見報於《金邊郵報》。二〇〇四年八月，世界糧食計畫署官員發現約有四千噸米遭竊，價值超過兩百萬美元；它們原先要運往境內最窮困的一些地區，餵飽柬埔寨最缺乏營養的孩童。竊賊把偷來的米變賣成現金。

世界糧食計畫署在全球的窮困國家，提供數百萬兒童糧食。一般而言，它們供應學校午餐，作為父母送孩子就學的誘因。午餐裡的米飯和魚肉，通常是孩子一天中獲取的唯一食物。世界糧食計畫署和聯合國兒童基金會調查發現，至少三分之一的柬埔寨兒童營養不良，世界糧食計畫署將這個情形分類為「警告」。聯合國兒童基金會的資料顯示，約有四〇%的柬埔寨兒童因為缺乏營養而「發育不良」；另外有一〇%的孩子過瘦，也就是代表他們快要因為飢餓而死亡。看到這些數據，你就不會驚訝**十分之一的孩子活不滿五歲**。這就是為什麼偷米賊引起如此廣大注目，因為世界糧食計畫署的米是要運給快餓死的小孩。有些孩子很可能會因此而死，而這些竊賊下手時肯定知道這一點。

世界糧食計畫署開除幾名柬埔寨雇員，報紙指出，有些政府高官牽涉其中，不過當然沒有人受到懲罰。然而這次洪森感到愧疚，他承諾會補償世界糧食計畫署，不管是用米或現金。

至於對貪汙報告的正式回應，洪森明顯意識到捐贈者年度會議幾週前才舉行過，這不是抨擊美國的好時機，是他們出資完成這份報告。所以洪森老調重彈，在這種混亂時刻總是能派上用場。他再次承諾會通過反貪汙法。

驚人的是還有人相信他。洪森一九九五年首度提出反貪汙法，那是另一次捐贈團體對貪汙感到不耐之時。這個提議讓他們安靜了一陣子，而政府不斷丟出想像力十足的成堆藉口和障礙，解釋法案為什麼還未能通過。例如像在前一次捐贈會議上備詢時，洪森承諾要在二〇〇三年六月底前通過法案，當年六月也確實有法案提交國會投票。但是最終失敗了，因為議會出席者不滿法定人數。某人規定，在那特定的一天，特定的那次投票，八分之七的議會成員必須到場。每位反對黨員都到了，不過洪森的黨員卻不知道為什麼未能有足夠的人出席。如此一來，法案就只好留待隔年再審。

二〇〇四年的捐贈會議剛開始時，捐贈團體心情十分惡劣。美國大使查爾斯．雷[7]放下他的外交官身段，痛批柬埔寨領導階層。他向身前的洪森和部會首長說：「柬埔寨的民眾得面對

[7] 譯註：查爾斯．雷（Charles Ray）於二〇〇二年一月至二〇〇五年七月出任柬埔寨大使，他的前任大使是魏德曼，下一任是穆索梅利。他在二〇一二年以辛巴威大使的身分退休，結束五十年外交生涯。

小額至中型的勒索，數量之多令人膽怯，有些賄款天天都得付。」他指陳，貪汙報告點出歲收損失歸咎於走私、賄賂和其他非法途徑，總額高達五億美元，幾乎等於捐贈者每年給的數字。舉例來說，每天早上學生得付錢給老師，從小學一年級就開始。「這代表**年僅六歲的小孩，就已經學會貪汙和賄賂**。」

輪到洪森發言時，他回以一貫的諷刺誇大言論，並未直接回應憤怒指控。他表示柬埔寨「處於邁向永續發展和縮減貧困的十字路口，旅程艱難」。他再一次承諾，他的行政機關會通過期待已久的反貪汙法，積極與貪汙作戰，強化政府機構與改善治理能力。

所有的捐贈者都聽過這些話了，有些人搖搖頭並且轉了轉眼珠。當他們最終決定來年捐贈金額時，總計僅有五億零四百萬美元，比上次會議的捐贈金額少了幾近一百萬美元。柬埔寨請求捐贈團體在未來三年捐出十八億美元，「但是捐贈團體不同意」，前新加坡駐柬大使馬修斯（Verghese Mathews）在《海峽時報》（*Strait Times*）上寫道。「捐贈社群多年來要求良好的治理，並且對於無法接受的緩慢改革步調感到不快。」馬修斯還說，如今「信號很明顯，未來的援助金額會有條件限制」，視進展而定。但是洪森之前也聽過這個說法，而且根據經驗顯示，他不須為此擔心。

CAMBODIA'S CURSE

第十章

我們的傳統是貧窮

米到哪裡去了？

當政府發送救難食糧時，三百名淡榮（Dang Rung）村民躁動不安。他們之中有些人看見一袋袋免費的米送到村長手上，好多人都看到了，但是沒有一個村民分配到任何米。所以，他們自然假定村長把米全給了他的家人、朋友和柬埔寨人民黨密友，在這以外的村民什麼都沒有。「我們連一粒米都沒看見。」五十六歲的善摩耶哇（Saing Moeva）帶著一絲譏笑說。他從塑膠袋中拿出一小撮菸草捲成菸，身子倚靠著撐起單室屋的其中一根柱子。問他是否曾得到來自政府的任何援助，他哈哈大笑回答，「有啊，每隔五年」的選舉期間。「他們會過來，給我們一件沙龍布裙，二・五公克的調味料跟一條圍巾。」他擁有柬埔寨人中少見的幽默感。事實上，柬埔寨人咧嘴大笑的情景十分罕見，置身如此絕望的處境裡，在他們臉上連微笑的表情都不常有。

善摩耶哇的妻子莫秋恩（Mou Chouerm）從屋下方的吊床起身，指著一塊小小的耕地。她略為口齒不清地說，「我種薄荷拿去市場賣，能賺七千柬埔寨幣，也可能是一萬。」那約等於一・七五到二・五美元。她的口齒不清來自一次險惡的殘疾，多年前她曾中風，從此無法控制右臉肌肉。她的嘴唇下垂，露出牙齒，好似有個秤砣拉扯一般。她的臉從一九八五年就這樣了，當時她中風倒下，而善摩耶哇決定「帶她去接受民俗療法，她被壞鬼魂纏上了。所以我們到三十公里外的隱密鬼魂之屋，一群傳統劇團的人演奏音樂要驅趕幽魂。結果幫助不大。」

一九八五年正值越南占領期間，專業醫療在地方上普遍缺乏。然而幽魂療法遺留更持久的傷害，莫秋恩和善摩耶哇不只要為儀式付出五百美元，「我們還得買酒、牛肉和其他食物給這些人」。為了籌措足夠的資金，這家人得賣掉一半土地。如今莫秋恩還是只能做出醜陋的冷笑表情，而且僅存土地生產的米不足以餵飽全家人。這就是為什麼當他們聽說亞洲開發銀行要捐米給窮人時，會感到如此雀躍。

一位在當地政府工作的村民，曾前來記錄他們的名字和地址。不過抵達前他會先經過奉辛比克黨的招牌，樹立在通往善摩耶哇家泥土小徑的入口。而當善摩耶哇開口說話時，他身著人權黨[1]T恤的機率是五〇%。在最近一次選舉，各黨工作人員前來免費發放印有標誌的衣服。「不，不，我是柬埔寨人民黨。」他揮著手否認，好像不這麼做就是叛國一樣。「任何一個政黨都可以來插牌子。」事實上，這些牌子遍布鄉間每一處。「他們問我，然後我說好，但是我不知道他們會插在我的土地上。」至於T恤，「我只有兩件上衣，所以我有時候會穿這一件。」他指向另一件掛在屋裡釘子上的藍色工作服，並且急忙大動作展示自己唯一的褲子，左膝蓋都磨出了破口。「我們是窮人，非常窮。」

為了證明這一點，莫秋恩爬上木梯走進他們的小屋。地板上幾乎空無一物，他們唯一的財產是一台十二吋的國際牌黑白電視，放在生鏽的摺疊電視桌上，電線連接到一旁地上的汽車電

[1] 譯註：人權黨是柬埔寨反對黨，二〇〇七年由根索卡（Kem Sokha）成立，在地方特別有影響力。二〇〇八年大選贏得三個國會席次，二〇一二年與森朗西黨合併為柬埔寨救國黨，是現在的全國第二大黨以及最大的反對黨。

池上。她指向錫製的天花板，上頭有著熱帶陽光穿透許多小孔的明亮斑點——多到下雨時他們可以順便沖個澡。她搖搖頭，搖不走內心的憤怒，她再次強調：「我們沒有分到半點米。」

沿著泥土小徑往下走，在拐彎處附近，詹亞（Chan Yat）靜靜坐在鄰居門廊上。她今年高齡七十六，柬埔寨人的平均壽命期望值大約是六十歲。她只剩幾顆牙，導致嘴唇往口內彎。她把頭髮剃掉了，臉上的皺紋似乎在為過去的艱苦人生作證。她是窮人之中最窮的那些，打從一九三三年誕生在村子裡，她的生活無甚改變。有些鄰人如今擁有裝電池的收音機和電視，極少數有摩托車。不過幾乎所有人還是住在可耕種的地方，晚上在竹牆屋裡的吊床入睡。詹亞說，有些人住在從她小時候就蓋好的同一間小屋裡。

詹亞拄著拐杖緩慢走回家，那是一根頂端恰好彎成鉤的初生竹竿。她住在一間迷你的房屋裡，屋腳僅有兩呎高，撐起的屋內空間約五呎乘五呎，高度不超過四呎。牆的下半部由棕櫚樹葉編織而成，上半部則是以藍鑽牌水泥空袋固定在屋框裡。

她低聲說：「是的，我拿到一些米，五十公斤的一袋，村長買的。」她的兒子是個勞工，時不時會帶些食物回來。她說話的時候，十五至二十人聚集在屋外。訪客來到村裡問起贈米的事，外頭的村民一個吼得比一個大聲。「我什麼都沒拿到。」一位中年婦女說。「一粒都沒有。沒有！」另一個女人憤怒地吼叫。「他們把米給了不需要的人，那些人很可能把米賣掉了。他們沒有分給真正需要吃這些米的人。」她邊說邊撫摸自己的胃部，好像在說「我很餓」。一隻瘦得只剩皮包骨的灰貓輕巧走過來，在地上尋找食物。最後貓撲抓到一隻蜘蛛。

當村民變得愈來愈憤怒，唯一分到一些米的詹亞安靜坐下，拄著竹杖看向泥地。一個男人大聲吼道，「這裡的人非常貧窮，我們沒有拿到任何食物。我們從來沒有拿到任何食物！全都在他們手上。」他咆哮著，伸手指向村長家。

這些話柯刻重（Kok Chuum）全都聽過了，他當村長已經七年。他是個熱情、多話、語調輕柔的男人，顴骨高到像是要碰到額頭。柯刻重坐在小型院落前空地的桌旁，擁有四棟建物，以及放置儲藏物和設備的棚屋。他解釋：「我們拿到的食物不是給大家的。」雞、鴨和豬群在四周走動。「數量不夠，有幾年只夠給四個家庭，有些年可以給二十個。只好輪流給。今年我們拿到四噸，夠給四十個家庭。」那等於超過村裡半數的家庭。

即便如此，村民說他們沒拿到半點米——他們喜歡說「連一粒都沒有」。「我知道有些人這麼說，他們想要拿到更多。」柯刻重以平靜的語調解釋，沒有對此感到驚訝。「但是那是謊言。我認為這是心態問題，有些人走到水源地，卻空手回來。」他搖搖頭說。他的態度是悲傷的，而不是鄙視。「這裡人的思考方式很

慈善組織委由政府發放免費米糧，76歲的詹亞卻是全村極少數拿到米的人。

淺薄，沒有任何抱負。他們去上學，離開時對於要做什麼沒有半點想法。」

柯刻重四十出頭，如同大多數同樣年紀的人，他在寺廟學校就讀到三年級，學會讀和寫；這就是全部的教育了。不過他是個有行動力的男人，這項特質明顯得到回饋，以村裡的標準來說，他算是過得很好。

問他收入多少，柯刻重給了柬埔寨式的迂迴答覆，反而談起他能存下多少：「如果不須負擔婚禮或其他大筆開支，我一年可以存兩百萬柬埔寨幣。」那個數字接近五百美元，約等於柬埔寨的人均收入。幾年前他買下一台碾米機——看起來幾乎像是玩具的原始機型，放在棚屋裡。碾米機由汽油引擎驅動十呎長的皮帶，帶動數個直徑接近三呎長的齒輪，柯刻重用它生產米製飼料來販賣。這部機器當時花了他一千四百美元，「而且我的投資還沒回本呢」。

柯刻重要求客人先脫鞋，再踏上通往他家的木梯。他的小女兒在裡頭看卡通，家裡有一台裝電池的彩色小電視。牆壁漆成暗紅色，是村裡唯一有上油漆的房子。牆上貼著公共宣導海報，其中一張是一名男子睡在樹下，草帽壓低遮住眼睛，身旁有台故障的推車，牛在附近走動。其他則是反酗酒、吸毒、家庭暴力的圖片故事。

他的村民在談話時反覆強調「我很窮」或是「我好餓」，柯刻重也有他自己的口號，一再提到「我非常努力工作」。他學會不去依靠誰，畢竟柬埔寨人民黨籍村長是政府最低階層的職位，月薪僅有十美元。

問他政府幫人民做了什麼？他回答：「排水溝跟灌溉渠道，還有維修道路和橋梁。」就跟近千年前因陀羅跋摩三世替人民做的事一樣。

官員說貧困是柬埔寨傳統

柯刻重的評論和那些村民的話語，並不被采沙銳閣下接受。采沙銳長期擔任菩薩省長，現在是省政委會主席。省政委會的房屋裡有一張二十五呎長、至少能容納四十人的會議桌，采沙銳坐在大桌的一端前；另一端的牆上隱約可見大型影音會議系統，包括五十吋Sony液晶螢幕、架在腳架上的攝影機以及一整組配件。

幾個月前，洪森要求每個省分都裝一組。他當時造訪柬埔寨西部，為一棟造價四億五千萬美元的高爾夫球場及複合式運動中心致詞。洪森熱衷於打高爾夫球，他在自己鄉下的地產建了十八洞的球場，而且政府官方網站把他的高球成績列在其他所有資料之前（平標準桿紀錄：五一%）。然而在出訪期間，他下令二十四個省分、軍隊、邊檢機關都要裝設影音會議系統，理由是：「我看完地方媒體內容後，可以據此直接下令。」各部會也應該要換上這種「新設備」，洪森補充。

菩薩省屬於全國最窮困的省分之一，而這套設備價值介於五萬至七萬五千美元之間。采沙銳表明：「我們必須使用更多機器設備。柬埔寨落後其他國家，我們得進入現代。」不過他現在要談的是較為原始的議題，關於食糧援助。他傾身向前，手重重壓向桌面，以尖銳的語調說：「政府無法滿足每一個人，食糧援助十分有限。人民喜歡說當權者不照顧他們，不過有時候是因為他們不在家才沒拿到。人們到遠處工作所以不在，等到回來時已經太遲了。但是他們的貧窮與食糧援助的混亂無關，而是來自於懶惰，或者是失去了原本耕種的土地。」然後這位政府官員坐直身子，雙手放在臀部上。「我不同意大多數人民不信任政府的說法。我在這裡領導著省法院，而且我們是從零開始做起。波布毀了一切，我們還在重建。」

采沙銳放鬆了些，往後靠上椅背。他穿著黃褐色獵裝，戴金邊眼鏡❷，跟洪森平常的穿著打扮一樣。與其他官員不同，他沒有擺出一副財大氣粗的樣子。塑膠原子筆插在口袋裡，手腕上戴著式樣簡單的金表，左手指上有只小小的鑽石戒指。

采沙銳承認，這裡人民的生活「跟一百年前沒兩樣，這是柬埔寨傳統。」**他不是唯一將赤貧、營養不良、不識字、疾病纏身和幼兒夭折指為「柬埔寨傳統」的官員。**采沙銳作結：「我不能告訴你政委會未來要做什麼，不過我們擁有一個工作計畫，而且我們必須改善農業。」

菩薩省政委采沙銳抱怨地方檢察官貪汙。

他全國的同事也都這麼說。二〇〇九年國會改制法律，給省政府更多預算和權力掌控自己的命運，並且設置新的省政委會來管理。五、六名省長和政委會主席為了新的權力機構與可預見的財富而興奮不已，描繪著他們的二十一世紀願景。不過有個人回應了采沙銳提到的十世紀想法。

暹粒省政委會主席詹蘇法穿著同樣的褐色獵裝，戴著同樣的金邊眼鏡，他講述自己的目標：「為偏遠鄉間的民眾造更好的路和灌溉設施。」他的金表上刻有柬埔寨人民黨三位領袖的小頭像：總理洪森、副總理索安和參議會議長謝辛（Chea Sim）。從桌子這一邊看過去，這三個小頭像令人想起喜劇影片《三個臭皮匠》裡主角莫、賴瑞和捲毛的舊宣傳照。「給他們更好的耕作條件。」詹蘇法主席繼續說：「幫他們改善土地，收成更多稻米。」

在金邊北方的磅通省，省政委會主席南桐穿著一模一樣的制服，提出類似計畫：「長久以來人民依賴傳統，靠森林物產過活。我們必須改變柬埔寨習俗，使人們得以不再靠大自然而活。然後我們就能擁有一個真正的自由市場。」在主席大宅的接待大廳裡，南桐坐在一張有許多曲線雕紋的高背上等木椅上。像這樣的木椅排成面對面的兩列，總共有十二把。在他身後，國王和太后的肖像高掛牆上，兩隻棕色的壁虎緩慢爬過太后的臉。「我們必須解決農業領域的問題，產業才能成長。受過良好教育的人被赤柬殺害了，所以，如果希望全國成長，我們得把今日受過訓練和教育的年輕一代送去幫助農民，讓他們把米種得更好。」

在馬德望省，省長布拉江（Prach Chann）的獵裝布料是亞麻，不是棉；一隻金筆插在他胸前口袋。他坐在可容納十二人會議桌的一端，每個座位前都有麥克風。上等木桌尺寸巨大，上頭有大量雕花，另一端隱沒在房間底部。他的觀點跟其他省治理者一致：「人們以傳統方式謀生，我們想要追求對話與發展，並且維持農業發展相關的地方文化。」不過就像他的一些同

❷ 眼鏡是財富的另一種指標，在地方上沒人戴眼鏡，無論他們的視力有多差，因為負擔不起。實際上從事驗光行業的人數並不多。

事，南桐也怪罪到人民頭上，他說：「他們的貧窮來自於懶惰。」

拜林省長過去是波布的傳訊人，如今穿上有如識別標誌的褐色獵裝，在省政府大樓前坐進豪華轎車時，說他太忙了無法談話。貼在大廳布告欄的照片顯示，他到處剪綵與親吻初生嬰孩，許多場合穿著軍裝出現，掛滿各式勳章，數量之多讓人驚訝他走路時怎能不彎腰駝背。走進大廳，副省長梅密克只說：「我們的主要工作是鋪設道路，使交通更為便利，並且幫助人們改善農作。」

政府裡沒有一個人提出有別於此的觀點。沒人說到製造業、服務業或科技業，沒有人提到要追求更高的教育。沒有一位官員對國家的願景，偏離吳哥王朝國王的目標一些些。不過這些人大多處於五、六十歲的年紀，他們自己受過的教育也十分有限，假使有的話。

當他們還是孩子的時候，這個國家沒有學校，僅有收受幼童的寺廟學校。想方設法到金邊求學的人，一個個趕在一九七五年前離開，或是留下來，最終在赤柬手上送命。柬埔寨政府官員也經歷過同樣情形。總理洪森表示，他十六歲時離開學校加入赤柬，這樣的遭遇，對於跟他同齡出生於地方的孩子來說並不常見。（有些傳記說他那時是十八歲，不過書中也列出一整組他從未獲得的學士、碩士連同博士學位。）二〇一〇年一月，在他擔任總理的二十五週年，《柬埔寨日報》刊出總理的一長串資歷。然而他其中一位親近同事似乎意外說溜了嘴。柬埔寨人民黨資深議員姜伊（Cheam Yeap）表示，洪森「加入反抗軍前只念完三或四年級，即使只念了一點書，他學得非常快。」

在此同時，援助工作者擔心人民能否持續靠大自然而活，因為政府官員鼓吹的方向聽起來難以長久。羅伯特（Javier Merelo de Barbera Llobet）說：「他們吃掉了所有的眼鏡蛇，大部分的蜥蜴和蟒蛇。」他在馬德望省的天主教救濟會工作超過兩年。「樹木不見了，然後猴子也幾乎消失。牠們現在被視為罕見珍饈。」

產業發展困境

一九九〇年代中期的開端，柬埔寨獲得一項新產業以開啟新的財富泉源。幾個亞洲國家主動到柬埔寨蓋服飾工廠，主要有中國、馬來西亞、新加坡和台灣，低工資的勞力市場在他們眼中格外具有吸引力。其後數年，工廠的數目激增至三百多個。他們僱用多達三十八萬名柬埔寨人，主要是女性。工人大多製造牛仔褲、T恤、棒球帽和針織衫，並將近四分之三的成品賣給美國；營業額占柬埔寨國外出口的七〇%。唯一能夠競爭的物產是稻米。

政府鼓勵產業擴張，它們能帶來稅務和費用收入；但是這也使得政府格外易受傷害。如同美國駐柬大使穆索梅利指出：「**柬埔寨的經濟有三隻腳：服飾、旅遊和農業。李維斯牛仔褲**（Levis Strauss）**或蓋普**（Gap）**只要一時心血來潮，就能毀了這個國家。**」二〇〇八年全球金融危機襲擊時❸，穆索梅利的悲觀預言成真。來自美國零售商的訂單銳減，導致成千上萬柬埔

❸譯註：當時英、美的次貸風暴引起歐美大型跨國金融機構的經營危機，包括美林證券被收購、雷曼兄弟申請破產保護、冰島三大銀行遭國家接管。金融風暴如骨牌效應延燒，歐美各國均由政府介入，美國政府更提出七千億美元的紓困案，造成日後長期的經濟衰退局面。

寨人失業。不過洪森已經準備好對策：「失業並未對我國造成非常大的危機」，他堅稱，因為「那些人可以回去田裡，種植更多稻米。」

副商業部長潘索拉（Sorasak Pan）是少數持有不同想法的人，雖然他的抱負有限——他提倡另一種耕種形式。「我們可以出口柬埔寨絲到美國，享有免關稅。」他微笑著熱切地說，「這是一種手工藝，女性可以在家養蠶。你知道嗎？如果餵蠶吃不同的樹葉，就會吐出不同的絲；我們可以餵桑葉。這可以一次擊敗兩件事：貧窮和性別差異。柬埔寨絲的確比泰國絲粗糙，但是可以用得更久！」

宋金善（Sorn Kimseng）是柬埔寨商會副會長，他代表柬埔寨的商人，所以影響了發言立場。他依舊表示：「我們投資農業是很好的，但是如果只有農業，柬埔寨無法復甦，我們必須投注更多心力到工業上。如果我們只專注在農業，國家如此多的土地未經開發；而且一旦農業發生問題，我們將無法控制。」

在柬埔寨設有兩百二十個分行、在國內排行居首的愛喜利達銀行（Acleda Bank）[4]總裁兼執行長英嘉尼（In Channy）表示：「我抱持不同的觀點。」他身穿藍色西裝白襯衫，打金色和藍色條紋相間的領帶。他的辦公室位於轉角，空間不大但很舒適。在數十名柬埔寨官員和商人中，唯有他清楚表明：「我們持續處於迷失狀態。我們必須拓展商業，但是要成立一家公司太複雜了，這會嚇阻創業。你損失這麼多錢，這麼多時間。**在柬埔寨，創立一家公司至少要四十五天；新加坡只要三十分鐘，而且上網就能申請**。政府得縮短註冊時間，除去商品進口的屏障。」更有甚者，「運輸成本比越南高三倍，進口商品會遇到時間上的拖延，而且一路上得付出許多錢。海關、資本控制、農業……等數個層面都有關係。」意指許多機構收受賄金。「如果不移除這些障礙，我們無法向前邁進。」

柬埔寨發展研究局經濟部門局長康錢達拉洛（Kang Chandararot）❺表達與此議題相關的擔憂。他分析：「一般來說，普遍存在的風險將會持續造成利益衝突。有群商人同時擔任政府成員，制定政策。」他舉蒙雷特西為例，那位掌控棕櫚油生意的紅頂商人兼參議員。「他們有辦法排擠競爭者，使他們難以成長茁壯。這就是為什麼我們需要反貪汙法。」蒙雷特西自己則暗示，即使是有效的法律都未必幫得上忙。他說「大部分公司都有兩套帳本」，想要完全屏除貪汙，「對柬埔寨人來說是不可能的事。你不是柬埔寨人，所以你無法了解。」

柬埔寨憲法明文禁止像蒙雷特西這樣的身分衝突。條款一〇一記載：「皇家政府成員的功能，不應與從事貿易或產業的職業活動共存，也不應與公共服務的任何職位相衝突。」然而政府裡沒有一個人對聯合國占領期間制定的憲法投以些微關注。如同一九九六年西哈努克發表的精闢見解：「公眾不關心自由民主。柬埔寨的一切事物都十分特殊。現實是，**衡量政府的標準並不是他們有多民主，而是他們造了多少座橋、多少條路和幾家醫院**。憲法不過是紙做的紀念碑，我們將它視為紀念碑。」

❹譯註：根據官網最新資料，二〇一三年七月，愛喜利達已有兩百三十八家分行，僱用近九千名員工。愛喜利達也是柬埔寨第一家擁有標準普爾信用評級的銀行，等級為信用與償債能力較差的BB級至B級。

❺譯註：柬埔寨發展研究局是位於金邊的商業顧問公司。康錢達拉洛擔任經濟部門局長，他擁有德國柏林自由大學經濟學博士學位。

八成民眾過著原始生活

即便上述障礙全不復存，當舉國八八%的民眾無電可用時，這個國家仍舊難以前進分毫；居住在首都以外的每個人，幾乎都包含在無電族群內。「我們八〇%的電力供給金邊」，柬埔寨電力公司總經理高拉達那（Keo Rattanak）表示。他是一位裝扮整齊的商人，桌上擺著兩台電腦螢幕，還有以顏色清楚標示的資料夾。高拉達那的意思似乎是，要擴展電力服務到國內其他地方，在經濟上不可行，因為政府把他的公司搾乾了。政府要求他補貼在客群中占多數的窮人，「但是卻沒有回頭來補償我們的損失」。亞洲開發銀行提供補助金以拓展供電範圍，不過這筆錢在政府發放過程中被官員分杯羹。「如果我們在這個部分損失錢，就不可能補貼」居住在地方的民眾。「在窮人中最窮的那些人住在鄉下。我們沒辦法補貼他們。如果大象跌倒了，你不能期待螞蟻群來把大象扶起來。在這樣的情況下，我們缺乏強而有力的誘因向外拓展；每次拓展服務範圍，我們就會損失更多錢。我一再強調這件事。我們也算是政府的一部分，他們又是怎麼說的？我們『應該要像商業公司那樣做事，應該要更有效率。』我很樂意減少電力造成的個人經濟衝擊，我願意為此做得更多；但是我不能。」

政府說，他們計畫興建數座水壩以水力發電，理論上足以供應地方電力。中國答應要伸出援手買單，少數人對這個承諾信心十足。對此與其他許多問題，愛喜利達銀行總裁英嘉尼表示：「我們需要來自高層的清楚願景。在我們的社會，渺小的個人通常會跟著領袖走。」

同時，一個南亞非政府組織的柬埔寨總監康勒范亞（Kamlesh Vyas）搖搖頭，提出他的見解；康勒范亞曾在馬德望省嘗試與農民一同耕作。「他們只是在重蹈覆轍，因為這是他們唯一會的事。對於沒受過教育的人，你無法教會他們新技能。」

圖孔恩（Tuy Khorn）赤著腳，使勁力氣把一塊重石綁到犁刀上；犁刀繫在樹枝上，由牛隻拉動。她試著要犁出插秧的溝。圖孔恩獨自幹活，一九九七年赤柬殺了她的丈夫。她十七歲的女兒想要結婚，好讓一個男人（或男孩）加入幫忙家計。圖孔恩勸女兒打消念頭。她穿著髒兮兮的紅色布衫和粉紅色棉布長裙，頭戴白色寬邊軟帽，對於阻擋臉龐遭烈陽曝曬徒勞無功。她看起來比實際年齡四十二歲老得多。每一次她在大石頭上打結，用木棍趕牛慢吞吞地前進幾步，那塊石頭就會把她拼湊出的犁刀震掉，一次又一次。她說：

農人種稻的方式，與千年前的先祖無甚差異。

「有些年我收成的米可以撐過一整年。不過假如沒下雨，我的收成就不夠。如果沒下雨，我不知道該怎麼辦，可能就依靠大自然吧。」她的意思是吃水果和昆蟲，以及所有能在野外找到的食物。

柬埔寨八〇%的農民過著跟圖孔恩一樣的生活，全依靠氣候而存活。二〇〇九年柬埔寨遭逢乾旱，而且氣候變遷似乎已經使乾旱愈來愈常發生。**柬埔寨領導人提出的未來願景，彷彿是西元九世紀統治者闍耶跋摩二世的翻版，但人民卻無法得到像古代帝王那時的豐足收成。**拜林副省長梅密克這麼說：「我沒有能力比較闍耶跋摩時期的生活。但是跟今天比起來，當時的國家發展程度非常、非常高。」

吳哥王朝因為精巧細膩的灌溉渠道而興盛。十三世紀的中國使節周達觀記載，渠道使農民得以一年收成三次稻米，甚至四次。

圖孔恩試著把石頭綁在犁上耕田。

現今的柬埔寨，幾乎沒有人能夠超過一年一穫。二十一世紀初期，介於四%至一〇%的柬埔寨農民採用灌溉設施；即使是那一小群人都發覺幫助有限。

雨季才供水的灌溉設施

磅通省桑金村（Sangkum）有兩百多戶居民，這片村落一年前增加了令人欣喜的建設。一條灌溉渠道流經小城中心，汩汩清水在陽光下閃爍。事實上，這條渠道已經存在超過三十年，是赤柬逼迫村民挖成的，副村長羅費區（Loch Pheach）曾是其中一名奴工。「泥土很結實，像木頭一樣硬。那是非常艱苦的工作，而且他們不給我們半點東西吃。」他回憶：「一直有人死去。」

停戰後，渠道很快淪落到破敗失修。羅費區搬離桑金村，只在二〇〇〇年回來過一次。他發現渠道還在那兒，「像是傷疤，醜惡地提醒那段可怕的時光」，如今僅存涓滴細流，水量只夠形成泥濘。然而在二〇〇八年，亞洲開發銀行提供灌溉渠道整修資金。現在，其中一個水閘門灌溉著羅費區的稻田。但是，「渠道在雨季才供水，我們有水的日子只到十一月。」所以他和其他能夠引用渠道水源的村民，全年依舊僅能收成一次——在有降雨的情況下。這些人比圖孔恩好過一些些，她還在嘗試把石頭綁到犁上。

沿著水道兩旁，另外有數十戶人眼睜睜看著水流經過卻無法使用。沒有水閘門通往他們的田地。由於缺乏電力，他們沒辦法用幫浦取水，就算有他們也負擔不起。所以當水流過時，他們只能盯著濺起的水花，把手伸進水裡；然後就轉開目光看向天空，祈求降雨。羅費區說：

「如果一直有水可用，我會不停犁田。」他赤腳，身著老舊的藍色工作服，長褲上滿是汙漬和破洞。在收成比較好的那些年，他的一公頃土地（約三〇二五坪）年產量能有一噸稻米。照這個情形看來，如果雨季沒有來的話，他就得把自己的孩子送到泰國去工作掙錢。問他平常吃什麼，羅費區一臉詫異地回答「米飯」，像是不可能有別種答案。事實上，「吃」的高棉文動詞等同於「吃米飯」。「就吃飯，如果有錢的話可能還會配點魚。」住在一條灌溉渠道旁的生活，大抵就是這樣。

攸關生存的基礎建設不足

柬埔寨人如此看重稻米耕作，這個國家的每公畝稻米年產量卻在亞洲吊車尾。好的時候，羅費區的一公畝地一年能生產一噸米，低於全國平均值二・四噸。相形之下，採用現代農業技術的越南每畝年產量四・九噸，寮國三・五噸，北韓三・八噸，緬甸四噸，孟加拉三・九噸，日本則有六・五噸。副商業部長潘索拉悲嘆農業的慘狀：「我們一年僅有一穫，越南能收成三次，泰國兩次。而且我們沒有灌溉系統，所以只能仰賴雨季期間收成一次。」

即便全國只生產這麼一丁點米，卻因為品質太差無法賣給已開發國家。稻米出口運往泰國和越南加工，因為柬埔寨沒有任何一座現代碾米廠，或是一家能夠檢驗稻米的機構，證明不帶病害和有害化學物質。柬埔寨僅有的少數幾家小型碾米廠設備簡陋，而且「稻米加工時，稻穀會碎成小粒，不適合海外市場。」副農業部長詹東益（Chan Tong Yves）告訴《金邊郵報》。柬埔寨米不符合歐洲或美國標準。除去鄰國以外，柬埔寨米只能賣往非洲部分國家。

任職於農業部的副國務卿基善發言小心翼翼，以免得罪高層。但是他傳達的訊息很清楚：**政府必須做更多事**。基善是柬埔寨政府裡的罕見人士，他是一位擁有任職領域學位與專長的官員。辦公室書架上藏有數百本農業期刊、研究報告和書籍。他說一口破英文，自稱一九七四年在一所法國人開設的大學讀完農業學士。

柬埔寨從未給窮人福利措施或援助，政府不曾提供大眾農業補助，甚至連低利貸款都不可得。「這是一個完全自由的市場」，基善露出遺憾的笑容說，「政府仰賴私部門，建不建造碾米廠全憑市場決定。政府政策完全遵循自由市場，全部留給私部門去做。」這番話的真正意思是**政府什麼都沒有做**。即便在富裕的國家，一個「完全自由的市場」仍然不可行。最富有的美國仍然提供醫療保險、公共醫療補助、社會保險、農地補貼、失業津貼、食品券和其他一長串補助，給窮人和不是那麼窮的人。柬埔寨位居全世界最窮的國家行列，政府給國民的是道路、橋梁和水井，最近則試著要提供基本教育和醫療。然而代表國家希望和精神的農人，卻落得完全只能靠自己。

世界經濟在二〇〇八年面臨危機時，森朗西提出一個對他而言較為溫和的建議。他在信裡要求洪森推行五億美元的振興方案，接濟數千名失業的柬埔寨人。政府嗤之以鼻，表示：「森朗西應該能夠處理這件事。他是國會議員。」換句話說，政府的意思是森朗西應該提出法案，而後占多數的柬埔寨人民黨會加以否決。當亞洲開發銀行分析，經濟危機使得兩百萬人民落入更窮的境地，洪森卻說森朗西的想法「不合邏輯，他是反對黨的邏輯。」

「我的想法是，只代表我而已，首先我們需要一個強大的農民組織」來遊說政府，基善表示。緬甸、泰國和越南全都有稻農協會。「今天的農民有土地，但是欠缺貸款。農民提供勞力和技術，所以國家必須以低利貸款來支持他們。如今他們把這件事放手給私部門，而私人借貸方收取農民一年四五％到六〇％的利率。我還有另一個想法曾經在會議裡提出過」，卻沒有收到明顯的成效，「是聚焦支持新企業，貸款給碾米協會，讓他們去買新碾米機。」這個想法同樣碰壁了。基善說，實際上發生的是每年「社區和國家層級間存在差異說法。在社區層級，人們談論他們沒有足夠食物的情形；在國家層級，他們仍然說稻米生產過剩，還有多的可以賣給越南和泰國。」

百萬人民長期缺糧

二〇〇九年，政府宣告當年度有兩百五十萬噸稻米過剩，將賣給越南、泰國和其他有意願的買主——使數千名柬埔寨人感到詫異，不知要從哪裡得到他們生存所需的稻米。賈雍（Cha Veun）就是其中之一，她住在架高的木平台上，約莫是八乘八呎（約一．八坪）那麼大，周圍沒有牆壁。她說自己一天能賺兩千五百元柬埔寨幣，大約是五十美分。她居住的磅士告村鄰近越南邊界，村民製作陶土鍋拿去市場賣。而賈雍做的陶鍋恰好是她現狀的隱喻。她的陶鍋是烹飪用的迷你版，她解釋說，也就是玩具。她在那兒住了一輩子，卻沒有一塊土地，只能幫忙其他村民下田。「但是我賺的錢不夠買吃的。」政府可曾幫助她？「還沒有過。我想要他們幫我脫離這麼窮的狀況，但是沒有發生。而且我沒有足夠的食物吃。」

聯合國世界糧食計畫署駐柬辦公室負責人馬傑里觀察，「這裡許多人認為『糧食安全』就是指儲備量，他們想成總產量。但是『**糧食獲取**』**才是最大的問題**。事實上是個巨大的問題，一百四十萬至一百五十萬人長期缺糧。」意思是說他們吃的食物量不足以供應一天兩千卡路里。政府領導人在知情的狀況下賣掉許多米，然後把收益放進口袋；他們還要求亞洲開發銀行捐米給窮人。「柬埔寨的糧食安全疑慮，不在於國家能否生產餵養全民的充足食物」，亞洲開發銀行駐柬主任高斯瓦米（Arjun Goswami）分析，「如今他們已經做得到，並且行之有年。疑慮在於是否」這個國家的人民得以取用綽綽有餘的食糧。

米一袋袋堆積在卡車和船上等待運出口的同時，亞洲開發銀行宣告「前所未有的糧食安全緊急狀態」，提出預算達三千八百萬美元的「緊急糧食援助」——他們將購置價值三千八百萬美元的米，就是淡榮村民控訴從未拿到的那些米。

第十一章

賄賂教育從小扎根

老師向學生索賄

假使如同許多專家所宣稱「教育是柬埔寨社會的解答」，那麼這個國家已經失去方向。在一項全國調查中，僅有二・六％的柬埔寨學校教師表示，他們給學生的是「高品質教育」。這應該不至於引起訝異。教育在本質上反映出它試圖教化的社會，所以每一種損害這個國家的小奸小惡，也都出沒在學校裡。

每一天，區善阿（Chhith Sam Ath）的兩名年幼孩子出門上小學之前，她會給他們一人一小筆錢。孩子踏入教室那一刻，就會把錢遞給老師。所有學生也都這麼做，一個接著一個。**未能每天繳錢的學生可能會得到壞成績，有些學校還趕他們回家，或是強迫孩子在牆角罰站，直到放學。**

上萬戶貧窮家庭不讓小孩上學，就是因為他們無法負擔賄金。**在柬埔寨，學校從來就不屬於義務教育**，所以**這些孩子最終可能在稻田工作，或者被父母帶往泰國乞討**。國際勞工組織估計，年齡介於七歲到十五歲間的柬埔寨兒童，有三八％至少從事兼職工作。「我們在餐廳看到他們，也有孩子推著推車，在街上賣東西；有的在磚塊廠工作，或在垃圾堆裡翻撿。」全國教師工會會長龍區恆（Rong Chhum）描述。另外有些孩童在鄰國行乞或賣淫。「許多孩子沒受過半點教育。」就這樣，下一代也陷入了失落迷惘。

問題不僅存在未就學兒童身上，對那些選擇教育的孩子，「你去學校，然後學會如何賄賂他人。」區善阿搖著頭說，他擔任一個非營利協會的會長。相對的，教師也得把部分賄金上繳校長。「到了月底，我們必須繳兩千五百至五千柬埔寨幣給校長。」龍區恆說。金額換算介於五十分至一・二美元間。校長則把部分得來的錢繼續往上傳給教育部的地方辦公室，一項非政府組織報告稱之為「疏通費」，教育部會在發薪給學校和釋出其他國家基金前收取❶。

這些收費和酬金全都難以追蹤。所有的政府薪資和款項均以現金交易，沒有留下紀錄。「政府裡的每個人都用現金付款」，愛喜利達銀行總裁英嘉尼表示：事實上，「七七%的經濟活動倚賴現金。」更有甚者，那份美國國際開發總署的貪汙調查報告指出：「評估小組詢問國家預算，得到的描述是不存在，或甚至更加嘲弄的言詞。」少了預算，就無法追究責任。

教師收取賄金是柬埔寨報紙的長青標題。二〇〇九年十月二十七日，《金邊郵報》報導經濟危機迫使教師將收取的賄金漲成兩倍。「十二歲的翁邦南（Oung Bunoun）在吐斯威（Tuol Svay Prey）學校就讀三年級，他說學生必須繳錢給老師；如果不繳的話，就會得到比較低的成績。」郵報寫道。「一位拒絕透露姓名的教師，來自金邊安紐伐（Anuvath）小學，她表示每週一必須向學生收款，因為光憑薪水她無法養活一家人。『不只有我向他們收錢，其他老師也這麼做。』她說，『既然如此，我為什麼不可以收？』金邊市立教育部門會長謝契（Chea Cheat）承認他們允許教師向學生收錢，但是表示會採取行動，反制強迫學生付超過五百柬埔寨幣的學校。」甚至連教育部長尹賽迪（Im Sethy）都認為賄賂是生活中無可避免的事實。

❶好幾個非政府組織聯合起來，組成「乾淨」聯盟，致力於打擊貪汙。聯盟在二〇〇六年十一月發表〈地方公共服務：表現與暗盤費用〉，報告裡提到校長必須付上層「疏通費」。

「我們的政策是減少違法行為，不過假使你看看這些人的生活環境，這是可以理解的。」他用一種就事論事的語調說。

由於收取賄金、貧窮和其他原因，這個國家五至六歲的孩童裡，有一五%至二〇%從未就學。因為統計數字分歧，實際比率很可能更高。而那些有上學的孩子，「平均班級規模是七十五至八十名學生」，教育部長說。「這讓老師很難教。」

「第一年過後，其中已有一〇%輟學。」聯合國教科文組織金邊辦公室主任金奈（Teruo Jinnai）表示。「隔年又是一〇%。到他們讀完六年級[2]時，班上有半數的孩子不見了。」僅有低於一三%的人就讀高中，更少人畢業。大約三%的人繼續念大學。

鄉間地區的比率遠低於此。「我認為只有一半的人去上學。」位於越南邊境西邊的磅士告村長木寧說。「村裡的學校最高到六年級。少數幾個繼續升學的孩子，要走到兩公里以外的學校去求學。」

菩薩省的淡榮村長柯刻重說：「今年有五〇%的孩子去念一年級。只有兩個人讀高中，而且他們大概會在九年級[3]後輟學。」那之後的公共教育就不再免費了。

用錢買考試答案和文憑

少數念到高中的學生，如今精通賄賂的藝術，他們學會如何買到文憑。高中教師會把考試答案賣給學生，也願意收費去更動成績或掩飾缺席紀錄。每年夏天的期末考，這一切狀況到達巔峰。「就像戰場一樣」，教育部長尹賽迪形容。

在教室裡，學生團結合作。他們匯集資金，一人繳兩、三美元，在老師帶著期末考卷走進教室時拿給他。如果他收下賄金，一名學生就會影印標準答案，發給所有幫忙出錢的人。假使老師不願攬和進來，那麼學校外還有街頭小販，他們擺出摺疊桌販賣答案卡，來源不明。影印店為大都會以外的學校開設衛星服務，而每一年報紙都會刊出學生圍繞在小販旁的照片。二〇〇九年，《柬埔寨日報》引述十六歲的康嘉那（Kanhchana）的話：「如果老師不願意收錢，考試期間對我們來說就會很難熬。」另一位學生南瑟里（Nhan Theary）補充：「我們做任何事都可以靠自己，但是成績就不會那麼好了。」

教師工會會長龍區恆年年發出警告：別讓學生作弊！這顯得違反常理，因為正是他的會員——老師們——助長了作弊行為。不過工會的立場是，教師月薪僅有四十五美元，由於薪資太低了，會員別無選擇只能拿錢。

每一年，尹賽迪要求內政部和軍隊派遣大批軍警去學校，有時他們會驅趕架起摺疊桌販售答案卡的小販，也有些時候他們把目光移開。「年復一年，我們試圖讓情況變好。」尹賽迪表示。「舉例來說，今年我下令學校的影印中心拉下鐵門，我們也把桌子分散開來」，這樣學生就不能傳遞標準答案。然而龍區恆的看法不同，「學生付錢給警察。今年跟去年一樣，還是有很多人作弊。」他說，這導致「**七五%的公立學校學生，沒有獲得對就讀科目的基本認知，就**

❷ 譯註：六年級等同於國中一年級。
❸ 譯註：九年級等同於高中一年級。

在教育系統中繼續升級。」他的眼神堅定，以一種悲觀的必然語氣說。「大多數學生似乎一無所知。」

申請醫學院的學生證實了這一點。二〇〇八年，一千八百名學生接受入學考試，答對半數以上才能通過，最後僅有三百六十九人做到。學生群聚抗議，放聲吼叫直到醫學院心軟，表示答對二五%就能入學，讓另外五百零七名學生列入通過名單。即便如此，一路靠著作弊和行賄讀書升級的應試者中，仍有超過半數無法答對四分之一的問題。

在柬埔寨國家管理學院，「我們以前要求交畢業論文」，副院長本索恩（Seng Bunthoeun）說。「但是學生會直接照抄舊案例。他們作弊，所以我們就廢除了。」如同他們的先祖，學生們順利畢業，但是所知不多——如果有學習到任何東西的話。

讀書是為了當官收賄

一八六三年諾羅敦國王首次向法國交出國家主權時，占領者發現一個幾近全然不識字的國家。柬埔寨沒有一所學校，僅有那些寺廟開設的課程，在那裡僧侶教孩童認識佛教、口述柬埔寨傳統，或許還有如何閱讀宗教經文。歷史學家論斷，從吳哥時期到二十世紀初，教育體系的進展微不足道。

教育者的主要目的依舊是強化社會階層。歷史學家艾利斯（David Ayres）揭露，佛教徒認為個人無能為力的概念，是這過程裡的中心因素。他寫道：「學生成為公民前，先接受一套系統，教他們把自身看作奴隸，願意接受向較高社會階層的個人順服，是一種必然。」

自幼年起，柬埔寨兒童學到，不應該有個人的志向抱負與渴求，也不能夠擁有個人的特質。僧侶告訴他們，要滿足於現有生活，無論多窮苦卑微。教育「僅僅把孩童從稻田帶開，然後再交還給稻田。」

女孩甚至被教導：只能期望更少，她們也不被允許去寺廟上課；由母親教導她們服從和溫順。沒有什麼比《女人的規矩》（*Chbab Srey*）更能深植這種想法，那是一本描述女人家庭地位的傳統文學著作，以一位母親向女兒說話的形式寫成。有段內容寫道：「親愛的，不管妳丈夫做錯什麼，我跟妳說，要有耐心，什麼都別說……別咒罵，不要扮演敵人。不管他有多窮或多笨，妳不能看輕他……不管丈夫說什麼，儘管是發怒咒罵、無端使用強烈字眼；他抱怨咒罵是因為不開心，妳應該對他有耐心，平息妳的怒氣。」直到二〇〇七年，《女人的規矩》仍屬學校指定讀本；當時婦女事務部長坎莎霞薇成功地說服教育部長，把這本書排除於教材之外。儘管如此，坎莎霞薇知道「在鄉間還是繼續以這本書當教材」。而這個國家有超過八〇%的民眾住在鄉間。

進入二十世紀初，柬埔寨沒有一所初中、高中或大學。法國人在一九三〇年代建立第一批高中和初中，全都位於金邊。但是，法國占領者對於為了更好的柬埔寨社會而教育下一代並不感興趣。不，這些孩子受訓的目的是成為法國殖民政府裡的行政官員。以柬埔寨標準來說，政府雇員的薪水優於一般水準。年輕官僚仍然過得比他人優渥，而且立即發現自己身處大量貪汙金流中。還能有比這更好的工作嗎？

一九六〇年代，西哈努克國王開始興建更多學校，即便國內幾乎無人受過教育，或是有能力當老師。蓋學校的確有個附加好處：柬埔寨歷史上第一次，政府得以涉入村落的生活。然而，缺乏受過教育老師的問題，在往後數十年仍未能解決。

二〇〇八年，聯合國兒童基金會辦公室主任坂井スオミ[4]解釋，何以一個孩子平均要花上十年來念完小學。「教師訓練是原因之一，有些鄉間的老師教育程度不比小學三年級生來得好。」一九五〇年代中期有辦法讀完小學的孩童，六十人裡不到一人；三千名孩童裡，僅有一名升上高中。

即使新學校亂成一團，西哈努克決心建立大學體系。第一所技術大學在一九六四年成立，主要任務是傳授農學以及農業相關技術。但是學生不買單。在這所技術大學的一千三百名學生中，超過九〇%主修文科，這些課才能讓他們在政府裡找到荷包滿滿的工作。他們想要當現代官僚，相對僅有一百一十七人讀農學。西哈努克感到震驚：「學生必須謀取不同種類的職業。然而遺憾的是，每個人都想當走紅地毯的明星。」他再次警告，政府裡沒有那麼多職缺，不能僱用每一個人。學生漠視他的話，結果大部分的畢業生長期失業。

不過，法國人已經建構了小學和初中教育體系，用以訓練柬埔寨人替政府服務。西哈努克提倡改革，但那一天從未到來。近五十年後，婦女事務部長坎莎霞薇在二〇〇九年指出：「**每一個柬埔寨人始終懷抱著進政府工作的夢想，因為官員能賺大把銀子。**」她微笑補充，並且動動手指，做出暗示貪汙的手勢。「現在非常少人能夠受政府聘僱，但仍然是人們的夢想。其他領域（如電機、農業、科技）都不是受歡迎的學科。」更嚴重的是，「一大票家長不喜歡看到小孩在這些政府以外的領域工作。」

學生仍舊如此一心一意想當官，當局沒有太多選擇，又建立一所國家管理學院。二〇〇四年管理學院以今日的樣貌成立後，立即成為柬埔寨大學體系中最受歡迎的一所。「我們有一萬五千名學生，而且是至今最受歡迎的主修課程。」副院長本索恩表示，「我們教學生法律、經濟、歷史、英文、普通文化，但是學生不喜歡與管理無關的科目。」他補充，通常「是因為父母逼他們這樣。他們想要到政府單位工作，然而各部會一年只收大約三十名畢業生。」所以，該校的畢業生僅有約一〇%能找到工作。「我試著幫助他們」，不過他跟西哈努克時期的大學院長們面臨到同樣的問題。

貪汙滲透校園

宋桑在金邊北方的磅通省教初中學生社會科，他教的內容包括民主、人權……和貪汙。這讓他遇到了麻煩。「我用很短的時間來談論貪汙」，他往前用力遞出一本破碎的平裝教科書。「全部都在這裡」，他用食指急切地敲那本書。「但是，我以社區中真實的貪汙案例來解釋。例如，考試期間學生得付老師錢以求及格。他們得付錢才能在考試時作弊。」

校長不知從哪裡聽說了這件事，向地區辦公室舉報宋桑。一位官員指控他的「不專業行為」，命令他轉調至省裡偏遠的學校。宋桑拒絕轉調，而教師協會在磅通組織大型示威抗議，

❹ 譯註：英文名為Suomi Sakai，有些日本人的名字會保留部分的平假名或片假名，而不是全漢字。

另外有一場在金邊的教育部門外。宋桑也擔任柬埔寨獨立教師協會的地方代表。他提出訴求，而在訴求經審查期間暫不轉調。

坐在教師工會磅通辦公室外頭的院子裡，宋桑的穿著看起來像個專業人士：條紋白上衣的領尖縫有鈕扣，衣服下襬不塞進褲頭，以及一條黑色長褲。宋桑時而激動不安、憤怒、揮舞雙臂，時而警覺地瞇起雙眼外加傾身向前，表現得像是他覺得有必要做出肢體動作，話語才能傳達意義。學校是怎麼得知他在教室裡教什麼的？「校長偷偷跑來聽我上課」，他搖搖食指說。「他知道我是柬埔寨獨立教師協會的會長」，也就是教師工會。「我發動一場關於學校預算和薪資支出的辯論」，無可避免地點出了回扣和貪汙，「所以校長對我不太高興。」一位日後要接任校長的老師，他一定得給高層報酬。而老師們得給這個人錢，或是買吃的和啤酒。我沒有給他錢，所以他舉報我。這件事又加上我質疑學校預算的事。」

校長德欽先（Te Kim Sien）全然否認。「宋桑做錯事，而且濫用他的職業地位。」他在光線黯淡的辦公室裡說，空間有學校儲藏室的兩倍大。（跟大多數學校一樣，這裡也沒有電力。）他穿一件粉色T恤，表情凝重。「我不會允許他在這裡繼續攪亂。」他繼續說著：「我們這裡沒有販賣考試答案。在巴萊區，我從沒聽說過為了考試給錢的事。」坐在校長身旁的年輕老師坎芳塔（Keng Vantaa），他自行補充且提供一個反駁宋桑的例證：「我們不須付錢來取得職位。這裡的老師對升遷沒多大興趣。我們喜歡教書，所以沒必要付誰錢。」當校長和他的朋友堅稱學校完全不受貪汙所染，在描述學校體系的底層時，他們展露了些許遲疑。為了說明，他們指向一棟新建的單層樓教室。

二〇〇八年夏天，柬埔寨再度舉辦大選，而這次洪森使出他在過往選舉用過的所有招數，有些上得了檯面，有些見不得光。他贏得絕對多數，不需要聯合執政的夥伴。（最近他成功改制法律，執政黨只須贏得五〇%的選票，而不再是原本的三分之二。）拉那烈已經從政府退休，改在皇宮任職❺。森朗西則成為尖銳聒噪的反對黨領袖，除了抱怨以外，無法引發實質作為。

選舉期間，洪森答應替德欽先的學校蓋一棟新樓，可容納十二間教室和一個接待大廳。投票日那天大樓仍在興建中，待用的成堆木材擱在一旁。然而，在宋桑執教的巴萊區，多數選民投給森朗西黨。大選隔天，工人把所有木材運走。「全部的建設材料都在晚上被搬走，之後拿去拍賣。」宋桑當時說。「我認為柬埔寨人民黨為此花很多錢，而當他們沒有得到選票，他們就懷恨在心。」這段插曲演變成新聞媒體的負面關注，而工人最終回來了——帶著新的下一步指令。坎芳塔描述，「大選後，搬走所有給學校用的木材之後，他們蓋了一棟新樓，但是因為鋼筋過於劣質，無法撐起原本要建的兩層樓。所以我們就得到這個。」他指著小小的單層建物，裡頭有兩、三間教室；對於缺乏上課空間這件事幫助不大。

❺事實上，奉辛比克黨在二〇〇六年發現拉那烈想要離境，他為此把黨中央總部賣給開發商，私藏得款，因此將他除名。其後，法院以詐欺罪名起訴拉那烈，在他缺席之下定罪，判處十八個月徒刑。但是柬埔寨法庭的判決可以受操控，洪森決定原諒拉那烈，所以他回到柬埔寨，並且離開政治圈。

教師蹺課兼差，校長唯利是圖

學校的老師也太少，類同於全國多數學校，大部分老師兼職上課。他們早早離開，縮減上課時間或是乾脆蹺過一堂課，這樣才能兼第二份工作。國中和高中理應從早上七點上到十一點，再從下午兩點上到四點四十分；但是「那天有五名老師提早離開，因為他們在某個非政府組織有工作。」宋桑說。他們沒有出席下午的課。校長低調處理這個問題：「大多數老師的妻子都有工作。」他斷言，「不過，例如有些人開雜貨店，他們就早點離開回去顧店。」

這個問題愈演愈烈，因為金邊下令勸阻老師向學生收賄。「於是我們允許他們下課後工作，例如幫學生補習。」尹賽迪在二〇〇八年表示，當時他擔任副教育部長。「我們鼓勵老師自行解決問題。」所以老師開始下課後兼差，很快演變成上課時間的工作，包括付費補習——也就等於繼續向學生收賄。

對於宋桑控訴的一切，德欽先校長可能無辜，但是全國學校的校長通常被視為問題的一環——像政府裡每個人那樣貪汙且自私自利。許多人付錢給長官獲得任命，所以他們覺得有資格拿回補償。

在磅通省的另一區，法善底（Phat Sanday）國中的老師控訴校長付薪給不存在的教員，無異是遵循柬埔寨的神聖傳統。校長聽到抱怨後，他扣押兩個月的加班薪資（很可能留給自己），而這筆錢屬於抱怨的七名教師。

在東南方的波羅勉省，教師協會指出尼留（Neak Leung）國中的校長在他緊鄰學校的自宅建圍籬，延伸至校有地，霸占超過一百二十五平方碼（約三十二坪）的土地。校長宣稱他是在試著保護土地，以免遭到「霸占土地的村民」染指。而波羅勉省督學慧蘇法（Hoem Sophal）則提出輕浮的解釋，他宣稱老師也「涉入」校長的霸占土地行為，但並沒有解釋如何涉入。不管怎樣，慧蘇法不太尊敬老師，幾個月前他們控訴慧蘇法抽取教師的部分薪資。慧蘇法是這麼解釋的：他現在自願擔任僧侶，所以不能回應指控，「直到我不再當僧侶」。由於上述種種情事，對大多數老師而言，教育一直是個乏味的職業。

師資嚴重匱乏

戴索辛（Kdep Sokhin）是個英俊的年輕小伙子，他是留在學校念到十二年級❻的少數另類之一，然後進教師學院讀了兩年。畢業後，他開始在磅通省西邊一間不大的小學工作，月薪四十八美元。在一個夏日午後，教室裡有十九名孩童，七個女生和十二個男生，全都是十一歲或十二歲；課桌上有一代又一代小孩的塗鴉、刻字或汙損痕跡。他們身穿樣式簡單的制服，黑褲子和素白襯衫。女孩的衣領有裝飾性的小小白色曲線，偽裝成制式服裝。

整間教室僅有窗戶發光，這間學校同樣沒有電。兩罐清水擺在門旁的桌上，罐子上印的字母告訴每個人，捐贈者是聯合國兒童基金會。二〇〇三年，聯合國兒童基金會也建造了教室外

❻ 譯註：在美國學制是指高中的第四年。

後方的廁所，有個大牌子寫明這件事。如今廁所都已破損，成為蜘蛛結網的棲所；新廁所是位在那旁邊的公共溝渠。這塊小校地僅存的空間，是作為餐廳的空蕩水泥穿堂。兩個灶坑各由三塊石頭疊起，撐起生鏽的爐柵。

教室裡，戴索辛在黑板上講解長除法，對孩童說話時面帶微笑。他也穿著白上衣和墨黑長褲，不過膝蓋後方的褶痕填滿黃色塵土。他二十六歲，在這裡執教四年了。「教書不怎麼有趣」，下課後他這麼說，笑容仍然固著在臉上。「跟孩子相處很容易，但是憑這份薪水不好過活，也沒錢替我的機車加油。這裡只有兩名老師，負責教一百四十三名一到五年級的學生。」

然而當天他的教室坐不到半滿。「好多人缺席。有些孩子跟著父親到泰國的農

26歲的學校老師戴索辛擔心，不久後他就得一個人教全校143名學生。

田裡耕作。」一項教師工會調查顯示，那年全國有五四%的老師表示，他們並沒有按時上課，並且「不理睬學生」。這些老師怪罪政府造成這般教學態度，因為他們的薪水不夠用。但是對戴索辛而言，學校裡的另一位老師是更大的問題。「他想要轉到另一所學校，離他家近。如果他離開的話，這裡就只有我了。我不知道要從哪裡找來另一位老師。」最可能的狀況是，戴索辛得自己帶一百四十三名學生。

令人憂心的教育前景

二〇〇九年，世界銀行發表一項關於教育和競爭力的特殊多冊報告，字裡行間憂心忡忡，正附和了數十年來在捐贈團體與國家領導人之間反覆迴盪的疑慮。報告指出，**除非「改革教育體系」，否則柬埔寨將無法成長**。要是勞動人口持續缺乏技術、鮮少受過教育，柬埔寨會一直是亞洲「最大的落後者」。一年前，共和黨國際事務協會對柬埔寨民眾進行調查，受訪者中有一七%說他們未受過教育，其他四九%只上過一或兩年小學；這就代表了在二〇〇八年有三分之二的民眾勉強能識字。民意調查人員與全國兩千位民眾面對面談話，表示調查結果有上下二・八%的誤差率。世界銀行報告的結論是：假使柬埔寨人希望國家變得富裕繁榮、足以趕上鄰國的話，教育一定得改變。民意調查的其他數字似乎證實了這一點。接近八〇%的受訪者說，他們的月收入少於一百美元。半數柬埔寨人的月收入少於五十美元，相等於年收入不到六百美元。

接著在二〇一〇年初，政府給了一個勉強算數的解答。一項新的國家策略發展計畫延遲了各項教育目標，諸如大學入學人數和識字率。二〇〇六年發表的前一份計畫不切實際，目標包括到二〇一〇年應有七五％的學生讀完小學和國中。然而到了二〇一〇年一月一日，全國僅有約三〇％的學生完成國中註冊，數字與二〇〇六年差距微小。所以政府修正目標——改成到二〇一三年要有五一％。類似的情況是前一份計畫承諾，居住在所謂「偏遠」鄉間的孩童，二〇一〇年要至少有半數讀小學。好吧，已經是二〇一〇年了，而政府離這個目標差得遠多了。於是國家有了新目標：到二〇一三年，要有二二％住在偏遠地區的孩子去上學。

一九九〇年代，羅德利是美國駐柬副大使。當時距離聯合國占領行動僅隔數年，「我聽說這個國家的教育體系有許多值得擔憂的地方」，她表示，「人們常談到學校裡的貪汙，我感到震驚，而且對中產階級來說是真的、真的很煩惱。」二〇〇八年，她回到柬埔寨擔任大使，很快察覺到改變。憤怒已逐漸退去，事實上是消失了。人們不再心煩意亂，現在只顯得意志消沉。「他們不再談論教育，現狀會一直維持下去。」

第十二章

不存在的人權與社會正義

林沙潤之死

二十七歲的林沙潤（Leang Saroeun）不太喜歡他的工作。他替柬埔寨軍隊的陸軍中校歐本山（Ou Bunthan）工作，駐紮在菩薩省。中校僱用林沙潤和他二十二歲的妻子蕾婷（Let Ting）砍伐木材，也幫忙家務。然而他們接下工作、搬進中校土地上的小屋後不久，歐本山就告訴他們，這份工作涵蓋另一個危險層面。

警告林沙潤不能向任何人透露後，歐本山命令他私運瀕危物種，賣到中國和其他地方。二〇〇九年七月盜獵者在國家森林保護地捕到穿山甲，中校派林沙潤去取。穿山甲又稱為有鱗片的食蟻獸，面臨絕種危機，在柬埔寨和世界上大部分的地區獵捕均屬違法。穿山甲原生於東南亞，有些人將這種大型動物暱稱為「走動的松果」。牠的鱗片和爪子有如剃刀般銳利，會爬樹，包括尾巴的身軀可長至六呎。

林沙潤把這隻幼禽塞進包包裡，綁在機車後頭，朝著中校家騎去。然而穿山甲在路上抓破了袋子，跳下車，奔逃回樹林。林沙潤緊急停下，輪胎摩擦路面發出尖銳煞車聲；他跟在穿山甲後頭跑，不過那時是晚上。他在黑暗中絕望地追著穿山甲，找了好幾個小時，終於放棄回家。他打給老闆報告這個壞消息，歐本山勃然大怒。「他指控我先生把穿山甲賣給別人了。」蕾婷說。一隻活的穿山甲價值數百美元。「他告訴中校他沒有賣掉穿山甲，牠跑進樹林了。」中校並未息怒。隔天早上歐本山打來，他用冷冰冰的聲音傳喚林沙潤到離家二十碼遠處。蕾婷留在家裡，但是幾分鐘過後她聽到丈夫尖叫，於是跑出去看發生什麼事了。「他著火了，全身到處都是。他一路跑，跳進蓄水池。他爬出來，走到路上，然後腳下一滑就往下跌。他爬不起來。他再也不能走路了。」蕾婷哭著跑向他，一名當地警察路過停下來，因為「可憐我們，他載我們去醫院」。在那裡，林沙潤告訴他太太事情的經過。「我丈夫告訴我，有人往他身上潑灑汽油，然後用打火機點燃。我丈夫沒辦法逃走，那個男人用手槍指著他，要是跑了會被槍殺。」

接下來幾天，林沙潤從一家醫院轉到另一家，但最後還是死了。其中一家醫院的護士宋莎雅（Ek Sonsathya）說，他全身有八〇%遭到燒傷。「他像是一塊烤魚一樣被火燒」，林沙潤的哥哥馬納林（Map Narin）形容。

當地人權工作者傑塞里（Ngeth Theary）拍下林沙潤遭到燒傷的照片。從照片裡看到，有些許衣服燒融在他焦黑的皮膚上。他臉上大部分地方是焦黑的，膠著在一種痛苦加上驚恐的可怕表情中。

極端暴力行為的成因

柬埔寨人是矛盾的民族，通常被動、安靜、不具威脅，但是也能做出極端的暴力和野蠻行為。他們的歷史和宗教教導他們「別去展現極端行為」，負責柬埔寨文獻中心的裕昌觀察。該中心專門蒐集赤柬時代的紀錄。「因為他們把情緒藏起來這麼久，當他們真的訴諸暴力時，就會變得非常情緒化，導致做出極端的暴力行為。」

婦女事務部長坎莎霞薇也是一名醫生，她提供一個臨床案例：「我認為許多人在潛意識藏了太多東西。你看到一個人，外表十分正常，接著下一個小時，眼看著他轉變成為一個殺手。」坎莎霞薇和其他人指出，這部分來自於社會上很常見的創傷後壓力症候群，極端的憤怒和突發暴力行為是普遍的症狀。但是原因還有更多。

專家發現，柬埔寨文化裡不可能接受有損名譽的事。一九九〇年代中期，一隊瑞典人類學家前來研究柬埔寨社會，得到這個結論。他們指出柬埔寨人與多數亞洲人一樣，鮮少有事物比維護面子、保有個人尊嚴更重要。然而，「卻不存在協調相反意見的文化傳統，或甚至是接受反對意見的存在。」瑞典人寫在他們的著作《每個家都是一座島》（*Every Home an Island*）裡。這代表了一旦發生爭論，有一方必定會喪失面子。「所以當高棉男子訴諸暴力行為——年輕人組成的幫派，或是丈夫痛打妻子，幾乎都會致人於死地。」他們是「無能為力的人們，出於受挫而行動，因為**他們的『文化傳承』對於受辱的情況沒有提供其他出路**。在多數案例中，暴力行為比喪失顏面更可取。」

比利時人詹納（Raoul-Marc Jennar）替聯合國在柬埔寨工作多年，他論斷「殺戮天天發生，是否認不同意見的必然結果，幾近直接反應。」實際上，以詹納的邏輯來說，**殺人是消去不同意見的必然手法**。前大使昆恩也發現這樣的人格特質十分顯著，他表示，「我們美國人提倡**和解的藝術**，但這裡不是。那從來就不是柬埔寨人性格的一部分。」

臨床醫生發現，柬埔寨人的行為和心理狀態具有驚人的一致性。「柬埔寨令人嘆為觀止」，心理學家瑞切特說，他在加州聖荷西與柬埔寨治療柬埔寨人。「不像其他許多國家，這裡的病患人口中不存在多樣性。只有一個故事；問任何一個人，你會得到很相似的故事。雖然我不會這麼做，但是我甚至可以在見到病患之前就寫好紀錄。他們都有嚴重的憂鬱症，他們酗酒。我問女性是否曾被強暴，每個人都說沒有。我向一位社會工作者說：『太驚人了，她們沒有一個人曾被強暴。』她告訴我，她們全都被強暴過，但是不想跟男性坦承這件事。」

法庭為虎作倀

社會上大部分的爭議可以在法庭得到解決，但在柬埔寨可不然。林沙潤的死證明了這一點，他的事被寫進幾則新聞報導裡，不是長篇大論或主要版面，只是一長串持續增加的不公不義、悲慘遭遇和死亡事件的其中一段插曲。然而當記者問菩薩省檢察長詹沙瑞福（Top Chan Sereyvudth）打算怎麼做，檢察長回答他在等警察的報告，看過之後才能斟酌這件案子；他還補充：「但是說歐本山燒死林沙潤實屬誹謗。」❶他甚至還沒看過警察報告，怎麼會事先知情呢？答案是：詹沙瑞福是柬埔寨不公義的代表人物。

詹沙瑞福是小個子男人，身高差不多五呎四（約一百六十公分），下巴有點細毛，有些人或許會誤認成鬍渣。幾個月前透過官僚運作，他成功地把一起案件從位於國土另一端的班迭棉吉省轉到自己庭上。這起案件牽涉到四位村民對某塊土地的所有權紛爭，而村民們爭論的對象正是詹沙瑞福本人；要是贏了這起案件，他將會得到五畝地。把這起案件轉到自己的法庭果真帶

❶《柬埔寨日報》於二〇〇九年二月十四日刊登詹沙瑞福的文章；《金邊郵報》則於同年六月三十日刊出。

來方便，他迅速把那幾個好發議論的村民關進牢裡。考量到法庭為貪汙瀆職和普遍不公所糾纏，如果菩薩省政委會主席采沙銳沒有介入的話，一般而言這就是事情的結局了。

詹沙瑞福搞鬼的時候，采沙銳正好不在城裡；然而有些從班迭棉吉省來的受害者親友開始在市中心喧鬧示威時，采沙銳聽說了這件事。「我剛剛得知街上有些憤怒的民眾」，政委會主席說，「我人在一百公里外。這起案件愈鬧愈大，我想：『如果不阻止他們，洪森遲早會聽說。』我告訴警方：『先別輕舉妄動。』」采沙銳急忙趕回去，把抗議民眾叫進辦公室，聽聽他們的說法，而後命令警方確保他們的安危。他說，以防有人下令以手榴彈攻擊這群人，「然後他們會怪罪政府虐待自己的人民。」數天後，這起案件送往審判。

省高層的疑慮如今廣為周知，而主審法官英寶霞釋放了那四位村民。詢問原因時，他謹慎地說：「法庭做出決定，這起案件發生於班迭棉吉省，不在我們的管轄範圍內。所以我以法規第兩百九十條下令轉回班迭棉吉省。」

不甘到手的肥肉飛走，詹沙瑞福向《柬埔寨日報》記者說，他將案件提請上訴，並且要求法庭留待上訴結果再釋放那四位村民。（結果太遲了，他們已經被釋放回家。）不過當記者問到他在糾紛中得到的五畝地時，檢察長斷然掛掉電話。

因為跟詹沙瑞福這種人同在一個法庭，詢問英寶霞法官有關林沙潤的死亡事件時，他停頓了一會兒，最後說：「這起案件，依我的觀點來看，受害者不應尋求任何政府主管機關的協助。」他表示，蕾婷的唯一選項是「去找非政府組織幫忙」。

我在詹沙瑞福的辦公室外頭走向他，表示我想要跟他談土地案和林沙潤事件，他回說他有個緊急約會，衝進車裡並甩上車門；司機開得飛快送走他。

在此同時，司法部長昂翁瓦塔納（Ang Vong Vattana）怒氣漸長，畢竟是他准許了檢察長移送案件的請求。部長心想，什麼時候輪到一個政委會主席在他的法庭裡興風作浪？「司法部長問我為什麼要涉入這件事」，省政委會主席采沙銳輕搖著頭回憶。「我告訴他：『這個問題從班迭棉吉省來到我這裡，是這樣的，如果有人吐在你腿上，你得做出回應。所以我出手管這件事。』我尊敬這些人，即使他們來自班迭棉吉省。他們來之前我沒聽說過這起案件，是檢察長把案件帶來我這兒的。」

那麼，為什麼發生這些事以後，詹沙瑞福還是穩坐菩薩省檢察長的位置？政委會主席說他也在問同樣的問題，「為什麼真正涉入整起案件的這一位檢察長，沒有得到任何懲罰，沒有任何針對他的措施發生？我還是在想到底為什麼。如果你想知道更多，我建議你找司法部長談談。」

數天後，司法部長昂翁瓦塔納大搖大擺地走進他金邊辦公室的接待室，坐上屋裡其中一張繪有金色葉子、由棕色天鵝絨包覆的典雅椅子。他是個禿頭的高個兒，戴金邊眼鏡，穿灰色西裝，並且擺出不耐煩的表情。「你想要什麼？」

我問他關於將土地案移送詹沙瑞福的法庭的事，部長用一種國王的口吻回答：「我有權移送案件，所以我移送它。」

但是檢察長不是在這起案件裡有私人利益嗎？

「人們說他有，但是沒有人給我看過證據。」

好。那麼，同一位檢察官在還沒看過警察報告前，就宣告歐本山案件有罪或無罪，這麼做合宜嗎？有一陣子，部長只是緊閉嘴唇、瞇起眼睛直瞪著我。聽到我的追問後，他站起來，快步走出房外，嘴裡喃喃念著：「你在浪費我的時間。」

蕾婷的丈夫死於燒傷時，她已經懷孕六個月了。我找她談話時的前一天他才剛火化。蕾婷很悲傷，但是她沒有哭。

中校把她趕出他的土地，她沒有選擇，只好搬回之前住的「房子」——僅僅是一個離地一呎至兩呎高的平台，有傾斜的棕櫚葉搭蓋的屋頂，沒有牆。竹竿支撐起的塑膠防水布充當門廊，那就是她丈夫嚥下最後一口氣的地方。醫院不能為他做任何事之後，她只好帶丈夫回家等死。她家裡看不到什麼財物，他們擁有的一切財

一名軍官燒死蕾婷（右）的丈夫後，22歲的她成為寡婦。

產還在中校土地上的小屋裡，不過蕾婷說她害怕回去。入夜了，鄰居們拿吃的來；一位中年婦女用木柴升火烤魚，鍋子架在三塊石頭上。「我們那份工作能賺五萬柬埔寨幣」，月薪約等於十二‧五美元，她自告奮勇應聘。「現在，我不知道我接下來要做什麼。」

潑酸和強暴是家常便飯

即便林沙潤慘遭謀殺是件十惡不赦的罪行，跟柬埔寨人每天對彼此犯下的眾多暴虐行為與屠殺擺在一起，燒死一個人並不算什麼。警方平均一週獲報一起潑酸攻擊，通常是妻子企圖把另一個女人毀容，因為懷疑她跟丈夫有染。就典型的案例來說，她會拿電池酸液灑在受害者臉上。攻擊事件增加得太快，以至於有個叫「柬埔寨潑酸倖存者慈善組織」的團體成立，醫治無法從其他地方得到幫助的受害者。二〇〇六年三月至二〇〇九年十二月間，他們幫助超過兩百名受害者，包括許多兒童在內。至於政府那部分，二〇〇二年國民議會拒絕通過法律禁止持有酸液作為武器。一直要到二〇一〇年，政府官員終於意識到全國風行潑酸攻擊，國民議會才組成委員會研討這個議題。

柯水愛（Keo Srey Vy）是其中一名受害者。她的小叔朝她潑硫酸，因為她阻止小叔把自己的小孩賣去當性奴隸；她把這件事告訴《柬埔寨日報》。然而就像多數潑酸受害者，她害怕上街露出嚴重變形的臉，因為「她受夠了柬埔寨文化裡普遍的假設，覺得她一定是犯了什麼錯才會招致這麼重的傷。」報紙寫道。這或許是國民議會拒絕通過那條法律的原因。

同時間，強暴兒童案件已氾濫至稱得上流行病的程度。性侵害幼童變得太過常見，幾乎不再有人對其中一件另眼看待。人權團體表示他們平均每一至二週做一次調查，而在二〇〇九年，全國竟有八〇%的強暴受害者是兒童。接著在二〇一〇年秋天，當年才過了七個月，警方和人權團體已獲報三百起強暴案；孩童占了三分之二，其中不乏年僅四歲的孩子。

人們對於這一類犯罪的震驚情緒已近枯竭，而案件縮減為報紙上「警政速寫」欄位的簡短註記，用沉悶、公式化的單調語言來描述恐怖景象。《金邊郵報》在二〇〇九年一月報導：「兩起強暴兒童案件在週五和週六發生」，地點在「班迭棉吉省。二十八歲的法因波（Phaing Bor）由於強暴一名四歲女童被捕，案件於週六發生在女童祖母家附近。女童的祖母請託嫌疑犯幫她照顧孫女，出自於對這名男子的信任。另一起案件，是週五有個二十個月大的女娃遭到強暴，發生於女娃的媽媽去市場、留她一個人在家時，凶手逃逸。」

就大部分案件而言，假如警方逮捕強暴犯，他們會逼迫犯人拿錢出來跟受害者父母和解；然後警察拿走金額的一部分。二〇〇九年度警方獲報四百六十八起強暴案，比前一年多了二四%，不過他們估計這僅是全部案件的冰山一角。每一個被強暴的女人都知道，警察甚至會在伸手援助前先索取賄金。「如果你有錢，如果你願意付費的話，警察才會開工。」國際特赦組織引述一位年輕受害者父親的話，「但是我們沒有錢。如果你不付錢，那麼警察就無視你的存在。」強暴案的成人受害者也時常遭到忽視。親友認為她們有汙點，是受損物品。這些女人常常得離開原來的家，搬到別的地方。

許多法官和警察一樣積極收賄，畢竟有許多法官付了大把銀子才坐上現在的位子。在美國之音廣播電台一項二〇〇九年的調查報告中，引述法律系學生的說法，他們表示自皇家司法專業學院畢業後，必須付兩萬至三萬美元或更多錢，才能獲得國家法院體系的分派。不過他們同時也了解，日後會從賄款裡「賺」回這筆錢。

菩薩省二十四歲的諾摩（Nov Mal）被控強暴一名住在同社區的十八歲女孩。她說從工作的影音出租店走回家途中，遭到諾摩攻擊。然而諾摩出庭時，法官當庭釋放他。諾摩重獲自由後不久，他騎著摩托車到受害者家。「他騎車經過我家，嘲笑我妹妹跟我。」受害者的哥哥肯悟席（Kem Vuthy）說。受害者擔心生命安危，向柬埔寨人權發展協會的地方辦公室尋求保護。協會的菩薩省辦公室主任傑塞里描述：「現在受害者在我們這裡，受非政府組織的照顧」，過著躲躲藏藏的生活。

審理這起案件的英寶霞法官給了個不太有說服力的理由，解釋他為什麼釋放這名男子。「在這起案件裡，那兩人彼此十分相愛很長一段時間了，不過這是祕密。有些人看到了，那名女孩覺得自己名譽受損，所以她提出控訴。驗傷採證並未發現強暴證據，僅證明她有過性行為。她有朋友在那附近，當朋友看到她時，她大叫：他強暴我！」

戀童癖犯罪溫床

大多數柬埔寨犯罪者沒有足夠的錢收買法官，不過外國人通常有。考量到柬埔寨仍然是來自世界各地戀童癖者喜愛的度假勝地，他們已然構成法庭上的穩定來源。二〇〇三年，政府開始察覺到柬埔寨在國際上戀童癖者間流傳的名聲，於是宣告一項反戀童癖法案。即便如此，**在法院裡，金錢始終能夠擊敗任何政府作為。**

德薩（Philippe Dessart）是四十七歲的比利時人，他性侵一名十三歲的男孩，起初遭到柬埔寨法院判處十八年徒刑。一九九四年，德薩曾因強暴兒童遭到比利時法院定罪，服完刑期後他搬到柬埔寨。當他對柬埔寨法院的判決提請上訴，法院將他的刑期減到僅剩三年，不過法官卻在他服完六個月刑期後，立即釋放他。人權團體大為震驚，「判決等於給了德薩和其他犯罪者誘因去繼續虐待我們的孩子」，法國非政府組織「兒童行動」柬埔寨主任珊林瑟拉（Samleang Seila）警告，「這非常值得擔憂。」

德薩一被釋放出獄，他果然馬上住回受他性侵的男孩家中。很快的，有人看到他在省政府辦公室申請結婚證書；他聲稱有意娶受害者的母親。人權工作者推測，德薩用財富引誘男孩的母親，買一棟房子和一輛機車給他們。

向省警局人口交易組長問起德薩時，他告訴《柬埔寨日報》，他不知道德薩被放出來了；而且在德薩再次對男孩出手前，他拿德薩一點辦法也沒有。不過他承諾會「盯緊他」。

德薩不是單一的例子。有些收買做得太過火，甚至連政府裡的同事都看不下去。賄賂在西哈努克市法庭似乎格外有用，那裡有一名法官判處二十六歲的俄國人比洛夫（Nikita Belov）三年徒刑，由於他虐待三名年紀介於七歲到十三歲的男孩，卻又在兩天後釋放他。「警方費了好大工夫才把他逮捕歸案，但是法院就這麼放了他。」副總理薩肯（Sar Kheng）在關於人口交易的會議裡埋怨。

同一法庭甚至在審判前釋放富涅（John Claude Fornier），這名六十四歲的法國人被控性虐待八歲女童。接著又是這個西哈努克市法庭判處四十三歲的義大利人琴奇尼（Fabio Cencini）

坐牢兩年，由於他性虐待四名女孩和兩名男孩，年齡介於八歲到十四歲間——不過允許他「保釋」出獄。琴奇尼就此失蹤。

然後是卓非莫夫（Alexander Trofimov），另一名俄籍戀童癖者，他性虐待十七歲的年輕女孩，而遭到定罪。一所位於金邊的法庭控訴司法部資深官員，試圖幫卓非莫夫偽造引渡要求，代價是二十五萬美元的賄款；如果得逞，他將獲得釋放。這名官員因為跨越了一條界線惹上麻煩，而不是收賄露出馬腳。偽造引渡要求的過程中，他試圖假造洪森的簽名。至於真名是莫格耶柯夫（Stanislav Molodyakov）的卓非莫夫，最終遭判處十七年徒刑。令人費解的是，二〇一〇年八月時上訴法庭將刑期減少九年，所以再過不到三年他就能申請假釋。

惡劣的司法體系

奧邦洪（Ouk Bounchhoeun）原本是司法部長，卸任之後他當上參議員，成為立法與司法委員會主席。即使身為柬埔寨人民黨的立法者，他發現國家的法院組織情況惡劣不堪，因此展開廣泛調查；他懷抱希望，想說服政府有所行動。

他發現的問題有兩部分：出自法官個人以及系統本身。「法官和檢察官在執法時面臨困難」，奧邦洪描述，因為「有許多他們不了解的技術詞彙。我們也欠缺確保法官不受外力影響的法律或道德規範。」菩薩省的英寶霞法官提出類似的擔憂：「這裡不存在辯論或討論。法律不管用，但是我們從來不討論這一點。我們應該要召開全國會議。」

奧邦洪參議員是那些穿著褐色獵裝的人之一，他的書桌上擺有一面柬埔寨國旗。辦公室裡的每件家具和設備上有個小小的標籤，寫著「可敬的奧邦洪的財產」，包括沙發、資料櫃、電話，甚至是掛在牆上的柬埔寨地圖，像是擔心隨時有人會把所有的東西拿走。他補充：「我們必須嚴肅看待付錢贏得官司這個問題。如果你不付錢，你沒辦法贏；這是我正在注意的議題。有時候不是法官，有時候是中間人在處理文書並收下賄金。」

這次會談的一週前，拉達那基里省的巡迴法院書記官勇當（Yorn Than）向記者坦承，他的老闆，也就是法官，曾要求他向親戚收五百美元，因為這位親戚希望一名年輕男子能被釋放出獄。當親戚對於收賄表示抱怨時，勇當承認要求賄金，不過也警告說，如果他們繼續談論這件事，他會告他們「誹謗或造謠」。這類的糾紛通常會以暴力手段收場。

來自明尼蘇達的美國法官萊斯（Juanita Rice）自願到柬埔寨，為改善法院體系努力。她表示，自己目睹了法院體系所能發生的全部不法和犯罪行為。她說有一名貢布省的法院工作者告訴她，「赤柬創造了一個充滿騙子和小偷的國家。」她認為，政府偶爾提出的司法改革「就像是朝垃圾堆灑芳香噴霧」。

奧邦洪參議員希望表明，每一個階層的市民都有罪。「即使是富人到法庭上，要是對審判結果不滿意，他們就密謀殺害某個人。不只有窮人犯下暴力行為。我不同意有些人說這是赤柬造成的。」他暗示，那種說法只是個藉口。他搖搖頭說：「我們得改革每一件事。」

男人是金，女人是布

家庭暴力事件甚至比強暴或性侵兒童更普遍，這個事實完全不令人意外。許多男人認為打老婆是可貴的柬埔寨傳統——他們把「男人是金，女人是布」這句柬埔寨諺語當真。

二〇〇三年，女性試著要推動這項議題。政府統計數字顯示，**全國二五％的女性遭受嚴重家庭暴力**，年年如此。然而，當懲罰毆妻男人的法案送交國會時，立法委員卻怒氣勃發，他們指控發起者是要把西方風俗帶到柬埔寨。「他們稱呼我是搞革命的。」婦女事務部長坎莎霞薇說，「他們說這是家務事」，國家無權介入。法案無疾而終。

部長二〇〇五年帶著新版本回來，這一次通過了。人權提倡者欣喜若狂，不過沒能持續多久。如同統治者不喜歡的其他諸多法律，政府就是拒絕執行。二〇〇八和二〇〇九年，報紙上幾乎日日可見的報導證明了暴力行為仍持續發生，甚至還在增加[2]。

◆「四十四歲的金奈被丈夫嚴重毆打，這事件在週四她到距離磅湛省家中約兩百米外的賭博會所找他回家後發生。金奈指責丈夫賭博而不去賺錢養家後，他拿一根長竿把她的腿打斷。」

◆「一位美籍柬埔寨人坦承把汽油倒在未婚妻和她妹妹身上，而後點火燃燒；此事件發生在柬埔寨西北部的馬德望省。當地主管機關說，據政府表示，這是施加於女性身上更加惡劣的暴力模式。」

---

[2]《金邊郵報》於二〇〇八和二〇〇九年多次刊出警方發布的短訊。

◆「三十七歲的寧鳳和她八歲女兒本莎薇的無頭裸屍，在十一月十一日被發現漂浮於桔井省斯努區的波治瀧河上。警方逮捕四十八歲的顯本，他是受害者的丈夫與父親。嫌犯的二十歲長女本莎蓉，在父親對她坦承罪行後向主管機關告發。她說父親已性侵她達一年之久，而且她相信父親殺害母親和妹妹，是因為她們知道他強暴女兒。」

政府假意通過一項他們不同意的法律，解決方案跟往常一樣，就是什麼都不做。結果是四年後，婦女事務部發起另一次全國調查，發現家庭暴力事件確實增加了。二〇〇九年，**全國三分之一的女性舉報自己遭到暴力虐待**。「我們有很多好的法律，問題是法律的執行層面。」坎莎霞薇表示；這位部長使用必要的官僚式輕描淡寫語言，來批評自己身處的政府。

衛生部長莫本興（Mam Bunheng）博士皺起眉頭，以擔憂的語氣陳述惡化的統計數字。「是的，現在我們看到更多家庭暴力。」他坦承，「我們以前也有，但沒有這麼多。如今這問題的一大部分是太多人酗酒。」接著他神情一亮，「你也該看看我們現在如何告知民眾這件事，教育人民。」

既然統計數字如此令人沮喪，教育人民看來沒發揮多大作用。事實上，在二〇〇九年末婦女事務部做的全國調查發現，接受調查的男女中，有七〇%認為對女性施加的身體暴力有時候是可容忍的。更令人驚訝的是，接受調查的女性有五五%表示，質問丈夫花錢習慣或婚外情的妻子該挨打。這不就等同於直到二〇〇七年仍為學校讀本的《女人的規矩》裡，教育一代又一代柬埔寨孩童的行事準則？

殺人嫌犯花錢脫罪？

拜林市是鄰近柬埔寨西北國界的破敗小城，再往西走就是泰國；它被前赤柬當作「首都」而聞名。鍾馬卡拉（Chhoun Makkara）是柬埔寨人權和發展協會的拜林市代表，由於貪汙腐敗深植司法體系中，該協會追蹤法庭上的人權案件，通常落得徒勞無功。

二〇〇九年的一個夏日早晨，鍾馬卡拉聽說城裡發生雙重謀殺案，有人被吊死，顯然是家庭暴力中的極端案例。他前去察看，他解釋：「因為這種吊死的情況日漸增加。」鍾馬卡拉說的是真的，拜林市頗為平靜，不過這起案件倒是有些不尋常。他正在看謀殺案現場的可怕照片。天花板吊扇在頭頂緩慢旋轉，速度慢到沒有風。吊扇之上的日光燈製造出濾鏡效果，讓景象變得沉悶而詭異。房裡除了書桌、餐桌和幾張椅子外空無一物。「我不認為警察會放掉這個案子」，他補充，彷彿追蹤到底並不常見。「他們正在調查。」

幾個小時前，有兩名穿著制服的員警陪同我走進一條狹窄的泥土小徑，路前方是一排單間房的柬埔寨高腳屋。路盡頭是條小溪，附近居民洗澡的地方。僅僅距離拜林市中心一哩外，居民卻沒有電和自來水可用。他們會到溪下游不遠處的小河彎，寬約三呎（九十公分），水甚至不到兩吋（五公分）深，空洗髮精罐和沐浴乳軟管散落岸邊。

一棵矮樹低垂溪面上方，警方開到小徑底才剛轉彎，就看見第一位死者、四十三歲的宋斐拉（Sorn Phalla），他胸膛裸露吊在繩索上，繩子另一頭綁於樹枝。死者的下巴垂於胸前，雙眼圓睜，舌頭外伸。他是個健壯的傢伙，一頭黑短髮，淡淡的藍色刺青滿布胸前，刺著某種亞洲式的蛇紋圖樣。有些柬埔寨人相信，像那樣的刺青可以保護你免於傷害；但這一天顯然沒有發揮作用。他光著腳，在離地數吋間擺盪。身旁沒有凳子或其他物品，沒有他能站在上頭往下跳好吊死自己的東西。然而他不是唯一的死者。兩碼（約一・八公尺）外，三、四十歲的女性死者瑞索妮（Ream Sokny）面朝下躺在地上，一卷粗電線纏繞頸間；她很明顯是被勒死的。瑞索妮的雙腿張得很開，溪水緩慢流過她赤裸的雙腳。她穿黃色沙龍布裙和胸罩，不過卻同樣裸露胸部。她雙眼緊閉，嘴巴張大，面無表情；有一大條綠白相間的浴巾堆在身旁。

十幾位民眾蹲在岸邊，靜靜看著這幅景象。有名警察穿梭於人群間蒐集證詞，其他人搜查陳屍處。不久後，婦人的丈夫高調現身。他身穿一件看起來曾是白色的米黃襯衫，黑長褲捲到膝蓋。他蹲在妻子屍體略為上方處，咕噥聲的音量正好大到讓每個人都聽得見：「我到泰柬邊境去了。」他沒有特別要對誰說話。邊境在距離此地二十哩（約三十二公里）內。「我開一台挖土機。我一、兩個月才回家一次。」他用一種酸楚的噘嘴表情注視案發現場。「我剛在道路專案得到工作表現優良獎，都還沒機會告訴她。」

一名穿著無袖白T恤的年長男子在案發現場附近徘徊，他的臉上掛著深深的敵意。他同樣沒有特定的說話對象，不過態度憤怒而挑釁地宣稱：「我跟她共用一個籬笆，所以我們就像兄妹一樣。而這個男人殺了她！」他疾指向吊在樹上的死屍。

有位警察把吊死男屍的短褲脫下，戴手套檢查他的生殖器，尋找發生性交的證據。他檢查結束後，就讓短褲垂在那兒，於是死屍呈現更為不堪的畫面。警方找到一把鐮刀，砍斷繩索放下屍體。死屍像木杆一樣僵硬，直直往後跌進樹彎裡。

那位丈夫說：「他有刺青，而她害怕刺青。他不英俊，又不像電影明星。我不覺得我老婆會跟這種人有染。」就在這時，怒氣沖沖的年長鄰人朝那棵樹走去，站到死屍身後，狠狠朝他後背踢了一腳；屍體往前飛到地上，發出令人作嘔的重擊聲，激起一片塵土，群眾默不作聲。

每個人都目不轉睛地看著，直到塵埃終於落定，而人們見到死屍面朝下倒在地上，光屁股面向天空。幾分鐘內，螞蟻爬滿他全身。那位丈夫起身，走到妻子身邊，電線仍然纏繞在她脖子上。他拾起那條綠色大浴巾，蓋住她的身體。

山丘上這對夫妻曾居住的小社區裡，有另一名警察正在訊問坐在死去婦人門前的小女孩。這是間小屋子，僅有一房，木頭牆和錫製屋頂。一顆汽車電池供給單盞日光燈發光。這對夫妻擁有一張真的床，對柬埔寨家庭來說是不常見的奢侈品——通常是木板上放張草蓆。女主人在床周圍掛著紅色蕾絲布幔。褪色海報在牆上釘了十或十五年，上頭是中國模特兒走時尚秀的模樣。有本小小的婚禮相簿歪斜地收在屋頂其中一根梁柱上，翻開只見一名漂亮的年輕女人，站在雕像和寺廟寶塔前微笑。她新婚的丈夫不在照片裡，想必他是在拍照。

小女孩說，男主人不在的時候，她有時會待在這戶人家裡。她告訴警方，死掉的男人認識這位婦人，而且偶爾會來吃晚飯。「但是他們講話的樣子很平常」，暗示她並沒有看過任何逾矩的舉止。

當天稍晚在柬埔寨人權和發展協會辦公室裡，鍾馬卡拉看著犯罪現場的照片，說警方跟他講「他們在兩人身上都發現精液；草叢裡沒有殘留，也不見植物受到壓損。以我看來，他們是在準備去沖澡時被殺的。他們帶了毛巾，她只穿胸罩，他穿短褲。不過很難得到結論。」他承認，幾個顯而易見的問題包括：很少回家的丈夫，為什麼剛好在那一天回來了？是否他當場抓姦，出於暴怒殺了他們？

那天傍晚，鍾馬卡拉說一位在警察局任職的友人告訴他，警方想要控告那位丈夫犯下罪行。然而數天之後，警方得出一個全然不同的牽強判斷：那名男子殺了婦女，而後上吊自殺。這引出了明顯的疑問：那位丈夫有沒有花錢收買警方？

警方私設路障收過路費

拜林市的上吊與謀殺案發生約一週後的夏日午後，警察在菩薩市中心外的東西向主要高速公路設置路障檢查哨。他們在路上擺放金屬拒馬，擋住東行車道。一名警察站在遮陽傘下，身穿橘色導護背心、手拿橘色警棒，指揮聯結卡車停下來，轎車和小型卡車得以順暢通行。另一名警員在西行車道，站在拒馬後做著一模一樣的事。任何一刻，雙向道路都有兩到三輛卡車未熄火停在路邊。

警察沒有對卡車司機說半句話，他們不須開口。司機一個接著一個從駕駛座跳下來，手裡握著一把鈔票，小跑步到巡邏車後方，走近其他三位警員站立處。司機個個不發一語，在警員的注視下，輕巧地把鈔票放進警車後車廂，然後跑回自己的卡車，上車開走。其中一位卡車司機駛離一小段路後停下來，問他付了多少錢，他說有五千柬埔寨幣，約等於一．二美元。

副巡長辛拉斯（Sim Rath）站在巡邏車後的遮陽傘下，向卡車司機收他們放進來的錢。司機付賄金時辛拉斯沒有說話，他們未曾交換言語，連眼神也沒有交會。我走近副巡長時，他看起來既緊張又輕蔑。我問他：「你為什麼拿他們的錢？」

「他們沒有駕照，或是載物超重了。」他毫不遲疑地回答。

「你又沒有測量，怎麼知道卡車載物超重？」

「我有辦法分辨。其中有些卡車之前就檢查過了。」他指指罰單簿，打開記有違規事項的一頁。不過，沒有一位司機離開時手裡拿著罰單。這本罰單簿是拿來展示用的嗎？或是拿來威脅：給我一點錢，否則我開給你一張得花更多錢的罰單？

「我們有給收據。」副巡長堅稱。就在此時，另一位司機跑過來，沉默地放下一萬柬埔寨幣到後車廂，而後轉身慢跑回車上。展示用的罰單仍然在本子裡。

「他做錯什麼了？」

副巡長停頓半晌，思考了一會兒，然後說：「他自己知道他哪裡做錯了。」

當天稍晚、接近午餐時間，拒馬和遮陽傘依然放在路上，但是警員不見了——停工小歇一下。像這樣的檢查哨，布滿全國各地的高速公路。另一個在幹丹省的哨站，十名警員無視所有的轎車、機車和小貨卡，他們只攔停載有貨物的大卡車。卡車司機走下來，小跑步到桌旁，就像他們在菩薩省辛拉斯副巡長的檢查哨做的一樣，放下一些錢，然後上車開走。然而一到傍

---

❸奇怪的是，警方極度不願使用非政府組織捐贈的新型雷達測速器，以緝捕超速駕駛，或是用呼氣式酒測器來抓酒駕。這類設備不是能創造多一點向駕駛收錢的機會嗎？不過，即使在大規模的教育訓練與向駕駛發出警告的大眾宣導後，警方仍然拒絕使用新設備。愛喜利達銀行總裁英嘉尼分析：「轎車難以辨識，有時候被捕的是軍官或政府高層官員。」之後警察就會身陷嚴重麻煩。最好不要用任何設備。

晚五點整，警察把向小販徵收來的桌椅還給他們，脫下頭盔和警服，走向對街自己的車，裡頭的公事包塞滿剛剛收取來的錢❸。

政府官員並非全都站在同一陣線反對警方這種行為。菩薩省政委會主席采沙銳認為「對我來說是大問題，我痛恨這種行為。」馬德望省長布拉江坦承警察檢查哨布滿省內道路，不過他覺得是「小事，不嚴重。」

警員通常相準了滿載的聯結車，因為運送稻米、玉米或木薯的司機心知肚明，他們得付錢才能把農產品載到市場，早就在口袋裡準備好現鈔。

馬布斯（Ma Buth）是盤商，他向西部省分的農夫買玉米，裝上卡車開過大半個國土，運往越南。「一路上全是檢查哨」，他就事論事地解釋，「我們總共得

在菩薩省的檢查哨，警察向過路人索取賄賂。

付給警察五十美元，到了邊境再付五十美元。來回都要付，所以總共是兩百美元。情況愈來愈糟，洪森說他們不應該再這麼做了；不過什麼也沒改變，實際上甚至變得更糟。這是個大問題。他們向我們敲詐，我們就沒辦法用應有的價格買農產品，代表因此受苦的是窮困的農民。」馬布斯說，在他這一行，總是有人從四面八方跳出來想要騙他的錢。「我從一九八五年就做盤商了。以前貪汙沒有那麼嚴重，現在變得愈來愈糟糕。他們看到我做成生意，所以就想從我身上收到錢。」二〇〇八年聯合國引用一項近期的調查，指出「遇到交通警察時，有八九%的人最終給了賄金。」

法官聽命行事

不僅警察和法庭收錢釋放罪犯，法官也會直接聽從上層命令。實際上，他們通常不需要命令。當洪森或其他政府高官對某人提起告訴，法官知道他們得判這個人有罪——如果他們還想繼續保有工作的話。少數幾個未能做到的法官，最終落得立即遭免職的下場。莫恩頌（Moeung Sonn）的遭遇正是如此，他是高棉文明基金會主席，致力於保護與推廣國家文化遺產。二〇〇九年，政府開始在吳哥窟設置照明燈光。這座建於十二世紀的寺廟一直是柬埔寨過往光輝的印記，柬埔寨國旗上的線條畫正是吳哥窟的外觀。這個點子的用意是開放遊客在夜間參觀。

莫恩頌說他擔心設置照明燈會損害寺廟，政府立即告他造謠和煽動；他只好逃到法國。而《金邊郵報》記者派克斯（Dave Perkes）到現場看了照明燈預計安裝的位置，他發現牆上鑿有

「整齊的、約十公分長的矩形洞」，就在「皇室浮雕對邊飛簷」的正上方。記者的措詞顯得極度謹慎，以免為自己招惹官司。派克斯在他的短篇專欄如此作結：「我無法確定新挖的洞是否為了」放置照明燈光，「但是我理解為什麼人們會得到造成嚴重損害的印象」。

法院在莫恩頌不在場的情況下判他有罪。法官采公（Chhay Kong）表示：「我們發現被告毀損政府名譽，並造成社會混亂失序。」他判處被告兩年徒刑；莫恩頌繼續待在法國。這僅僅是諸多類似的訴訟案件之一，用來對付反對陣營的政治人物和記者，以及其他形形色色的反政府分子。在這群人之中，森朗西發現自己再度掉入陷阱。

二〇〇九年秋天，越南張貼了幾張海報，意圖要把越柬邊界間的爭議區域畫分清楚。對柬埔寨人來說，這是個爆發性的議題，許多人仍舊不認同越南將湄公河三角洲納入國境西南部。森朗西搞出一場政客熟練的公關戲碼作為回應。在記者目睹下，他把那六張關於邊界爭議的海報平鋪在地，作秀般地斥責政府「施行越南政府立的邊界」。洪森立刻用訴訟打森朗西一巴掌。不過他得先剝奪森朗西的國會免責權，而他的國會毫不遲疑地通過——在休會期間——這是過去數年來的第三次。

森朗西時常承諾要停止挑釁洪森。二〇〇〇年他告訴訪問者：「我會把姿態放軟。我知道我的激進行為似乎導致對立，無法帶來益處。」森朗西長年的好友兼顧問阿伯尼表示，他常跟森朗西說：「老兄，你只有一個問題，那就是洪森。以前是這樣，現在還是。」

搬演邊境秀的幾個星期前，森朗西告訴我：「我們得重新思考早就該做的事，表明我們將如何替民眾說出日常的擔憂，諸如土地問題、教育，以及我們要怎麼幫助人民重返工作崗位。

我們會更加專注在這些議題，而不是針對個人。我們不會再那麼常談到洪森。」

森朗西的決心並沒有維持多久。國會投票找他麻煩後，他飛離國境向國外的朋友尋求支持；由於「種族歧視和破壞公物」遭法院判處兩年徒刑時，他人在法國。隔了幾天，他在電視上擺出楚楚可憐的姿態，向支持者宣告他會繼續（舒適地）流亡，待在巴黎住處「直到所有因為土地糾紛入獄的人們重獲自由，而且拿回土地。」

同時森朗西也允諾要做他最喜愛的事：向富有同情心的外國人抱怨洪森的不是。他說：「現在正是友好國家和國際組織施以外交和政治手段的時候。」洪森則提起新的告訴作為回應，罪名是「使用假造的邊界文件」——森朗西拿來展示「真正的」邊界在哪裡的那份地圖。另外，兩名協助森朗西撕下邊界海報的村民，也和他一起遭起訴。如今森朗西待在他的巴黎「宮殿」裡密謀之時，村民已經鋃鐺入獄，刑期漫長；根據報導，其中一位村民病得不輕。二〇一〇年九月，法院在森朗西依舊未出席的狀況下，以「散布不實訊息」再判他十年徒刑。洪森表示，他無意插手森朗西的訴訟案。至少在這一刻，柬埔寨真正成了一黨獨大的國度。

態勢一面倒，所有的案子都沒有得到好結局。殺害林沙潤的凶手仍未受到懲罰；凶案發生後數週，害他全身著火的中校搬去越南了。詹沙瑞福毫無疑問地依然安坐菩薩省檢察長的位子。沒有人因為拜林市遭吊死和勒斃的兩具屍體而遭起訴。莫恩頌和森朗西仍舊流亡在外。就像裕昌說的：「你轉身看看四周，此刻正義並不存在。」

CAMBODIA'S CURSE
THE [redacted] OF
A [redacted]

第十三章

醫療困境，不送紅包只能等死

醫院也病了

當一個社會病了，那麼即便原本用意良善的機構也會受到感染。問柬埔寨人政府為他們做了什麼，而他們依舊舉出道路、橋梁和蓄水池——吳哥王朝國王的功績。然而有時候，僅僅是最近的事，他們也會提到醫療。

對有些人來說，柬埔寨的醫院和診所是拯救性命的天賜大禮，因為這個國家直到近幾個世紀仍然欠缺現代醫療。很自然的，這個說法只適用在少數能負擔得起的幸運兒身上。醫療原本應該要免費供應給每一個人，不過這裡是柬埔寨。而至今對許多人來說，醫院源源不絕地湧出痛苦、悲傷和未到時候的死亡，除此之外什麼也沒有。

索托（Erin Soto）是美國國際開發總署駐柬辦公室主任，有天她跟副財政部長碰頭討論國內醫療診所的問題，關於「人們枯坐診間等待，花上好幾個小時還沒見到護士；一開始就掏錢出來的人卻能馬上得到服務」，她描述。「而他告訴我們：『這跟餐廳沒兩樣，你付小費就能得到好服務。』聽完我當下明白，我們有很長一段路要走。他們認為（付賄金）是辦好一件事理所當然的途徑。」

發生在蕾婷身上的事就遵循這個道理。她燒得焦黑的丈夫從地方小醫院轉到一間中型醫院，最後終於轉進位於金邊市區的大型醫院柯薩馬克（Preah Kossamak Hospital）。待在規模較小、俗稱「轉介」醫院時，醫生和護士給林沙潤靜脈注射和油膏治療他的燒傷。沒有別的了。「我們半夜抵達柯薩馬克醫院」，蕾婷回憶，「他們同樣給他點滴，打了一針，然後就離開了。幾個小時過去，一位醫生走進來。他跟我們說燒傷十分嚴重，傷口必須清創，但是我們得付他一百美元。他是跟我祖母說這件事的，她年紀很大了，而且剛因地雷炸傷切除一條腿。到了傍晚，價格增加到一百五十美元。我哭了起來，告訴醫生我沒有一百五十美元。醫生說：『好吧。我想我們不必清創傷口了。』他脫掉手套，然後離開。」這是他們最後一次見到這位醫生。真正的受害者林沙潤「在這件事發生時一直在哭」，她繼續說，「他痛得很厲害，直叫：『我好熱，我好熱！』他就這麼躺在那兒，直到隔天，除了點滴以外還是什麼都沒有。那個時候，他的身體已經開始腫脹起來。所以我們把他包起來，帶回家。我們別無選擇。他們唯一做的只有給他點滴，而且他腫得非常、非常厲害。」第二天便過世了。

省政委會主席采沙銳說他從未聽說過這起案件。「我認為主管機關隱瞞了這件事。不過如果你犯下此等罪行，你跟波布沒兩樣。」

柯薩馬克醫院總監天索恩（Teng Soeun）身材壯碩，矮矮胖胖；不過他的態度似乎顯得關心、寬慰和真誠。「作為總監，我氣憤有人未受到任何救治就死去。」他表示，「這違反道德。我得告訴你，來這家醫院的每一位病人都要得到治療。我們開設醫院是為了幫助窮人，即使他們無法負擔醫療費用。」他說這整段話時目光直視而語氣堅定。

「我那天有當班。」護士艾宋莎雅（Ek Sonsatthya）說。她和另外幾名負責照顧林沙潤的護士坐在總監辦公室的沙發上，辦公室空間很大。（索賄的醫生當然不在場）地板上鋪著一條平價的東方式樣地毯。「他在六月二十日有依照處方打一針，還有靜脈注射。」她翻閱林沙潤的病歷，一邊說。「他的太太陪伴著。他全身超過八〇％燒傷，嚴重到很難找到血管打針。」

的母親。」

「他的情況十分嚴重。」醫院的加護病房組長索莎菲（So Saphy）表示，「我有告訴病人的母親。」

「根據我們的規矩」，總監插話，「我們得治療病人直到他嚥下最後一口氣。假使病人在醫院裡過世，我們會提供他免費的棺材。我們無法強迫他們離開，而且我們通常會審慎地勸告他們。不過如果他過世……」，他再次強調，「我們會給他免費的棺材。」

但是，索取一百五十美元又是怎麼一回事？

「過去有過案例」，總監坦承，「我承認以前有過貪汙，不過現在沒有了。我們會試著排除一切亂象，我們會試著施行管理規則。我們的醫院是最老實的醫院之一。」當然了，其他任何一家醫院的總監也會說出同樣的話，他輕笑著表示贊同。

討論結束後，索莎菲為我們導覽樓下的加護病房。十四位病人躺在老舊金屬床上，病人睡的是從自家帶來的草蓆，鋪在空無一物的木頭床板上。加護病房有兩具呼吸面罩，三台氧氣製造機，除此以外就沒有其他醫療設備。索莎菲指著整齊擺放十幾罐點滴瓶的玻璃櫃，「這是給有付錢的病人用的點滴」，她說話的時候面無表情。然後她指著房裡另一邊的矮櫃，滑開金屬櫃門，櫃裡滿是抹布和其他細碎物品，不過她把手伸到最裡頭拿出兩罐點滴瓶。「這是給無法付錢的病人用的點滴。」她舉起其中一瓶，粗藍色字印的使用期限是五個月以前。她讓我看其他的醫療櫃裡的藥品，有各式各樣的瓶瓶罐罐，幾乎全都過期一段時間了——有的六個月，有的一年，甚至過期兩年。看著其中一罐使用期限是去年的藥，索莎菲只是噘起嘴巴搖搖頭。

之後詢問衛生部長莫本興這件事，這位婦科醫生提出微不足道的保證。他堅稱：「那不被允許。我們有控管機制，我們每年都會查核。」不過這只算是他面臨的問題裡最輕微的那些。

不給紅包不看病

四十九歲的密思然（Mith Ran）有一條磨損得厲害的義肢，臉上總是掛著痛楚的表情。他在赤柬軍隊服役，因為地雷失去右腿。數十年過後他住在拜林市，那裡依舊是許多赤柬退役軍人的家。密思然的太太最近過世了，那是另一樁不幸的死亡。因此他七名子女的其中四名年幼孩子得住進孤兒院，他說他無法獨力照顧孩子們。其他三個小孩就此輟學，到玉米田裡工作。

一天傍晚，他坐在自家狹小房子前頭的階梯上，他家就像是所有其他的民宅那樣：單間小房子，又暗又空。一個空的玉米袋放在他身旁地上，當他訴說著妻子的死，小雞啄食最後幾粒粟米。她懷孕了，這是她的第八個小孩。上個月有天晚上，她說她差不多要生了，他帶她急急奔往拜林市瑞弗若醫院（Palin Referral Hospital）的醫院，那時大約是晚上十點。醫護人員用輪椅把她推往產房，「三十分鐘過後，一位醫生來看她，說她還沒要生。我說：『拜託幫幫我老婆，這是她的第八個小孩。』」他說起這段故事的樣子，像是他說過不只一次。他的確是。人權工作者來看過他，而且答應會幫他告上法院。

她凌晨三點分娩，他描述，當時「她要我叫醒護士。我敲門好幾次，不過護士睡著了。我重重敲門，她們還不出來。到了三點半終於有一個人出來，一名雙眼半閉的女孩帶醫生過來。我求他帶她去分娩室，醫生說：『你有帶錢嗎？』我問多少錢，他說要十萬柬埔寨幣。」那等於是二十五美元。對密思然來說，無論醫生要的賄金是二十五美元或是兩千五百萬美元，他都一樣付不出來。

「我說沒帶。他問我住在哪裡，我跟他說。」

「你有親戚可以借錢給你嗎？」

「沒有。」然後，就像柯薩馬克醫院的醫生一樣，這名醫生也「脫掉手套轉身走了」。

過沒多久，他老婆的羊水破了，「我呼叫醫療人員，我猛力敲門。她們很長一段時間都沒來。我懇求護士：『拜託，拜託，幫幫我老婆。我是窮人，拜託！』」

密思然訴說他妻子死在醫院的悲傷故事。

他倚著義肢那條腿坐，綴有縫線的老舊黑鞋遮蓋住人工腳。他盯著地上瞧，話題從他老婆的故事轉往喋喋不休的哀嘆。「我沒有地，只好到別人的土地上打工。我以前有過地，但是為了醫腿不得不賣掉。一九九三年我踩到地雷，骨頭受到感染，所以得花一大筆錢。我在馬德望市做過赤柬士兵，我不能讀也不會寫。我沒上學，十三歲就加入赤柬。我父母都被殺了，他們是被農場地主打死的。」然後他從黑暗回憶裡醒來。「幫幫我老婆。」他又說了一次，抬頭往上看。「我求護士：『拜託，幫幫我老婆！』」幾小時後，他太太和胎兒都死了。

隔天下午，拜林市醫院的產房裡有兩個女人和她們的初生嬰兒，躺在以自家帶來草蓆覆蓋的木板床上。點滴瓶裡的溶液緩慢滴落，流經管線注入其中一個女人身體裡。透明塑膠袋掛在彎曲竹竿上，用白繩綁在床邊。

如果產房配有醫護人員，那麼護士全都不見蹤影。不過有一扇藍色門是關著的——正是密思然砰砰敲了一次又一次的那扇門。牆上用高棉文寫的告示是「值班室」。現在持續敲門，還是沒人回應，一點聲音都沒有。所以我打開門，看見一名護士蓋著毯子在床上熟睡，那時是下午三點。她突然醒來，揉揉眼睛，緩慢起身下床。幾分鐘後桑西達（Sun Thida）走了出來，她說她是值班護士。三十歲，身穿有熊貓圖樣的紅色T恤。她雙眼微張。

「我不在場」，桑西達堅稱，密思然老婆過世時，「不是我的班。不過我有聽說這件事，那是一件複雜的病例，但是我沒值班。」桑西達說她當護士「有五、六年了。我念書十二年，然後剛到醫院時接受短期護理訓練。那是一場研習，歷時三天。」

蘇逸雪（Phab Sou Vichet）醫生是醫院的新總監，患有神經性痙攣，每當緊張的時候就會眨眼和斜視。現在他眨眼的速度快到幾乎看不見東西了。「那天晚上我不在場，我還沒接任這份工作。」他表示，「不過我調查過，那時候（整間醫院）有兩三名護士以及兩三位醫生值班。醫生不在，有些去參與研習進修。醫院總監也不在。我無法斷定他們是否違反規定。」

他坐在醫院行政辦公室裡一張灰色舊金屬桌前，剛上任僅只數星期；不過現在，他說，二十四小時都得有醫生值班。至於值班時睡覺，「我不怪她。她可能剛值完夜班。」不過，他眨著眼堅稱，「醫護人員值班時睡成那樣並不是常態。」

提到索取賄金，蘇逸雪說他不清楚。「病人沒有一定要付錢。」牽涉這件事的醫生並未受到懲罰，醫院似乎接受那位醫生的論調，認為問題全出在密思然的老婆身上。他仍然在職員名單之列，就像柯薩馬克醫院拒絕治療林沙潤那位醫生一樣安然無事。

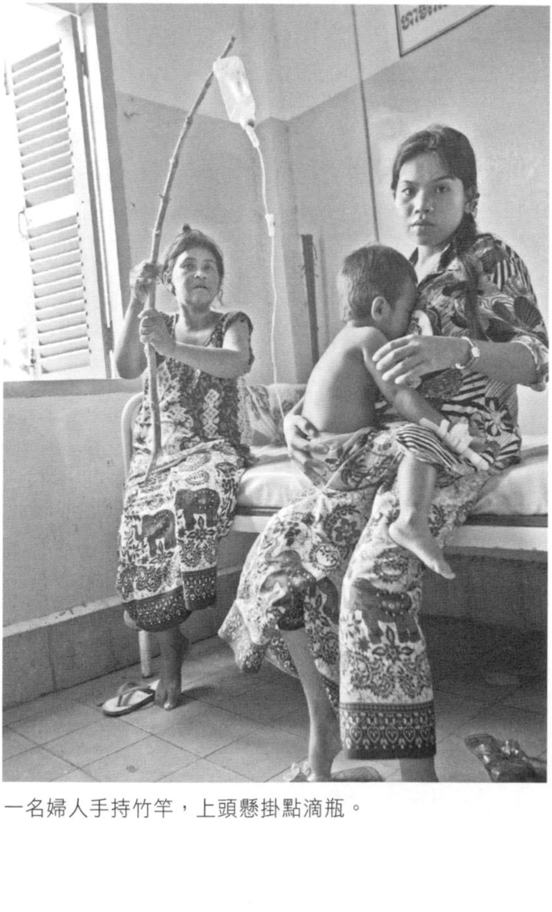

一名婦人手持竹竿，上頭懸掛點滴瓶。

醫院副總監孟霍特（Meng Huot）醫生打斷我們的對話，說：「一位記者來找我們，說如果我們付他一百到兩百五十美元，他就不報導這則新聞。我不知道他的名字，他要我把錢拿到某個地方。我沒有付他錢。」可能是因為《金邊郵報》在一兩天後就刊載密思然老婆死亡的新聞。（這類的黑函並不算罕見。所謂的「記者」替小報工作，而且在這種情況下，會以假名撰文。）

在我們交談的過程中，孟霍特一直露出帶有嘲諷意味的笑容；不過在他主動吐露下面這段話時，語調轉為嚴肅：「在這個領域，醫療人員的教育程度十分有限。受過教育的人不想來拜林市，真正前來的人也不會想留下來。所以，我們僅有能照顧這些窮人的人手，並不是行業裡最厲害的那些人。」

「假如醫生準時幫她接生的話」，密思然說，他因為哀痛而微微顫抖著，「她就能活下來了。如果她接受剖腹產，她可能就會活下來了。但是她死了。」

剖腹產收費高，因而盛行

密思然可能不知道，假如他要求醫生做剖腹產，或許會引起那位醫生的注意。剖腹產在國內非常流行，通常「介於五％到一五％的分娩是剖腹產」，世界衛生組織柬埔寨分部的醫生衛藍（Paul Weelen）表示。然而全國實際的狀況是更高比例的生產最終動刀，而不是自然產。（無人統計確切數字）原因很簡單：「生產的收費結構導致這個結果。」柬埔寨醫療組織執行總監索穆尼醫生（Sin Somuny）說，「助產士收費十五美元，在醫院正常生產收二十美元，剖腹產則是一百五十美元。」柬埔寨醫療組織是醫療相關議題贊助者的代表。

馬德望醫院（Battambang Hospital）是國內主要的醫療機構之一，醫院產房裡有兩位母親跟她們的新生兒躺在床上；兩位母親都說她們接受剖腹產。雍江綬（Yoeun Chantho）的傷口還很痛，她的病人衣服上染有暗紅色斑斑血跡。「這是我的第二個小孩，也是第二次剖腹。」她比較大的小孩九歲了，幫她扶著竹竿，頂端懸吊點滴瓶，看起來像是拿著釣竿。「上次他們說我血壓高，這次他們說嬰兒胎位不正。」

在相連的房間裡，賀索恩（Hop Thoeum）好像快哭了。她母親坐在賀索恩身旁地板的墊子上，她們身邊沒有嬰兒。「醫生告訴我們嬰兒快死了，所以他們幫她剖腹。」賀索恩五十六歲的母親郎紅（Run Hon）說。「可是小孩還是死了，說是溺死的。這次他們不收錢，遇到這種情況，不管我們付不付錢都沒有幫助。與錢無關，跟他們的能力有關。」

非政府組織伸出援手

事實上，在馬德望醫院和全國各地新成立的醫療機構，錢漸漸不再是首要問題；有些病人說，那是因為「有非政府組織會付錢」。位於醫院入口處的小辦公室，有幾位工作人員坐著打電腦，螢幕背面的貼紙大剌剌地印著「USAID」（美國國際開發總署），字級大且加粗。他們受僱於醫療相關的捐贈組織，在此實行一項新的政府計畫，開證明給真正貧窮的病患。

直到二〇〇九年以前，生病的窮人必須先到地方政府取得文件，證明自己確實是窮人。問題是病得厲害的人沒有時間或力氣去那裡，等辦公室開門（一天通常只開兩、三個小時），還要交賄金給負責的辦事員。

有了這項新計畫，政府當場發給窮人身分識別卡，意味著他們看病不須付費。在馬德望醫院辦公室裡，每位工作人員桌上放有一整疊卡片。他解釋說，「我們幫他們填表格，大部分人不會讀寫。通常我們會在村裡做發卡前的訪談，不過如果他們人到醫院了，我們就會在這裡訪談。」這時一名沒穿衣服的幼齡男孩，獨自一人從辦公室門外東倒西歪地走過去。

這項計畫是個重大改變，政府接受了捐贈社群的提議。不過計畫聘用的行政人員全都受僱於捐贈組織，政府同意實行計畫的前提是他們不須負責管理。正因如此，馬德望醫院大約有十二個行政人員坐在辦公桌前，一台電視架在頭上，他們整個下午都在看世界摔角娛樂的比賽。

手裡握有新的身分識別卡，病患就有資格免費看病。這並無法阻止醫生收賄，不過他們或許不會那麼用力剝削獲頒貧窮證書的人。

醫療品質低劣

如同那位孫兒死產的外婆所說，醫療品質或許是更大的問題。有多少柬埔寨醫生考醫學院入學考試時，只答對二五％就能通過？有多少人靠賄賂一路讀畢業、完成實習？又有多少人只碰得到過期藥品，以及原始、老舊或不存在的醫療設備？舉例來說，沒有一間柬埔寨醫院設有細菌化

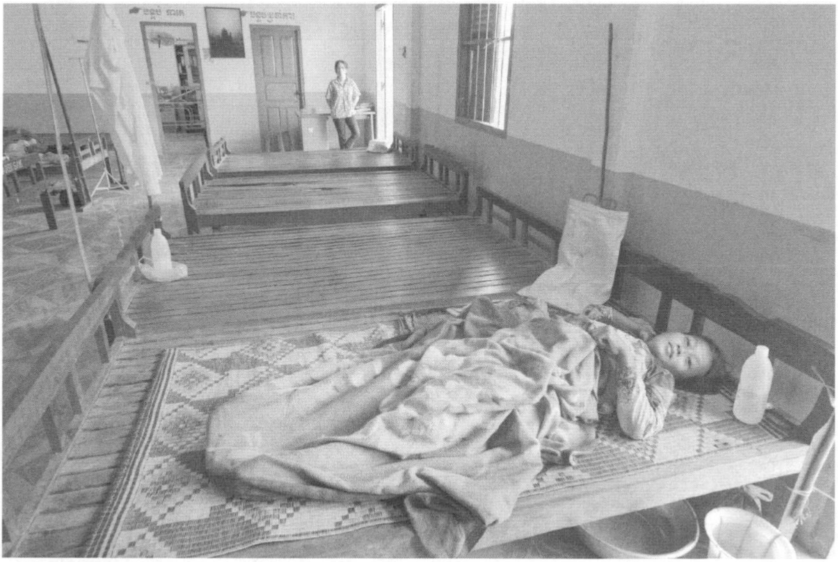

拜林市瑞弗若醫院，一位母親剛生產完。在病房另一頭的護士半瞇著眼，她身後的醫務室是護士睡覺的地方。

驗室，以測試感染源。

柬埔寨女性懷孕的那一刻，同時面臨著高度死亡風險。二〇〇九年聯合國報告指出，一百八十五名孕婦之中有一人會死於分娩。（越南的數據是六百六十六分之一，美國則是四千八百分之一。）而聯合國表示，更令人憂心的問題是，柬埔寨的糟糕統計數據已數十年沒改善。

洪森回應的方式是，招募且訓練更多助產士——卻沒有提出完成這個目標的計畫或資金來源。世界衛生組織柬埔寨分部主任歐萊瑞搖搖頭說：「助產士是解決方案的一部分，但是只增加助產士並不會讓死亡率下降。這問題有多種成因，必須成立產科急診部門。」就算有產科急診，大多數人住的地方離診所太遠，難以及時抵達。而事實上，大多數診所一天只開二到三小時。跟老師一樣，政府付給醫生、護士和護理人員的薪水太少了，他們沒辦法在診所上全天班，得另外找兼職工作；像醫生就另行開立私人診間。衛生部長表示，醫院公職的月薪介於五十至八十美元之間。他們在醫院工作的時間一天常只有幾個小時。這大概是密思然老婆死於拜林市醫院時，叫不到醫生或護理人員的原因。「你得到的結果是，愈來愈多醫生跑到私人診所服務——當他們理應身在公家醫院的時候。」柬埔寨醫療組織的索穆尼分析，「所以他們在醫院工作只為了打響名號，好把病人挖走。這將會導致公共醫療體系崩壞。」

不管醫生在不在場，要是沒有家人或朋友的幫助，病患在柬埔寨醫院將無法度日，因為有許多服務是重病患難以觸及的。

馬德望醫院供應午餐和晚餐。一位女士手推附輪餐車，行經院區各處，等候病人出來自取餐食。有一天下午，穿著圍裙、頭戴灰色主廚帽的女子把推車停在產房外。病患或他們的親人走出來，手上拿的塑膠碗是自己從家裡帶來的，「主廚」分發推車上大塑膠桶裡的米飯和豆子，每個人得到的分量都巨大無比。在她身後，有六口爐灶的「廚房」在走道對邊，只是個有三根腳柱可放鍋子的水泥製窯，想自己做飯的病患或家屬得備齊升火的木柴、湯鍋、平底鍋和食材。如果醫生說病人需要冰敷，他們得長途跋涉到醫院冰庫，付七十五美分，再把冰塊拿回病房。

急診室的護士值班站是開放式的寬闊空間，現在空無一人。不過有扇綠色的門裂了，三個女人在裡頭，坐在床邊吃香蕉和米製糕點。其中一個人看到我從裂縫往內看，她匆忙跳起身來，穿上白外衣。「等一下」，她說話的樣子明顯帶著尷尬。另外兩名護士要穿戴衣帽時撞成一團，把香蕉扔到床底，連忙走出房外。其中兩人小跑步消失在大廳盡頭。

我問第三位護士，那一天有多少人住院。「有十位新入院病人」，她說，看起來有點心神不寧且困窘。「他們分別診斷為高血壓、腦炎、登革熱和瘧疾。」急診室所有的窗戶都對外敞開，沒有紗窗或玻璃好阻擋瘧疾帶原蚊飛入病房。她名牌上寫的是密蘇涵護士（Meas Sudhan, R. N.），她補充說：「還有另一名被毒蛇咬傷的病患。」接著她也急忙奪門而出，突然之間關心起她的病人來。

就在那時候，有位女士從前門進來，不太能走，重重倚靠在她丈夫身上。她的呼吸沉重，汗珠從額頭滴落。有位醫生把她帶往病床——僅僅是覆蓋有木床板的鐵床架。醫生繼續扶著勉強站立的妻子，她看起來隨時會倒下；而他們的家人急忙從袋子裡翻找出草蓆，織有綠色和黃色花朵，鋪到床架上。他們之中有個人看起來像是生病婦人的姊姊，從另一個袋子裡拿出枕頭，放在床上。直到這時候，醫生才把病患扶到床上，拿出聽診器，開始替她看診。

飲水不潔是致病主因

在馬德望醫院以及國內其他醫療機構，上門求診的人身患疾病前來，常可致命；這麼嚴重的情況幾乎從未在其他國家見過，包括越南和泰國。問題的絕大部分出自環境衛生。泰國有九八％的人口可就近使用乾淨飲水，九五％的人家裡有廁所。而在柬埔寨，可就近使用乾淨飲水的人口大約是一四％；僅有二二％的人家裡有廁所，鄉間地區的數據則是一六％。

二〇〇八年底，聯合國兒童基金會與柬埔寨官方統計數據估計，每年有九百七十萬人患有腹瀉和其他衛生相關疾病，最常見的病因來自不乾淨的飲用水。這個患病數字占人口的七二％。每年將近有一萬人因此死亡。「罹患腹瀉在我們這裡是例行公事」，桑金村副村長羅費區說，「常常發生。」

城鄉發展部長柴索發拉（Chea Sophara）並未反駁世界銀行的統計數據，幾十年來無甚進展。所以他提出了政府的其中一個口頭承諾：「我們要讓所有鄉間居民擁有乾淨安全的飲用水，以避免疾病。二〇一五年以前，我們相信五〇％的鄉間居民將可就近取用乾淨飲水，而到了二〇二五年，全國每一個人都會有乾淨的水可用。」一如往常，反對黨議員指出政府並未撥款來達成目標。官員似乎在等待捐贈團體登場，接手解決問題。

然而，世界銀行為了七項重大鄉間衛生建設，給政府一千一百九十萬美元之後，過沒多久，他們就發現這筆錢在典型的柬埔寨貪汙盛宴裡遭受狠狠揮霍。世界銀行指陳，這包括「遊說和收受參與競標公司的賄賂、操縱建設合約的競標與採購、違反保密競標、修改與串通價格以控制投標、拉高得標價格、事先決定採購競標得主，以及放任不合規格的競標者加入，無視不實的財務報表和資歷。」

盛怒之下，世界銀行要求歸還捐贈金。洪森許久說不出話來，直到他終於找出一個該負責的傢伙。前城鄉發展部副局長、現任部裡顧問的莫金善（Mour Kimsan）被控貪汙八十八萬美元來自世界銀行的公款。世界銀行隨後取消了衛生建設計畫。

在靠近越南邊界的磅士告村，木寧村長是村裡較富有的人。他的房子外頭有廁所，在那間小棚屋裡，一個座位覆蓋在他挖的深坑上頭。每當坑裡滿溢，他就會另挖一個新洞，移動頂棚和座位。而僅僅在十碼（約九．一公尺）之外，他挖了一座井用幫浦取水。結果，滿是病菌的糞坑流入他取水的同一個地下水層。

木寧的情況一點都不罕見，而是常態。葉沙威（Viey Savet）是名十二歲男孩，他來自靠近暹粒的空尼村（Chong Kneas）。紅十字會前往調查衛生問題時，葉沙威告訴他們：「我醒來以後，用湖水刷牙洗臉。我去上廁所。我們的茅廁直接注入湖裡。我父母都在湖裡洗澡。做晚飯時，他們用的是燒開的湖水。我一天在湖裡洗三次澡，有用肥皂。」因此，「一場無聲的屠殺持續上演。」瑞奇納（Beat Richner）醫生形容。

瑞士醫生創立免費醫院

瑞士籍醫生瑞奇納個性火爆，蔑視他眼中的傻瓜和壞蛋之流；在柬埔寨，他相信他每次轉身都會撞見一個。瑞奇納在暹粒開設兒童醫院，他的醫院和公家的馬德望醫院之間的差距令人難以置信。昆特波帕醫院（Kantha Bopha Hospital）寬敞、乾淨而現代，而且免費。病患不須因為接受診治而付費，醫生和職員的薪水足以支應生活所需，不另行索賄。昆特波帕和馬德望醫院共有的特徵只有病人。

瑞奇納站在其中一間病房入口，那裡有二十名孩童躺在真正的床鋪上休息，他查看病歷時一邊揮舞手臂。「他們有瘧疾、登革熱、腦炎、肝炎、腦膜炎、肺炎、腹瀉。」然後他飆出常掛在嘴邊的言論，「我們有數千名傷寒病患，我們醫院裡有四十二例登革熱，今天早上新入院九十五例，還有十八例腦膜炎。如果是在瑞士，全國有三例腦膜炎就會上遍各大報了。在這裡，假使你去診所，他們會收你六十美元。但是哪個小孩有六十美元？我們做結核性腦膜炎的研究，以前不知道肺結核會導致腦炎，這會在十一月發表。二五％的柬埔寨人有B型或C型肝炎，而六三％的人染有肺結核。」

肺結核的潛伏期可達數年，在已開發區域，即使把潛伏病例算進去，也只有一％至二％的人患病。疾病、年齡或營養不良都可能使潛伏的肺結核發作，而瑞奇納表示，他可以從觀察兒童常見疾病的普及率來判定一個國家的狀態。「現在正在提高」，他分析。肺結核病例暴增顯示，患有營養不良的人正在增加。「我們院裡營養不良的病患，八〇％有肺結核。」

二〇〇八年食糧價格高漲，政府報告指出患有嚴重營養不良的人口比例近乎翻倍，在兒童人口中達到一六%。隔年食糧價格下降後，數字卻沒有改善。「肺結核是營養不良的前兆」，衛生部長莫本興表示，「而且，沒錯，病例正在增加。」

瑞奇納馬不停蹄，立刻切換到下一個抱怨話題。「貪汙很致命」，他說話時一邊快步通過病房之間的廊道，總是超前他的患者幾步，「奪走了數千條人命。如果你到醫院卻無力付錢，沒有人會幫你。我們這裡的護士站在病房區裡。」他指向病房區的一大張方桌，護士坐在電腦前填打病歷。「她們不會跑到後面躲起來。」

六十二歲的瑞奇納是個胖胖的小兒科醫生，一九七〇年代初期，他替瑞士紅十字會到柬埔寨工作。和多數西方人一樣，他在赤柬進逼金邊時離境。「當時全柬埔寨有九百四十三名醫生，其中只有五十名活下來。我有良知，一九七五年離開，把那些沒能倖存的醫生留在身後，我始終懷有一絲愧疚。」

戰爭結束後，西哈努克國王「請我回來整修位於金邊的昆特波帕醫院。我回答說：『噢，好的，我會去做。』我想我至少能試試看，但是不確定我能做什麼。我知道這裡有貪汙的問題。」

說起來，柬埔寨俘虜了他。在憤怒、罪惡感、輕蔑，當然還有同情的驅使下，瑞奇納募款數千萬美元，在一九九三年開立第一家醫院。至今他已有五家醫院，全都免費替任何一位走進來的孩童看病。「第一年我們有五千三百六十七名病患，去年是一百三十萬。」他喜歡說他醫治全國八五%的兒童，這數據看來可信，卻很難證實。從每日的清晨四點開始，數百位母親帶著小孩湧入暹粒醫院（Siem Reap Hospital），在大廳鋪草蓆盤腿坐下，等待看診。七點一到，他們去見檢傷分類醫生，他會判定孩子是否歸類為住院病患，或是經過治療就可以離院返家；通常一〇%的新病患必須住院。「到目前為止，我們今天診治了六百四十位新病患。」瑞奇納用自誇的語調說，當時剛過七點。他的襯衫後背已有大片汗水浸濡。嬰孩的哭聲從四方傳來，淹沒在每個病房區四十二架吊掛風扇全速運轉的聲響裡。「昨天收治的病患數是一千兩百人。」

這家醫院就像西方大部分的醫院那樣裝備齊全，配有斷層掃描機、核磁共振攝影和一間細菌培養實驗室；待產的母親要做超音波檢測。院裡有八百位醫生、四百位護士和五百九十張普通病床，而待產室有一百個床位。柬埔寨沒有其他醫院擁有同等水準——除了瑞奇納旗下的其他機構。然而這一切都靠捐款，瑞奇納一年需要二千六百萬美元，假使他想要擴張或購置新設備的話還要更多。批評瑞奇納的人——大鳴大放的態度為他樹敵不少——認為他的營運模式無法長久，有誰年年都能募得兩千六百萬美元？「洪森給我們三百萬」，瑞奇納說，「直接給我們，沒有經由部會，他們就沒辦法分一杯羹。」他另外還有好幾位可靠的捐贈人。瑞奇納也拉大提琴，每週六晚上他都替城裡來參觀吳哥窟的觀光客演奏。

收下捐款以前，瑞奇納喜歡先跟金主說明，他與金邊的世界衛生組織歐萊瑞醫生之間的戰爭。他每週例行的演講摘要如下：「依照世界衛生組織的宗旨，醫療應該要符合國家的經濟實體。」論及這一點時他語帶怒氣與不滿，即使他已發表此評論上百次。「但是柬埔寨的經濟實體是零，他們還期待柬埔寨人付錢，這些人全是農民，要拿什麼來付？世界衛生組織眼中的

『適當照護』，用在柬埔寨人身上根本是毛澤東主義。窮人理應得到糟糕的照顧，那就是他們認為的正義。」暢所欲言的瑞奇納東拉西扯講到下午，細數柬埔寨人民的苦難，以及國家醫療建設的腐敗，而這一切無人關心。

向世界衛生組織的主席歐萊瑞問起瑞奇納，他沒上鉤。「成就很多好事。」他不帶明顯情緒地說，「這是並行的，我們的任務不同。我們的職責是支持政府，再擴展到人民身上。」不過他辦公室裡不願具名的職員批評，瑞奇納態度好鬥，而且拒絕與捐贈社群談合作——瑞奇納強烈否認這項指控。

瑞奇納募款能力驚人，不過他就像走在鋼索上——年年矢志爭取、用盡力氣以募得數千萬美元。然而他退休或過世後，情況又會怎麼樣？「接班人已經選好了。」他說，「他可以搞定。」但是要怎麼募到這一大筆錢？「嗯，那是個問題。我們正在尋求穩定長久的來源，不過得奮力爭取。這是場戰爭。」

心碎的行善夫妻

瑞奇納營運全柬埔寨最大且花費最凶的醫療機構，而賈西亞（James Garcia）和卡拉（Cara Garcia）的計畫則平實許多。賈西亞是急診醫護人員，卡拉是掛號護士；夫妻倆住在美國南卡羅來納州，對柬埔寨的痛苦歷史與錯綜複雜的現況一無所知。然而他們二〇〇八年到柬埔寨度假，滿足卡拉新近對上座部佛教的興趣。

在國內遊歷時，他們目睹每一個觀光客看到的狀況：看起來是一群溫和的人，貧苦度日。

「孩子玩壞掉的人字拖鞋，或是綁在樹上的青蛙。」賈西亞描述。幼童沒穿衣服走來走去，因為他們的父母買不起尿布；家家晚餐都吃炸蚱蜢。

不過賈西亞夫婦也從醫療專業人員的角度觀察柬埔寨，發現有許多醫療困境無人聞問。卡拉突然間心生離鄉背井、搬到柬埔寨的念頭，她想開一家窮人診所。卡拉的丈夫最後答應了，解決一些日常問題後，展開他們人生的冒險。

尚未全盤了解前，他們就踏進駐柬大使穆索梅利對於柬埔寨的預言式警告。穆索梅利總是告訴旅客：「千萬小心！柬埔寨絕對是你所能踏足的最危險的地方。你會愛上柬埔寨，然而到頭來這地方也將令你心碎。」

賈西亞變賣幾乎是他們所有的一切，湊到四萬美元，又想辦法募得另外一萬六千美元。帶著這筆錢，他們出發前往金邊，希望能立刻開一家診所，救治病患。

利他主義者是少見的一群人。當賈西亞老實說：「我們只是想要做好事。」這對夫妻的確懷抱著其他動機。卡拉患有心理疾病，她有躁鬱症，被診斷為失能。而且六年前，她還兩度被抓到從自己工作的醫院藥房竊取處方藥，南卡羅來納州護士局為此譴責她。不消說，這一切使她就現實面來說難以謀職。換個地方或許能給她一個嶄新的開始。

他們去見衛生部長莫本興，他從一九八三年開始就掌管衛生部，並成為逢迎拍馬的高手。日復一日，大大小小的捐贈者進出他的辦公室，川流不息。他會對每個人奉上笑容，用鋪天蓋地的話語描述他的目標，以及這個國家距離赤柬殺害所有的醫生後，又走了多遠。他讓捐贈者感到安心且滿意，「我們連同政策一起研擬。」他總是這麼說。「所有權，每個捐贈者都保留所有權。衛生部門是最能有效運用國際資金的那些部門之一。」問起那無可迴避的艱難問題時，莫本興也精通閃躲之道。付款賄賂醫生？「你會聽說，是因為他們知道自己有權暢所欲言。這是個自由的社會。那是好事。」

賈西亞得到的待遇也一樣。他說莫本興發出許可，讓他們在磅通省開診所，並納入國家正式醫療系統的一部分；衛生部會供應診所需要的物資。所以，他們自己負擔成本，開始替上百位病患看診——每個月超過九百人。然而當他們向衛生部地方辦公室問起所需藥品時，當地代表說倉庫空無一物。賈西亞說：「我們一次又一次送出請求，但總是得到他們沒有藥品的回應。」然後有天晚上，賈西亞夫婦恰好路過衛生部當地倉庫，當時門是開著的；他們看到裡頭堆滿診所一再請求的所有藥品。賈西亞詢問倉庫經理，為什麼他的請求全被拒絕？經理只回答：「這些不是給你的。」

不久之後，卡拉有天晚上出外散步，她說看見兩部休旅車停在倉庫大門前，有兩名男子正在把藥品和設備搬上車，直到滿載。在一場當地的捐贈者會議裡，賈西亞夫婦問及此事；依據穆索梅利的公式，他們已然涉足柬埔寨式冒險的第二部。他們得知，最有可能的狀況是，那兩名男子打算販售搬走的藥品，中飽私囊。衛生部在整個磅通省設立十九間診所，規模與賈西亞的那間雷同，不過大多關門歇業，有些還用木板永久封死。有三到四家還開著，不過一週僅開張數小時。其他時候護士和醫療人員沒來上班，他們另有工作。由於為數眾多的診所關閉，衛生部官員就能虛設雇員，領取他們的薪水。到了十月，賈西亞夫婦猛然發覺，在這個他們試圖伸出援手的國度，自己的好意與深植其中的風俗產生正面衝突。

卡拉特別不喜歡這一點。她對政府官員生氣，質疑他們的誠信，將診所裡無法得到適當醫治而死去的人命怪到他們頭上。她反覆咆哮：**柬埔寨的貪汙正在殘殺國家幼苗**。「你應該要為你自己感到羞愧！」她搖晃手指對他們說。

她丈夫已經習慣她的「嚴重情緒轉折」，他是這麼形容的。那是她身患疾病的其中一個症狀。不過柬埔寨人認為她的羞辱過於激烈。在他們看來，卡拉似乎對於亞洲人愛好面子一無所知。她也肯定沒有讀過《女人的規矩》，那篇民間讀本教育女人她們在社會中的地位為何。如同瑞士人類學家在一九九〇年代發現的，柬埔寨人不擅於處理正面衝突，而且他們通常會以極端的暴力作為回應。

過了幾晚，賈西亞夫婦描述，卡拉結束一場會議走回家時，幾名男子從車內跳出來，把她拉進稻田裡，痛打並強暴她好幾個小時，然後讓她留在那兒等死。她沒死，但是身心受創。

賈西亞夫婦向好幾個警察局投訴，他們全都相應不理。事後向警局問起攻擊事件，他們聲稱是卡拉自己一絲不掛地在路上奔跑。現在這對夫婦像是具有放射性一樣，沒有人想要碰他們。最後他們放棄了，打包財物，結清帳戶。賈西亞這時才發現，診所助理已經從裡頭偷錢好幾個月了。他們什麼都不剩，「沒有房子，沒有車，除了行李箱裡的東西以外別無恆產。」賈西亞哀嘆。他們手頭空空，甚至得向人討錢才回得了家。

回到美國後，賈西亞回想他們的旅程：「我們把自己所有的全給出去了。」他回想，不過柬埔寨「擊潰我們的志氣」——也傷透他們的心。

CAMBODIA'S CURSE
THE [redacted] OF
A [redacted]

第十四章

暴力都更，驅逐住民強占土地

駐柬大使穆索梅利釋出善意

穆索梅利在二〇〇五年成為美國駐柬大使前，對柬埔寨所知有限；然而美國對柬埔寨過去三十年的紛擾態勢保守，他長久以來深感憤怒。「大學時代，我曾協助發起遊行，抗議美國入侵柬埔寨。」他回憶，「從此之後，我對這件事念念不忘。所以，當我拿到可以選擇前往擔任大使的亞洲國家名單時，我甚至只考慮不到五秒。柬埔寨。」

那是他首次出任大使，他上一個職務是菲律賓外交使團副團長。約一年後他抵達柬埔寨時，邀請幾位柬埔寨人民黨高階官員到家裡吃飯，「我很震驚」，他睜大眼睛說。提到美國而未必是針對新任大使，柬埔寨人對他說：「你們從沒有信任我們。你們總是試著要羞辱和貶低柬埔寨。一九九七年，你們切斷直接援助。這麼長一段時間以來，你們只肯支持我們的政治對手。」

全都正確。美國跟柬埔寨的關係冰凍已久，一九九七年所謂的政變發生後，美國中止直接援助幾近十年，如今仍然堅守立場。多數美國援助計畫得透過非政府組織或其他私人企業進行，幾乎沒有任何是給柬埔寨政府。同時美國政府裡有許多人始終厭惡洪森，而樂於替森朗西拉抬聲勢。在華府，洪森一直是不受歡迎的人物。

幾年前魏德曼擔任大使時，華府的憤怒官員曾撤回對這個國家所有的實質參與，也是「政變」導致的結果。「我們在這裡沒有重大的國家利益。」魏德曼解釋，「所以我們說，讓人權成為主要的、或許是唯一的外交政策目標。」當然，這代表著大使將與洪森和柬埔寨人民黨長期奮戰，他們是人權提倡者眼中的惡棍。這就是穆索梅利面對的情勢，即便他腦海裡根深柢固的印象是越戰時美國轟炸且入侵柬埔寨。

到現在，曾在聯合國占領行動與一九九三年首次大選那段激情歲月扮演要角的國務院大頭，全都已退休或轉換到無關的領域工作。一九九〇年之中有幾個月，國務卿貝克曾將柬埔寨推上美國外交政策議題的頂點，距今超過十五年。聯合國在一九九二和一九九三年的占領行動，如今僅是歷史註腳——處於太遙遠的過去，無法成為有效的政治爭議點；要寫入歷史又嫌不夠古老。

從那之後，聯合國派到厄利垂亞（Eritrea）、東帝汶（East Timor）、達爾富爾與其他地區的維安武力，規模和野心相形較小。世界試著擔當起近期波士尼亞、蘇丹和盧安達突發的種族屠殺。儘管赤柬時期的死亡人數，仍然遠比後來這些殺戮來得多，波布犯下的慘絕人寰惡行，似乎不再是獨一無二。

如今穆索梅利到金邊就任，而美國在伊朗和阿富汗打仗。在國務院，負責東亞和太平洋事務的副國務卿希爾，心神聚焦於北韓的核武計畫。他常說：「人們開始叫我北韓副國務卿。」希爾跟洪森碰過一次面，當時他到金邊為美國大使館一棟新大樓剪綵。希爾得知洪森逮捕兩名人權分子，當他向洪森問起這件事，洪森答應釋放他們，並且說：「我釋放他們，當作是給你的禮物。」幾年後提到洪森，希爾表示：「你絕對不會把這個人跟傑佛遜總統混為一談。」他壓抑真實情緒，勉強維持住外交臉孔。

種種情勢顯示，穆索梅利或多或少擁有自由塑造美國對柬外交政策的空間。沒有其他人真正在意，所以他要改正眼前的錯誤。不，他沒有要補償當年對柬埔寨的轟炸。無論如何，現在輪到他上場做出改變。

二〇〇七年，穆索梅利告訴華府，他想要重啟對柬埔寨政府的直接援助。希爾收到請求，沒想太多就批准了。「大使非常希望促成這件事。」希爾聳聳肩解釋。不過他反射性地補充：「那並不表示我們就會把錢捧給哪個部長。」

國會裡痛恨洪森的人也已釋懷。「事態變得十分、十分明朗，他的地位長久且穩固。」一位切身參與柬埔寨事務的國會高層官員表示。「行政當局形成一貫政策後，國會退居幕後。」如同前大使唐寧所說：「你知道，當今的國際輿論是，我們必須跟洪森打交道。而柬埔寨，再也不值得我們大動干戈。」

「現狀已經成為定局」，幫助協調聯合國占領行動的前國務院官員索樂文表示，「而且變得更好——當然比赤柬統治時來得好。」到頭來，對華府和世界大多數國家而言，現狀已經夠好了。先是美國起了頭，後來導致聯合國行動，然而世界已經放棄當時立下的承諾。他們把頭轉開。

二〇〇五年洪森廢除十月二十三日的國定假日時，華府似乎沒有一個人注意到這件事。一九九一年的這一天，包括赤柬在內的所有柬埔寨勢力簽署巴黎協定，同意放下武器，尋求國家嶄新的未來。這天曾是國定假日，但是洪森覺得沒有必要再慶祝。在森朗西看來，世界似乎認為：「如果你們繼續活得像一千年前的人們」，也就是闍耶跋摩二世統治時期，「你們還是會比赤柬時代的生活好很多。」

洪森很滿意，他與穆索梅利的關係獲得改善，成為繼昆恩之後最能親近的美國駐柬大使。而穆索梅利想見總理的時候就能見到總理，他很珍惜這樣的關係。穆索梅利舉例，像是有次「他們要整修公園」，就是位於舊國會大樓對街、一九九七年手榴彈攻擊發生的所在，如今成為明亮、乾淨、綠草如茵的公園。遊客時常造訪，他們對當年的攻擊事件一無所悉。「在整修過程中，他們要拆除手榴彈受害者的紀念碑。我問洪森這件事，他發誓他毫不知情，而且後來他阻止了這件事。」

儘管如此，穆索梅利心裡清楚許多問題正在削弱、洞穿柬埔寨。有次他跟洪森的兒子共進午餐，服務生送餐時，穆索梅利指向其中一人說：「你可以把他從屋頂丟出去，沒有人會拿你怎麼樣。」這頓飯的東道主抗議說：「如果我父親發現了，他會把我永遠關在牢裡！」穆索梅利回嘴：「不過他不會發現，沒人敢告訴他。」

穆索梅利試圖替美、柬關係求取平衡點的同時，使館職員正火力全開，忙著揭露貪汙和相關政府的罪行。沒有其他地方的大使館如此執著。「我們是異數。」美國國際開發總署駐柬辦公室主任索托承認。

索托的辦公室贊助項目十分廣泛，有些似乎不切實際。尤其是有一項計畫要訓練柬埔寨新聞記者從事調查報導。即使連計畫總監福勒（Mike Fowler）都懷疑計畫成效。「這絕對有問題」，他搖著頭說，「你在這裡撰寫調查報導，下場是被起訴，然後關進牢裡。」

另一項計畫更有野心，然而通往同一處死胡同。二〇〇八年五月，一隊摩托車和人力車停在國民議會門口，送交一百一十萬份柬埔寨人民簽署的請願書——幾近於一〇%的人口。簽名大多只蓋上指印，因為很少柬埔寨成年人會寫自己的名字。請願書內容力促國會通過人民苦苦期盼近十五年的反貪汙法，運送費用由美國大使館負擔。「我們評估，政治意向並不希望反貪汙法通過。」索托表示，「當政治意向不存在時，我們必須塑造出來。」直至當時，所有嘗試過的其他方法都失敗了。這一次也不例外。摩托車和人力車的駕駛把一箱箱請願書搬下來時，有位國會議員出來致意。他說，國會拒絕接受請願書。

穆索梅利表示，對於這一切，他偏好採取低調的方式處理。「我認為處理貪汙問題的有效方式是別再自以為是，談命運而不談道德。『你們落後鄰國越南和泰國這麼多，如果不把握最後機會去競爭的話，你們會落得附屬國的下場。你們負擔不起貪汙的昂貴代價。』那是我告訴他們的話。你懂吧。」他補充：「當你說出批評的話語，他們心中深怕這是西方世界要試圖貶損或顛覆政府。事實上，我們應該要像一位憂心忡忡的朋友那樣給予建言。」但是他很快學習到，當柬埔寨政府「憂心忡忡的朋友」是很困難的事。

調查非法伐木惹殺機

大約同時間，美國在二〇〇七年恢復直接援助，而英國非政府組織「全球見證」終於發布他們調查非法伐木的報告。歷時三年寫就九十四頁的文件，標題名為〈柬埔寨的家族樹〉。報告內容對大多數柬埔寨人來說耳熟能詳：「**一群由洪森為首的盜賊統治**[1]**菁英，正在剝光柬埔寨的森林。**」

從遠古開始，柬埔寨的上等木材就成為人們獲取財富的來源。赤柬下台後，陣營中的士兵第一次公開展示樹木可以被大批砍伐並賣往國外，他們把開採林木的概念帶到柬埔寨。洪森從他們身上學習，一九九三年他幾乎一掌權就跟共同執政的總理拉那烈均分非法伐木收益。他們兩人共同寫了一封祕密信件給泰國總理，表明只有國防部有權出口木材，且立即生效。削弱赤柬是部分動機，不過假使這是命令的唯一目的，他們兩人就不會將信件保密。

命令或許可以保密，結果卻顯而易見。唐寧在一九九〇年早期出任使節團長以及其後的大使職位時，發現「軍隊深深涉入森林方面的問題」。他表示自己促請政府加以控管，卻目睹「當時的國家體制有多薄弱」。

一旦軍隊嘗到木材生意的甜頭，他們很快就上癮了。當問題變得愈來愈嚴重，世界銀行迫使政府僱用全球見證作為國家的森林監督者。不過在二〇〇二年，洪森氣憤地將組織的調查員全都驅逐出境。有些人設法溜回來繼續工作，直到最終發表報告。

報告揭露的兩面詐欺體系中，洪森將廣大林地授予他的紅頂商人作為「植栽園」，如同菩薩省的假尤加利樹林場。全球見證標定出非法伐木的廣闊網絡，編目記載賄金，也列出姓名——大批政府官員、軍隊人士，也有總理的家人和密友參與共謀。報告宣稱洪森的四千人護衛隊「在全國從事運送木材的服務，運送非法取得的木材跨越整個國家，並將可觀的數量出口至

❶ 譯註：盜賊統治的英文kleptocratic一字源自於希臘文的kleptēs，原意指盜賊；盜賊統治則是指國家當權者利用權勢貪汙，擴張私有財產。

越南。」單單一座非法木材廠的年運送量價值可達一千三百萬美元。

洪森氣到面色鐵青。一如往常，他拒絕討論調查結果，反而攻擊提出報告的組織。首先，他禁止任何柬埔寨報紙刊出全球見證的文件。法文報刊《柬埔寨晚報》（*Cambodge Soir*）無視洪森的脅迫，政府立即開除那位編輯並勒令報紙停刊。自由亞洲電台（Radio Free Asia）記者皮匹西（Lem Pichpisey）在生命受到威脅之後逃往泰國，因為他也報導了全球見證的調查。洪森的弟弟洪寧發出警告：如果全球見證的任何一個人回到柬埔寨，「我會把他們打到頭破血流為止」。報告中載明他的妻兒全都涉入木材交易。對於寫到自己的部分，洪森以慣有的招牌帶刺隱喻表達蔑視：「這或許跟狗自己從垃圾桶裡翻出來的骨頭，牠舔起來會比較快樂是同樣的道理。」

無論全球見證的報告招惹來多少麻煩，不爭的事實是，在報告發表的二〇〇七年六月，柬埔寨大部分的上等木材已經遭到砍伐，非法伐木和開採森林已成夕陽產業。洪森和他的紅頂商人移往新的生產線：奪取並販賣柬埔寨的土地——即使上頭住有柬埔寨人民。

政府強行掠奪人民土地

二〇〇六年六月六日，士兵和警察在大半夜現身金邊中部三波扎（Sambok Chap）附近，一個名叫恩菲（Un Phea）的婦女住家外頭。他們把恩菲一家和另外一千多人驅逐到街上，點火燒毀了這些人的居所，恩菲他們甚至來不及拿取寥寥無幾的財物。而後，士兵將所有居民趕到卡車上，載往城外十五哩處的安東（Andong），棄置在稻田裡，甚至一瓶水或取暖的毯子都沒留下。

「連地主都嚇壞了」，社區法律教育中心執行總監嚴必若（Yeng Virak）回想那天晚上的事。「沒有得到事先的告知，他的土地上突然就出現一千多人。」

在那事件之後，士兵離開了——不過有少數人留下來，阻擋送緊急口糧及用品來的援助人員接近。似乎嫌這一切還不夠悲痛，像這樣的意外事件誘發許多人潛藏的心理疾病。「過去的創傷會影響現在對事件的反應，例如土地遭到掠奪。」研究柬埔寨人創傷後壓力症候群的心理學家費爾德分析。畢竟昆恩和未婚妻一九七三年在越柬邊境山頭上曾目睹過的優美景象，跟這一次同樣令人心生恐懼。赤柬士兵曾把居民趕出屋外，焚燒他們的家，用卡車把人們載往集中營。

「在這裡我沒辦法做生意」，恩菲在事件發生兩年後抱怨，說得相當輕描淡寫。「他們把我們丟在那兒，沒給錢，沒給土地，什麼都沒有。」恩菲坐在簡陋棚屋外的泥土地上，單間房，牆壁和天花板用棕櫚葉搭成，支竿撐離地面三呎高。她的一個小孩沒穿衣服，坐在屋裡吃小碗裡的飯。她正在剝嫩竹筍的皮，再削進塑膠碗裡，心中怒氣未減。「以前我在皇宮前面賣水和蛋，生活過得算不錯。在這裡很難做生意。」

這群人住在金邊時享有電力、自來水，如果負擔得起的話，還能上學校和診所；大部分人有工作。現在淪落到稻田裡，上述一切都沒了。從市區開車到這裡要四十分鐘的路程，途中會經過機場，以及一塊立牌，寫著：「一路順風，再見。」

「我們得向供水站買水」，恩菲朝屋旁的土製蓄水池點點頭，蚊子幼蟲似乎攪亂了水面。

有個非政府組織在她的小屋正面外牆釘上海報，用高棉文和英文警示登革熱，那是一種由蚊子帶原的疾病，在當年大流行。不過恩菲不識字，這現象很普遍。

這不過是柬埔寨過去幾年發生的數千起土地掠奪案件之一，受害者的情況或多或少雷同。政府表示，至少有三千位民眾向專為這類案件設置的政府機構投訴。

這不是個全新的問題。「甚至在柬埔寨過渡時期聯合國權力機構撤離之前，土地糾紛就已經存在。」唐寧說，「我敦促政府建立土地紀錄，但是他們似乎沒什麼進展。」過去政府掠奪的土地上頭大多生長著軍隊一心想要砍伐的林木，然而樹木砍伐殆盡後——造林不是柬埔寨人的習慣——政府與他們密友把目光移往土地本身。他們眼中似乎沒有注意到居住在土地上的人民。

金邊有價值的地產成為受青睞的目標，像是恩菲住的那一帶。一九九〇年代中期到柬埔寨研究的瑞士人類學家小組指出，在越南占領期間，「土地畫歸國有這個觀念始終存在。所以，每當某塊土地的所有權受到認定，感覺就好像雙手奉上『國家』的財產，（儘管）他們是收了賄金才給予認定。」

把窮人趕出他們的家、棄置於城外某處，這般惡行自一九九〇年代晚期輪番上演。外交人員和捐贈者紛紛要求政府通過法律，管制土地掠奪者。「這是個嚴重且可怕的問題」，時任美國駐柬大使的魏德曼說。「在赤柬年代，所有的土地所有權都被摧毀，而人們從泰國難民營回來時，他們就只是在自己能生存的土地上住下來。政府想要某塊土地的時候，就威嚇人民：『我們有槍，馬上滾開！』所以我們施壓，要他們通過相關法律。」

二〇〇〇年晚期，金邊正要蓬勃飛升，當發展商相中一塊地，他只要付錢給特定官員，就能拿到熱騰騰發給的土地所有權。「他們的作法是賄賂法官，接著就能拿到所有權狀。」馬德望市的援助工作者羅伯特說明。「然後他們就能證明土地是他們的。」

「對開發商來說，這是很有效的方式。」社區法律教育中心的嚴必若說，政府「有權狀，你付錢就能拿到。」其後，受害者的唯一選擇是告上法院。不過土地的新「地主」向洪森買來證明，如有必要，他會上洪森的法院替自己辯護。

這一切辦妥後，新地主只須清除原居民的財物——原居民幾乎全數貧窮且未受過教育。只要開發商買到土地所有權狀，有時候政府還會指控原居民非法入侵與破壞財產，把他們關進牢裡。在一起典型的案例中，士兵幫助興發展有限公司（Heng Development Company）在幹丹省驅逐居民，那塊土地剛由公司「購置」。士兵開火，射傷數名拒絕離開的居民。《金邊郵報》報導，開發商買下九千九百畝地，又覬覦周邊相鄰的地。居民拒絕賣地，開發商便回到金邊買下那些土地的所有權狀。士兵再次開火，把這群新的受害者趕走。

二〇〇一年施行的土地法，給予居住超過五年的居民土地擁有權，以及合法的所有權狀，試圖處理這個矛盾問題。然而就像其他許多法案，政府從未制定施行細則，選擇不去實行或遵守這條法律。當土地價值上漲——二〇〇七年，金邊市區的地價約等同於芝加哥市區——土地掠奪也擴張至高峰。

非政府組織和其他捐贈者負起責任，試著舉辦講座，告知村民土地法對他們的保護。政府可不會同意；不只一次聚會遭到省當局派出的消防隊阻撓，噴灑水柱沖散參與講座的每一個人。「消防隊是其中一種方式」，裕昌說，「他們也用電擊棒驅逐人群，對民眾拳打腳踢。太野蠻了！還有人被毆打致死。」

把居民趕走的問題日趨瘋狂狀態，國內報紙一天報導的土地掠奪事件從兩起、三起、四起到更多。人權團體記載的驅逐事件，二〇〇七年影響人數高達七萬九千一百五十五人，其後幾年數字持續成長。土地掠奪也變得更加厚顏無恥，國務院的二〇〇九年人權報告以平淡的外交語言描述其中一件插曲：

四月間，金邊洞里薩巴塞河的「七十八小組」代表，基於二〇〇六年的一項驅逐通知，與金邊市長蓋竹德瑪（Kep Chuktema）會面。當局宣稱這塊地屬於國有，然而政府並未提供文件證明國有產權，這塊地也不符合二〇〇一年土地法定義的國有地。

根據二〇〇一年的土地法，土地可由國有轉移為私人擁有；許多自一九八〇年代就定居於此的家戶，根據二〇〇一年的土地法要求所有權。七十八小組的成員聲稱，市政當局提供的賠償金，約等同於二〇〇七年十一月獨立地價評估的二%，外加一戶得到金邊驅逐重新安置基地的一塊土地。社區仍然受到驅逐的威脅。

隨後在二〇〇九年七月，護衛隊兵力強勢驅逐居民。

眼見這副情景，世界銀行決心介入爭戰。面對砍伐森林的潰敗後，現在他們試著要對抗土地掠奪的問題。世界銀行開始替全國的窮人買下土地所有權。「我們僱用幾個團隊研究土地所有權，撥款幾近一百萬美元！」世界銀行一位資深官員二〇〇八年於華府誇口說。

世界銀行金邊辦公室資深經濟學家古英柏（Stéphane Guimbert），解釋他們如何選擇土地：「這是受政府影響的」，他坦承。也就是說，是由政府來告訴世界銀行，哪塊土地的居民有資格取得所有權。難道政府不會驅趕世界銀行遠離他們想掠奪的土地？這不是很明顯的事嗎？古英柏點點頭，「我們爭取到一些所有權，這些土地位在最容易取得、而且沒有爭議的區域。」他就事論事地說。一年後，他的辦公室再次陷入麻煩，因為他們忽視了或許是至今最為厚顏大膽的土地掠奪案。

萬谷湖開發弊案

金邊正中央有個占地兩百二十英畝[2]的美麗湖泊，名叫萬谷湖。晨光照耀著綠意盎然的島嶼，漂浮湖上；東面有座金色圓頂的清真寺。圍繞著湖四周，有超過四千戶人家住在金屬和木頭蓋的簡陋小屋裡。過去三十年間，他們在水面的碼頭上蓋房子；木板搭出蜿蜒路徑盤旋纏繞，連接家屋與商店，湖水在腳下閃爍發光。有位居民經營船塢，另一個從事藤織藝術品作坊，大多數居民則在街頭討生活，收入微薄。

金邊市政府直接將這些居民腳下的整座湖，連同周邊土地租給私人開發商。這件事發生

[2] 譯註：近〇．九平方公里或九十公頃，約九個台北大湖公園的面積。

在二〇〇七年，中國官方的新聞通訊商新華社發布一則新聞，宣稱來自「雲南東南亞經濟技術投資實業有限公司❸的高層，在柬埔寨副總理索安與中國雲南省長秦光榮的見證下，與柬埔寨的蘇卡庫公司（Shukaku Company）簽署協議，由雙方共同開發金邊的萬谷湖區域，打造稱為東方新城的多功能住宅娛樂中心。」沒有人確切了解那代表什麼，不過人人都知道，蘇卡庫公司歸屬於活躍的柬埔寨人民黨議員劉明勤和他的老婆。劉明勤就是那個買下菩薩省最後一片森林地開採權的紅頂商人，他聲稱要拿這塊地來種植尤加利樹。如今政府給他九十九年的租約，涵蓋範圍三百三十英畝——包括萬谷湖以及周邊的土地，上頭的數千居民以此為家已經有幾十年。

一年後，開發商表明來意。未經通知或說明，公司就將一條粗輸送管安置在洞里薩河床，通過金邊的街坊進入萬谷湖。一旦工人按下開關，強力幫浦就開始抽吸河床砂土，經由城市傾倒進湖裡。雖然沒有人公開說過什麼，目標立刻顯得清晰無比：用砂土填平萬谷湖，整個毀掉抹去，開發商就能在城市正中央精華區突然新增兩百二十英畝地產。而劉明勤僅僅付了七千九百萬美元就得到租約。新聞記者在國庫裡找不到這筆錢的紀錄。

到了二〇〇九年夏天，狹長沙地伸入湖裡，已經超過湖的中心點。水位當然上升了，而市政府開始告訴萬谷湖區居民他們得搬走。二〇一〇年初，砂土進入下水道管線，堵住入口，使得未經處理的汙水回流到居民家裡。「下水道的水位一天天升高，我擔心我的房子會被淹沒。」一位住戶告訴《柬埔寨日報》。居民抱怨傳出的惡臭，有些人因而生病。幾個住戶對記者展示文件，記載他們自從一九七九年就居住於此——久得足以取得土地法給予的所有權。不過那不重要。

政府表現得跟往常一樣，禁止居民在市政府聚會討論他們的處境。至於土地法，施行細節從未制定完成。開發商拿出了公開聲明，那是一份環境影響評估，主張填湖對環境有益，因為湖是「死的」。聲明宣稱，居民「以無政府狀態過活」。所以填平萬谷湖會有「對環境的重大效益」或「對社會的潛在重大影響」。

《柬埔寨日報》記者請蘇卡庫公司或政府裡的某個人出面解釋萬谷湖開發案，畢竟這是城市中心點的重要地標。「造訪萬谷發展協會位於湖岸東北角的地方辦公室，結果引來警方、軍隊和看似臥底的警察圍住記者，要求他們立刻離開辦公室所在地。」這是《柬埔寨日報》二○○九年夏天的報導。

「萬谷湖周邊禁止進入」，一位拒絕透露姓名的雇員表示，「想問問題？去問市政府。」在市府，「無法找到金邊市長蓋竹德瑪給予評論。」而副市長索謝旺（Pa Socheatvong）拒絕談論萬谷湖，把問題丟給蓋竹德瑪市長的內閣。記者致電給內閣首席努沙眉（Nuon Sameth），他說自己無暇談論萬谷湖，隨即掛上電話。奔夫人區（Daun Penh District）區長索桑巴（Sok Sambath）把所有關於萬谷湖的問題都交由蘇卡庫公司回答，他說：「當局會繼續跟蘇卡庫公司合作，以促進迅速發展。」然而「蘇卡庫的經營階層，一次也未曾向媒體說明萬谷湖開發

❸ 譯註：是中國大唐集團海外投資控股的子公司，公司主要業務是在柬埔寨開發電力、建設、營運與銷售。

案，也不願表達回應。」到了二〇一〇年夏天，抽進湖裡的沙多到湖水都溢出路面，淹沒數十戶人的家園。

強行將貧病人民載往郊區

事件持續升溫，人權團體開始向世界銀行提出疑問：你們為什麼不對萬谷湖居民伸出法律援手？答案顯而易見，是政府而非世界銀行在選擇他們代表哪些居民去取得土地所有權，所以總是選中窮鄉僻壤，遙遠到沒有開發商想買。這釀成世銀另一起內部調查，結果反映了數年前森林專案的發現。

調查員坦言「組織、法律和政策成就間彼此斷裂，窮人的土地所有權沒有保障，都市區域的原始居民尤其嚴重。這個斷裂一方面影響某些專案的部分計畫；另方面影響專案的執行層面。」換句話說，世銀職員擬定計畫且行之有年，自誇取得的土地所有權數目，然而卻忽略了惡劣至極的土地掠奪案——如果他們肯往辦公室窗外看看，就不可能會錯過。

調查引述「計畫擬定過程裡的一項決策，與柬埔寨法律站在同一邊，決定專案不會碰有爭議土地的所有權，除非土地歸屬獲得協議。要認定土地歸屬，必須發展與實行國家土地分類來清楚畫分。」不過那從未完成。

再次遭到華府指責，世界銀行要求柬埔寨政府變更開發計畫，好解決部分問題。世銀也應允協助解決萬谷湖區域的爭議，但是政府拒絕了。二〇〇九年秋天，世界銀行停止取得土地所有權的計畫。大家都知道，世銀在這上面花了兩千四百三十萬美元。而且在執行計畫的過程中，政府把成千上萬的國民從他們的家裡趕走。有個例子是位在金邊中城的空地，二十戶家庭裡的每個人都是人類免疫缺陷病毒（HIV）帶原者，他們在醫院不遠處蓋了個小型簡陋村落，以便持續就醫。沒人逼這些人一起住在這家現代的隔離病院，他們只是覺得這樣很方便。二〇〇八年，新的觀光部決定蓋在這塊地旁邊；隔年部長又宣布，他想要在辦公室旁邊建造一座花園，正好落在這些HIV帶原家庭住的土地上。新的觀光部大樓才蓋到一半，工地前就豎起大看板，展示一座宏偉的亞洲宮殿，廣場上有歡愉的人們在漫步。HIV帶原家庭的村落完全被踢出場外。

市政府給每戶家庭柬埔寨幣一萬元，等同於二‧五美元，僅僅提前幾個小時通知，就把他們載往城外十五哩（約二十四公里）遠的驅逐基地。在那裡，政府為他們蓋了新房子：一棟用大片綠色金屬波浪板建造的樓房，裡頭隔出數十間房。每戶家庭得到一間空房，約略是十五乘十二呎（約五‧〇五坪），內部空間看起來就像是花園的小棚屋。屋裡沒有廚房、浴室、電力或自來水，不過外頭倒是有座抽水幫浦，打上來的水髒汙不堪，嘗起來有化學物質的味道，可能是因為基地後方種植水稻的農民使用化學肥料。

抵達基地四天後，四十一歲骨瘦如柴的蘇翁達比（Suon Davy），挨在吊床上怨嘆自己又病又無家可歸。「我們全都生病了」，她說，「我們從二〇〇〇年就住在以前那個地方，不過從沒有向政府登記，因為我一向病得很重。到這裡以後，當局沒有派人來看過我們。他們把我們丟下就不再理會。他們這是把我們丟去遠遠的地方等死。」

他們不是唯一的個案。奈志寧（Nai Chineang）家住在金邊中部，被圍困在建築於一九六

○年代的十層樓公寓的陰暗處裡。那裡叫作紅土社區（Dey Krahorm），在國民議會大樓的下幾個街口。奈志寧的家是用小塊木頭廢料、金屬波浪板和藍色塑膠布拼湊而成。聯合國在一九九○年代早期曾發送數以千計的藍色塑膠布，用來遮風避雨。對窮人來說，藍色塑膠布還是很好用的。

他的房子就像是城裡四處可見的簡陋小屋，除了一件事之外：有張政府文件釘在前門上，日期是二○○三年七月。洪森的部長理事會發函告知，政府授予「以下貧窮社區土地特許權」，包括「昔日是公園的紅土社區」，占地約十二英畝，「蓋有一千兩百二十棟房子，容納一千四百六十五戶和五千八百五十四人。他們會得到土地特許」，面積約九英畝。

奈志寧和其他人真的很幸運——直到市政府改變心意。有一家叫7NG的開發商決心拿下這片土地，他們付錢給該付的官方人士，取得所有權狀，接著再試圖向法定擁有者、也就是紅土社區居民買下土地。公司官網秀出一張照片，是洪森替7NG的執行長披上金色肩帶。文案寫著：「由高貴—至高無上—偉大—全能的統領—洪森，柬埔寨皇家政府的總理，頒發的柬埔寨國家勳章。」

數百名居民接受這項交易，普遍得到三千五百美元，以及近二十哩外的簡陋住屋。不過還有數百人拒絕，所以7NG和他們在政府裡的同夥開始騷擾這些居民——開怪手進駐，把建築物打掉。

國外人權團體與其他人開始關注紅土社區。一位德國電影工作者搬進社區一間空屋，他說這是彰顯「純粹團結」的行為。聯合國駐柬人權事務特使耶史凱（Yash Ghai）跟紅土社區居民一同上街遊行，刺激洪森說出「你只被視為長期停留的觀光客」，應該離開柬埔寨，因為「我就算活到一千歲也不會跟你見面」。

根據柬埔寨媒體的報導，不久之後，警察和7NG員工用石頭和尿袋丟擲居民。「現在他們做得太明顯了。」二〇〇八年夏天，柬埔寨促進和保護人權聯盟主席賈拉布呂（Kek Galibru）表示，她的聯盟提供居民法律辯護。「他們沒有辦法聲稱土地屬於國有，所以試著去嚇跑居民。如今使用的方法似乎有點改變，去年他們的名聲太糟糕了，於是就同時提供胡蘿蔔和棍棒」，提高收購的價碼。

賈拉布呂和其他人權倡議者開始相信他們要贏了，政府終於明白，法律不站在他們那一邊。受到這種樂觀想法的鼓舞，居民拒絕接受新的交易價格。「他們想要趕走我們，奪取土地。」奈志寧說，「他們提議給我七千美元，我拿那筆錢不能幹嘛。我想留在這裡，留在城裡。」

他們錯了。二〇〇九年一月，7NG首次提議買下紅土社區之後三年，公司的執行者現身驅逐留下的一百五十二戶。居民在街上設置路障，朝警察扔石頭，不過終究遭到圍捕，驅趕上卡車強行帶走。推土機把房屋敲毀時，部長理事會的土地授予文件還釘在前門上。一年多以後，二十餘戶遭到驅逐的家庭仍然住在市郊的帳棚裡。

聯合國、人權團體和外國政府對土地掠奪的抗議愈來愈猛烈且頻繁，洪森設立一個新的政府機構，功能是要確保遭到驅逐的居民受到公平對待。他將新機構命名為國家土地管理處，任命邱本榮（Chum Bun Rong）為副處長。邱本榮有點年紀了，身材圓滾滾的，顯得自信滿滿且得意。他曾在龍諾的軍隊官拜少尉。他說當赤柬開拔進金邊時，「我脫掉制服，拔腿狂奔。我在森林裡生活了許多年，吃昆蟲度日。」

越南軍入侵後，邱本榮曾擔任外交部發言人，當時洪森仍然是外交部長。他說，洪森前陣子指派他去「反制來自國外的負面評論，我有點像是負責快速做出回應的國家發言人。」來自外界的負面言論，如今有大半與土地掠奪相關，而他說他即使接任新職，還是會繼續擔任特殊發言人。

邱本榮表示，他上任後，管理處收到超過三千起土地掠奪申訴。他坦承，那些案子裡僅有五十件判定由土地遭搶的貧窮人民獲勝。不過國家土地管理處並非最終決策單位，那五十起案件送往了地籍委員會。邱處長說，在那裡「有些案子獲得解決，有些沒有。有時候他們一天就能結案，有時候案子就此消失無蹤。」一旦發生這種情形，受害者打給他而非地籍委員會。他說：「不過假使特許的土地不屬於國有，這時候就是非政府組織或記者的責任，確保受害者的訴求能被聽到。」

萬谷湖、安東、紅土社區以及所有那些關於驅逐居民的駭人故事，「你必須把這些想成是宣傳案例」，他堅稱。「有各種人以他們自身的政治利益利用這些議題。我們可以說我們做得不完美，假如你不喜歡，就不要投票給我們。如果政府做壞事，人民會起義。有時候我們保護人民，有時候我們維護投資者的利益。」他雙眼圓睜著補充，畢竟「有些百萬富翁是某些開發案的背後金主！」感謝上天，洪森讓他的國家發言人致力維護受驅逐的民眾。

邱本榮說他的辦公室有兩百名職員，他們手上當時有超過七百起投訴案等待發落。他導覽一圈，辦公室裡約有二十餘名職員。有些人在察看文件，其他人看來怠惰懶散。二〇〇六年，日本給土地管理處六十一萬五千美元購置電腦系統，協助加速處理工作。日本不像美國，他們直接把錢給了政府。導覽時，我看到十二部尋常的電腦工作站，總值約三萬美元。問起這筆捐款，邱本榮變得不安，他說：「噢，不過地下室有一台伺服器！」他並未帶我到地下室參觀，不過一台給十二部個人電腦用的伺服器，得鍍金才值五十八萬五千美元。

遭逐居民忍飢受餓

二〇〇八年夏日，距離三波扎居民被丟到稻田已經兩年了，柬埔寨促進和保護人權聯盟表示，替他們工作的醫生造訪安東上百回，看診近一萬五千次。醫生發現，居民最常見的健康問題是「營養不良、傷寒、登革熱、A型或B型肝炎、高血壓、呼吸道感染，包括壓力引起的潰瘍等腸胃疾病，憂鬱和情緒管理問題。」

居民受盡諸多苦難，而在驅逐基地最顯眼的場所，是由韓國慈善家興建的教堂。他認為信奉佛教的難民最需要的是天主教堂，所以慈善家就蓋了一座。這是當地唯一一座石頭建造的建築，位於安東基地的入口處，教堂外的招牌宣告這是一座「快樂教堂」。牧師是三十四歲的宋蘇菲克（Thong Sopheak），他講不清楚教堂信奉的是哪一種教派。他模糊地解說著新教（Protestantism）教義，身穿黃色T恤，以粗體字寫著「你！上帝的人。」他說他不對居民講道。

教堂開設學校，牧師表示有一百六十名孩童就學。老師是二十六歲的陶威立（Touch Vireak），他說，「去年我們送十二名學生去念初中，其中有兩名學生說他們準備念高中。」不過他承認，或許天主教堂不是這群人最需要的答案。「最大的需求是食物，他們很欠缺吃的東西。有些人吃不夠，所以他們向鄰居借。有些人欠債累累。」牧師補充：「他們還是很飢餓，他們需要幫助。他們需要電力，他們需要水。他們向一名有發電機的當地人買電，但是他索價不菲。不過發電機已經壞了兩個月了。我在家是用蠟燭和車用電池。」

到了二〇〇九年，離驅逐過了三年，人們已經在安東安頓下來，形成某種社區。死氣沉沉的竹製陋屋深陷泥濘地中，印有車輪凹痕的潮濕小徑大多狹窄，轎車

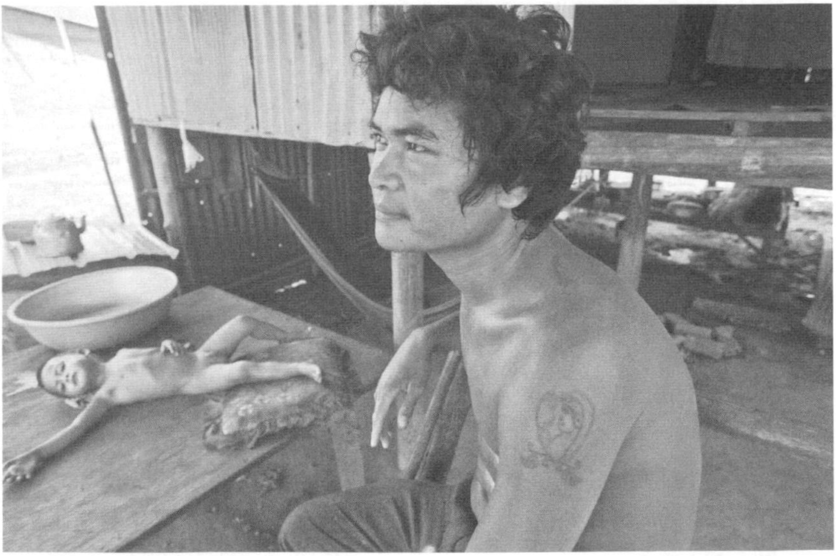

從自家土地上遭驅逐的人民，暫居在安東的收容處。山倪在他兩個因病熟睡、意識不清的孩子身邊，其中一個小孩不在鏡頭內。

無法通行。恩菲不在家，她到拜林省工作，收割玉米和木薯。恩菲二十三歲的弟弟山倪（Sam Nhea）留宿她家，他在屋前廊睡著了，那是兩週前他幫姊姊用木頭加蓋的平台。房屋側面的登革熱警示海報僅殘留碎片；山倪說他之前試著要把整張都撕下來，不過人有點懶散，最後沒能堅持到底。他說在營建業工作，可是為了照顧兒子只好停工。「他感冒了，他身子不健康。」男孩沒穿衣服，依靠著他父親躺在木板上。他五歲大，但是身形看起來像是三歲的孩子。正午時分，男孩動也不動，時醒時睡；清醒的臉龐只會空洞地直視前方。男孩的父親用雙手把他舉起來，身高僅有三十英吋（約七十六公分），從他身上看到營養不良和發育遲緩的現象。男孩牽著父親的手時，可以自己站立。不過他沉默無聲，棕色大眼睛看不出有在注視周遭環境的跡象。他父親扶他慢慢倒下，男孩再次平躺在堅硬的木平台上，閉起雙眼。

有個三歲小女孩躺在吊床裡，身材看起來跟男孩差不多，但是只有嬰兒大小。「我老婆通常餵她喝母乳」，山倪指著靜止不動的小女孩說。「母乳和一點飯，或許還有一塊甜糕。但是她現在不在，所以我們只吃米飯。我每天買米，買一公斤，給我們四個人吃早餐、午餐和晚餐。因為我老婆不在，我忙到沒時間帶他們去看醫生。」

假使山倪有時間，他要怎麼帶孩子去醫院？「我得去借台摩托車。」不過他坦承，他連哪裡有診所都不知道。我們離開後，山倪躺回他新搭的前廊，再度陷入睡眠。一個小時後，他仍然熟睡，身旁躺著病到意識不清的孩子。

柬埔寨人民黨想要把營地納入公權力管轄，指派了秦沙銳（Chhin Sarith）當村長。他蓋了棟有混凝土地基的真正房子，坐在可以容納兩輛車的車庫裡，旁邊停著一輛老豐田。「山倪呀，他是清道夫。」秦沙銳說，「他有毒癮，吸安非他命。他說他二○○八年戒掉了。」這位村長樂於嘲笑自己的鄰居，毫無節制。「他也撿垃圾，有時候向人乞討。」

將近一千四百戶家庭如今住在安東，位於最後一排家屋正後方，稻田再次收容了遭到驅逐的人們。然而沿著高速公路往下走，或許是某個富有的紅頂商人蓋了一座十八洞高爾夫球場——皇家金邊高爾夫俱樂部。洪森時不時就到那兒打球。

秦沙銳大談這片驅逐營地的好處。「沒錯，人們還是喊餓。對這個社區的人們來說，肚子餓是正常的現象。而且他們知道自己之前居住那裡是非法的，在這裡我們有所有權。我覺得我很幸運，因為我現在有一片地——我的個人財產。這裡雖然很偏遠，對，但是我的小孩在舊家沒辦法上學，在這裡卻可以。這裡沒有毒品，沒有犯罪，跟舊家完全不同。在這裡生活好多了。」

恩蘇法（Un Sophal）可不這麼想。她是山倪的母親，住在路底。她的五個小孩全在安東。「我她四十五歲了，下排牙齒已經掉了一半，右邊牙床全空了，看起來像是被人狠揍過一頓。「我沒有選擇，只能住在這裡。我沒有其他地方可以過活。」無須開口問，她講起從自己家裡被趕走那一天的情景，始終歷歷在目。「來了三百還是四百名警察，他們說，如果我們拒絕離開，他們會把房子拆掉。他們叫我們上卡車，把我們載到這裡，丟下車來。在這裡什麼生意都不能做，只能到森林裡挖竹筍和其他野生物產，或者是到距離這裡三、四公里遠的湖裡，採一些貝類來吃。」

恩蘇法一邊說話，她有個朋友正在煮晚飯。她把米飯加水搗碎，直到做成稀薄的米糊再倒進平底鍋；下方是水泥製的三腳火爐，裡頭塞滿用來升火的小樹枝。米糊煎熟成黃色薄餅後，把恩蘇法用小刀削的竹筍片包進去，把米薄餅捲起來。

「我還是餓，但是我拿他們一點辦法也沒有。」恩蘇法語氣堅定地說。距離她和家人遭到暴力驅離已過了三年有餘。「我只能記在心裡。柬埔寨人民黨把我們趕出來，嚴苛虐待我們。」她在頭上揮舞小刀，「沒電力、沒得發電、沒自來水。什麼都沒有！」

數以千計的柬埔寨人被驅離出居所，像恩蘇法一樣住到臨時拼湊的營地。同時政府的打手定期在金邊聚會，確保洪森能繼續隨心所欲地虐待他的人民。

CAMBODIA'S CURSE
THE MODERN HISTORY OF
A TROUBLED LAND

第十五章

反貪汙
終究只是口號

捐贈人一再被耍弄

二〇〇八年三月，非政府組織、捐贈人和外國政府再度齊聚金邊，他們從一九九二年就開始捐款給柬埔寨，如今又要為來年的捐款數目畫押。依照慣例，美國大使向眾人演說，包括洪森和幾乎每一位內閣成員都是台下聽眾。

穆索梅利大使思索過演說內容，最終他對洪森和其他政府成員說：「坦白說，我們，也就是你們的已開發國家盟友，被反貪汙立法明顯不被優先重視給搞糊塗了。反貪汙是你們發展策略的基石，也是你們期望達致的所有成就的中心。然而十年過去了，貪汙法仍然在草案階段。」從唐寧在任開始，穆索梅利之前的每一位大使或多或少都說過同樣的話。

事實上，到了穆索梅利接任之時，反貪汙法已經變成柬埔寨特有的空想，迷失於「猜猜石頭在哪裡」的騙局裡。洪森曾試圖壓制捐贈國對貪汙日漸增長的擔憂，因而首次應允通過反貪汙法，迄今已過了十三個年頭。十三年前，大使唐寧警告：「我們這次沒有威脅要終止援助，不過有許多競爭者想得到我們的援助金，這是事實。」接下來幾年沒多大改變發生，只有許下更多承諾——直到這個國家失去眾人目光，最終陷入亂局，困頓於一九九六和一九九七年因手榴彈攻擊而起的「政變」及其醜陋後果。不久後，捐贈國、非政府組織和利益團體重新施壓要通過法案，他們開始出版相關報告，反映自身漸長的挫折感。舉例來說，國際危機組織在二〇〇〇年八月十一日發表廣為人知的《柬埔寨：難以實現的和平紅利❶》（*Cambodia: The Elusive Peace Dividend*），報告裡宣稱「柬埔寨依然是強人執政的國家，目無法紀、踐踏人權、壓迫窮人、貪汙、毒品走私、土地掠奪與非法伐木比比皆是。」文中堅定主張政府必須通過反貪汙法。

同年部長理事會終於核准反貪汙法案，交由國民議會做最後的審理通過。然而又一年過去了，新進展卻是部長理事會祕書處說的再度「審查法案」，就是十二個月前已經核准過的那個法案。

捐贈人日漸受挫，也愈來愈憤怒。世界銀行柬埔寨辦公室主任波特在一場捐贈人會議提出告誡，假如柬埔寨打擊貪汙全無進展，無論法案通過於否，「援助將不會維持同等水準」。他是首位警告洪森的主要捐贈者；既然洪森已經穩坐國家唯一的領導者大位，假使政府再不通過反貪汙法，捐贈人就會扣住金援。洪森回應，他承諾讓反貪汙法「在二〇〇三年六月前準備好讓國會檢驗」。

二〇〇一年和二〇〇二年，捐贈人各給了柬埔寨六億一千五百萬美元。而在二〇〇三年，洪森實現承諾，把法案送交國民議會投票。就在那時候，國會出奇不意地決定八分之七的議員必須出席投票。出於某些未經說明的原因，柬埔寨人民黨的出席人數剛好不夠，造成投票無法進行。儘管如此，這明顯居心叵測的作為卻足以寬慰捐贈人，他們那年給柬埔寨六億三千五百萬美元。

---

❶ 譯註：和平紅利的概念由布希總統和柴契爾夫人於一九九〇年代初提出，意指國防預算花費長期來說會帶來潛在的社會利益，這個概念仍有爭議。

大選後隔月是持續整整一年的僵局，然而在爭端化解後，世界銀行立即於二〇〇四年十一月開火，挑在捐贈會議前發表《在分岔路口的柬埔寨》（*Cambodia at the Crossroads*）。這本一百四十三頁的報告提到「對於控制貪汙與通過立法的無力管理與失敗，凸顯出這個國家機制能力有限與菁英階層間缺乏信任——以及深深依賴基於廣大投資利益而促成的改革。」不過這也是世銀第一次責怪自身以及其他捐贈人。「柬埔寨在國際上的已開發國家盟友，強力攬下柬埔寨的發展責任，亟於參與提供解決方案。不過他們或許也成為問題的一部分。未能立場一致地為柬埔寨的窮人發聲，或是金錢與科技援助無法達成預期成果，在在傳遞出國家領導階層的混雜信號，證實了他們只做足以贏得捐贈人援助的事。」世銀主任波特再次發出警語：「假使進展微不足道，那麼我們絕對會憂心給柬埔寨的捐款總額將大幅滑落。」

那年洪森立誓，「政府會鼓勵盡速批准反貪汙法。」二〇〇四年底，他解釋草案「已經準備好了，需要更深入地檢視以及國會的最終通過。」在捐贈會議上他揮舞拳頭，說貪汙等同於這個國家「關乎生死」的掙扎。時任美國駐柬大使的查爾斯・雷指控柬埔寨政府濫用援金「納入私人財產」，並且要求「成功調查與起訴貪汙案件，且過程可受檢驗。根據某些陳述，金邊的法庭從未起訴過任何一件貪汙或侵吞公款的案子。」捐贈人並未因此手軟，他們當年給出五億零四百萬美元。

二〇〇五年夏天草案還躺在國會裡，不過政府承諾明年會通過。「為使社會免於貪汙之苦，我相信我們需要好的法律和好的治理，對公家管理和私人企業一體適用。」洪森斷言，「草案已經誕生，我們將要開啟對它的討論。」然而又再一次，什麼都沒發生。到了二〇〇六年有些國際觀察員怒氣一發不可抑制，他們採用了新策略。

包括人權觀察組織和亞洲人權委員會在內的幾個人權團體結盟，試著說服其他捐贈人硬起來，別再總是忽視現況，只給錢卻不顧成效。「自上次的捐贈會議以來」，這個團體表示，「政府在會中立下的承諾不見實質進展。法院依舊充斥虛假的裁決，政府濫用公權卻相安無事。」隨後他們發出每年一度的號召：「捐贈人應該要表明態度，政府信守承諾才能得到持續援助，（包括）通過合乎國際標準的財產揭露與反貪汙法。」

亞洲人權委員會總監費南多（Basil Fernando）警告：「捐贈人不應受到哄騙，誤以為情況改善了。這是十年來的老把戲：政府在會議上給出保證，隨後又走回老路子。」隔天，捐贈人撥款六億零一百萬美元給柬埔寨。

稍後於二〇〇六年，法案還是沒有通過。這次洪森改耍新花樣，他向捐贈人解釋，柬埔寨在實行反貪汙法之前，必須先通過一條新的刑法法規。「我要告訴（捐贈人），不要誤解成政府缺乏決心。」

到了二〇〇七年，令人費解的，草案已經不在國民議會等待投票。如今洪森說，「草案已經到了討論的最後階段，由政府部會和相關機構審慎斟酌，才會送交國民議會和參議會通過。」那年稍晚，法案的進展似乎更加倒退。洪森在一場經濟發展的會議上表示，他「決心要準備反貪汙法草案」。

下次再有草案的消息時，已經退回七年前就第一次通過草案的部長理事會。當年人權團體的年度新聞發布甚至更加尖銳，以粗體字標明主要段落：「捐贈人應該對柬埔寨政府是否負責任予以保留！」

洪森於二〇〇七年再度站在捐贈人面前並宣稱：「政府必須把對抗柬埔寨的貪汙列為絕對優先事項，這麼說來，通過反貪汙法極為重要。」大約就在那個時候，總理開始為自己建造一棟豪宅，坐落在金邊中部最重要的街角。宅邸有四層樓和地下室，空間看起來達一萬到一萬五千平方呎，屋頂設置直升機停機坪。他還保有鄉間的房產，以及附設的十八洞高爾夫球場——理論上，全都是用他的公職薪水購買的。捐贈人給了他六億八千九百萬美元，比前一年還多出一五%。

二〇〇八年，也就是穆索梅利發表演說的那年，政府發言人喬甘哈里表示，國會在一個月內就會通過法案。然而隔一個月，副總理索安透露，部長理事會僅僅審查了「新制刑法七百條中的四十條」，距離專案開始已有兩年。等到新刑法終於審完後，索安補充，「政府將會繼續審查反貪汙法。」

年度會議在年底到來，包括森朗西在內的反對黨立法者請求捐贈人不要給錢，直到政府實行等待已久的法案，並且採用「具體手段以阻止嚴重違反柬埔寨法律以及人權的行為」，森朗西這麼說。「這是一場儀式，政府與國際社群之間的年度儀式。」柬埔寨人權中心主席歐維拉（Ou Virak）哀嘆。「他們去年說過一模一樣的話，措詞相同，結果永遠是同一個——我們蓋下核准的印章完成儀式，而後一切如常運轉。」

洪森為會議開場時，再次承諾他終將通過法案。他試著討好出席的各團體，出奇不意地宣稱：「我們把森林畫歸國家保護區會更好，並且不再試著從木材上賺錢。」這是很簡單就能說

洪森新落成的豪宅，理論上是用他的薪水蓋的，屋頂設有直升機起降坪。

數百萬柬埔寨人的家，與圖中密思然的簡陋住屋差不多。

出口的承諾，因為到那時候，幾乎全部的珍貴樹木都已砍伐殆盡。最近的聯合國與國際貨幣基金調查發現，柬埔寨只剩一・七％到三・四％的土地是他們稱呼的「原始森林」，柬埔寨林務部的數據則是五九％。

即便如此，捐贈人顯得很滿意。他們帶給洪森前所未見的大禮，捐給柬埔寨近十億美元。這個數字是柬埔寨成為現代國家初期以來最高的一次，幾乎是政府從稅收、各種費用和其他收入徵收金額的兩倍。對於建商和薄型螢幕電視商而言，來年肯定是美好的一年。

會議前幾個月，羅德利宣誓成為下一任美國駐柬大使。十年前昆恩擔任大使時，她曾任副大使，那是使節團裡排行第二的位子。而捐出十億美元的會議後幾個月，她同意出席一場由數個非政府組織舉辦的反貪汙集會與音樂會，發表演說。

會場裡有超過五萬人現身，塞滿金邊的奧林匹克體育館。羅德利僅是其中一位講者，而且連她自己也承認，大多數人更可能是為了音樂演出而來。年輕人填滿座位；到當天為止，在洪森第一次承諾要實行反貪汙法那年出生的小孩，年紀已經大到可以念高中了。

如同前幾任大使，羅德利在演說中力促柬埔寨政府「實現承諾，施行反貪汙法」。她引述美國國際開發總署數年前發表的研究，就是提到貪汙吞噬多達五億美元的那份報告——她說，足以「建造兩萬棟有六間教室的學校建物」，或是「每個月多付柬埔寨每位公僕兩百六十美元」。她說得比之前任何一任美國大使都更加明確。她率先指出洪森應該拿他和同黨貪汙的錢，替人民做事。

政府怒不可遏，外交部發出警告函給她和其他大使，載明「外交人員必須維持中立，避免干預柬埔寨內政。」並指出羅德利的評論「植基於（政府）完全駁斥的偏頗評估」。部長理事會表達他們的「悲傷」。政府新成立的反貪汙小組長翁雁田則稱這場演說「不負責任，我們不接受她的主張，而且我們也不了解。」

儘管招來抗議，大使拒絕回應，好幾個星期都是如此。記者打電話過去，全都得到同樣的回答：不予置評。事件過後，羅德利告訴我：「我承認我有些驚訝。有許多話我以前說過許多次了，並非新鮮事。外頭有許多類似的估算。」而後她傾訴：「這次我學到了，公家官員生存所需的厚臉皮，這些人還差得很遠。」

我們談話的前幾天，大使舉辦美國國慶宴會。國防部長代表政府出席，許多外交人員、公民社會領導人和柬埔寨政府官員都在場。宴會開始前，大使館職員推出一座六呎高的自由女神冰雕像，作為西方世界致力將和平帶來此地的隱喻。當晚的氣溫如常炎熱。冰雕火炬在六點半融化，剛過七點，自由女神的左臂就掉了下來。

有名無實的反貪汙法

二〇〇九年底，國會終於實行新的刑法，資深柬埔寨立法者姜伊（Cheam Yeap）表示：「反貪汙法將在二〇一〇年的前三個月內通過。」接著在十二月中，部長理事會再次通過草案，第三次對外聲稱草案已送交國會投票，甚至很可能是第四次了。洪森發表聲明，說「前柬埔寨皇家部隊金邊最高指揮總部，會是新的國家反貪汙小組所在地」。不過政府以外的人士，沒有人被允許看過草案一眼。

二〇一〇年一月，洪森表示「反貪汙法很快就會實行」。三月，國會說他們開始重新審議草案一遍。到了那時候，即使連非政府組織也日漸困乏，且不再抱持希望。好幾年來，政府拒絕給任何人看草案，眾人憂心改革承諾終究是一場空。聯合國駐柬代表團主席布洛德力克（Douglas Broderick）辦公室發出聲明，表示「據他們所知，自二〇〇六年以來，沒有利益相關者曾看過草案，包括整個公民社會。」假使政府最終真的能夠實行反貪汙法，結果會不會像土地法、家暴法和這個國家領導人在壓力之下實行的其他每一項法案那樣，如同諾羅敦國王在一八七〇年代答應法國廢除奴隸的作法呢？

反貪汙法「不再真的重要了」，長期擔任人權觀察組織金邊辦公室主任的科姆語帶放棄、聲音疲乏地說。洪森向商界人士演說時，似乎提出了同樣觀點：「反貪汙法並不是消滅貪汙的萬靈丹。」

他說得完全沒錯。二〇一〇年三月十一日，距離洪森首次承諾要實行反貪汙法的十五年後，國會終於通過法案，得到執政黨議員全體投下贊成票通過。至於退席的每一個人，都是因為新的法案顯然是自私自利的手段，人權黨斷言為「試圖打動外國捐贈人，除此之外別無其他。」環顧全城，柬埔寨人和外國人同聲搖頭嘆息，感到失望且洩氣。

這項法案光是在設計層面就註定失敗。在世界上任何地方，有效的反貪汙法核心必須是財產公開申報。年復一年，身處柬埔寨的捐贈人和外交人員一再重述這個要點，形同誦經時不斷重複的一段禱文。唯有公開監督官員的財產，才能使非法財務交易公諸於世。然而這項新的柬埔寨法案規定財產申報仍為機密，唯一能夠檢視貪汙官員帳戶的人，就是其他的貪汙官員——

假如他們完整申報的話。由於這整個過程是保密的，誰又會知道實情？

新的反貪汙小組遠非獨立運作，得向部長理事會報告，而理事會成員卻非常有可能成為小組的調查對象。副總理索安的六萬平方呎住屋，理論上是用政府薪資購置。索安擔任理事會主席，反貪汙小組正是向他報告。

更糟的是，貪汙法禁止餽贈或給官員「手續費」，以交換諸如森林或土地所有權等好處；不過這項規定有個例外：當贈禮「合乎風俗傳統」時，就不違法。付出賄金在政府謀職，或者獲取經濟開發機會，這全是柬埔寨千年來的「風俗傳統」。最後，這項法案授權政府當局對「淪為無效調查」的投訴者提告，罪名是誹謗和誣告。想像一下，投訴任何一位官大權大的人貪汙，你會得到什麼下場。

洪森的密友翁雁田，長期領導已有的政府反貪汙小組，總理也指派他繼續帶領新團隊。觀察翁雁田現在的做事方式，大致能窺見新的反貪汙小組可能會如何運作。辦公室最顯眼的標誌是一塊小招牌，掛在大樓牆面上，正對著金邊繁忙的街道。招牌用英文和高棉文寫著「貪汙投訴辦事處」。

想投訴的人得穿越塞滿機車和少數轎車的停車場，抵達入口；大樓屋主坐在車庫一角看電視。有名警員對任何想進入大樓的人提問，他說投訴辦事處在四樓。電梯壞了，左手邊是陰暗破舊的樓梯，階梯上的防滑墊邊緣磨損，破口敞開外露，看起來用了有幾十年。到了四樓，樓梯間金色塑膠製的燈座上不見燈泡，取而代之的是日光燈管，閃爍且嗡嗡作響，發出微光。有扇門上貼著一張「貪汙投訴辦事處」的列印紙張，用英文寫，動機可疑。究竟誰是這間辦公室真正的服務對象？

門裡頭是間小室，約有十乘十二呎大小（約三．四坪），擺著三張桌子，其中兩張空無一物，沒看到給投訴人坐的位子。投訴處理員那凡頌（Navanny Son）把一張閒置的椅子拉出來。「我們請人們填表格。」他拿出一張表格解釋。然而許多成人不懂得讀和寫。他點點頭補充，「如果有人不會寫字，我們就把訊息記下來。」

他的實際工作內容是什麼呢？「在這裡，我們只要等著收受投訴。」他回答。我問今天收到多少件，那凡頌和他的祕書互望輕笑起來。好吧，到現在為止今年收到幾件？那凡頌向祕書點點頭，她查看電腦上的數據，然後說：「我不敢回答這個問題。」

「有些月份，我們沒收到任何投訴。」那凡頌坦承。

對於收到的少數投訴，「我們有專家小組審查」，另一位職員尼斯莫尼（Neath Mony）說。投訴辦事處總共有十位員工。「如果關於土地，我們送交國家土地管理處。如果關於法院，我們送交法院。我們提交給牽涉到的那個機關。」**換句話說，貪汙投訴辦事處把每一件投訴送往他們指控的對象手上——文件上載明了投訴者的姓名。**「我們要求相關機構，讓投訴者知道審查進展。」尼斯莫尼說明。你們轉告注意事項，就這樣？「我們確實有調查小組，我不知道他們負責什麼。調查員會調查某些違法案件，他們的工作是保密的。」——正如同新法案授予反貪汙機構特權時，承諾要做到的事。

駐柬援助工作者怕失業

在二〇〇九年，有超過兩千個捐贈團體和非政府組織駐守柬埔寨——以人口平均分配到的組織數量來說，全世界沒有其他地方更高。而他們支付給柬埔寨每一人口的錢，遠超過貧窮國家收受國外援助的平均數。有些捐贈人是龐大的政府機關，像是美國國際開發總署或英國國際發展部。其餘是大型國際組織，例如聯合國、世界銀行或國際貨幣基金。還有些小型地方團體，如鄉村重整同盟協會，員工應該少於十二人。

整體而言，在柬埔寨從事專案的捐贈團體和非政府組織那麼多，導致彼此互相牽絆。有幾份工作報告指出，許多團體並沒有彼此協調，造成花費時間和金錢在重複的專案上。政府時常搞不清楚某些團體的立意，「他們之中的某些團體，尤其是小型的那些，我不知道他們在做什麼。」教育部長尹賽迪說。沒關係。外國人選擇在柬埔寨安居，享受這裡的生活型態。「人們搬來這裡，只因為這是一個居住的好地方。」人權觀察組織的科姆這麼說。「有網路，有餐廳。」

對大大小小的援助工作者來說，跟以往的工作地點相比，換到柬埔寨還不錯。世界糧食計畫署駐柬代表馬傑里剛從北韓調過來，聯合國兒童基金會駐柬代表布里朵（Richard Bridle）以及聯合國駐柬代表團主席布洛德力克之前也待北韓。在平壤，他們過著受監控、約束的生活。「政府永遠在玩心理遊戲。」馬傑里回想。比起來，金邊十分宜人。

但是對世界糧食計畫署和其他聯合國組織來說，如同北韓或緬甸，柬埔寨大部分地區的職缺仍屬艱困，擁有相當的薪資加給。不過在其他國家，他們無法漫步河邊，駐足六家義式咖啡吧中的任何一家，買一兩份優於平均水準的當地英語報紙。

金奈是聯合國教科文組織駐柬代表，之前在坦尚尼亞工作，還有「剛發生過大屠殺的」盧安達，他說。對金奈而言，柬埔寨就像是他可以隨意塑形的一團黏土，「我在這裡找回熱情。我工作，可以達成想要的結果。在法國或美國，你看不到成果。但是在這裡我可以設定目標，如果我想要柬埔寨變成這樣或那樣，我可以看到結果。所以這帶給你更多動力，更多能量，更多熱情。」

關於捐贈團體和非政府組織的批評，時常提到他們偏愛高價的西班牙巴斯克（Basque）、北義大利與日本料理餐廳，一餐的花費超過部分柬埔寨人一年所得。那麼說或許不公平，並不需要跟你幫助的人過著同樣的生活，來展現同情心和工作效率。儘管如此，這些援助工作者明顯過著他們想維護的生活樣貌。

他們的工作雖然充滿挑戰，卻很值得。許多人月領高薪，而且柬埔寨不收所得稅。他們得以居住豪宅，想僱用多少僕人就僱多少。

如果他們停止給政府的援助，依照那些人權團體要求的去做，許多捐贈人會丟掉工作，或至少是他們現有的職位。布魯金斯研究院有一篇名為〈柬埔寨外援效益〉（Aid Effectiveness in Cambodia）[2]的報告，載明兩位柬埔寨經濟學家主張，捐贈團體急於啟動需要他們長期參與和協助的專案，由於他們「想要維持他們在柬埔寨的現狀」。「善治[3]」是捐贈人偏好的專案，這個目標必然需要許多年的努力；至今看到的成果稀少，而且沒有什麼實質幫助。這份報告發現，在二〇〇八年的某個時間點上，捐贈團體同時在全國處理一千三百件不同的專案，而其中七百一十件仍在進行，代表需要捐贈人持續在場才能維持運作。

那麼年度捐贈人會議再次來臨時，會發生什麼事？洪森又一次站到他們面前，再說一遍：今年，我們要改革教育、醫療和土地利用。人權團體和反對黨候選人年年呼喊：扣住你們的捐款，直到他們停止土地掠奪、非法伐木和貪汙，直到教師停止向學生販售考試答案，醫生停止索取賄款！

不過，幾乎每位坐在台下的捐贈人，過去數月都在跟自己的國家或組織談工作續約，取得來年繼續在此工作的協議。在這場會議上，他們要宣布目前計畫做什麼、打算花多少錢。包括人權觀察組織在內的團體，等於是要求他們毀了新工作合約，失業返家。

不消說，沒有捐贈人明白表示，自身的黯淡前景是他們不會扣住援助款項的理由。相反的，他們主張：「如果扣住錢，對貧戶的影響最大。」英杉里西（In Samrithy）解釋，他在柬埔寨合作委員會聯絡整合各個非政府組織，而委員會則是捐贈團體的傘狀組織，負責居中協調。他承認貪汙盛行，政府官員甚至中飽私囊，占用捐贈團體獻給窮人的金錢物資，官員連「分發米糧給從自家居所被趕出來的窮人時，都會拿走部分留給自己。」柬埔寨促進和保護人

❷此篇報告發表於二〇〇八年十二月。布魯金斯研究院（Brookings Institution）是美國民間智庫，研究範圍主攻美國的經濟、政治、外交政策以及國際經濟發展。

❸善治（good governance）意指良善治理，由政府與非政府部門攜手合作，將公共利益極大化。

權聯盟主席賈拉布呂這麼說。

「他們就是忍不住，習慣成自然。」儘管如此，英杉里西仍然主張，如果切斷援助，「窮人的需求將會得不到滿足。」至於貪汙，他搪塞過去：「有些錢流向這裡或那裡，假使有部分送到窮人手上，那就有幫助。窮人並沒有拿到所有的捐款，但是多少分到一些，總比什麼都沒有來得好。」在捐贈團體之間，這是合理化現狀的熱門說法。

國會在二〇一〇年通過反貪汙法的數月後，在一次例行的人口普查中，發現政府裡存在約兩千名不存在的職員——幽靈雇員的薪水直接進入他們上頭主管的口袋。政府拒絕提起告訴，表示：「我們必須先警告那些利用幽靈員工拿錢的人。」資深議員姜伊說。

一個月後，洪森又在年度捐贈會議上發表演說，再度許下承諾，「（很快）我們就會有能力打擊此種危險的病症，（因為）貪汙會危害我們的體制。」捐贈人掏出十一億美元獎賞他，是這三十年來最大的一筆捐款。

有些柬埔寨人和外國人，仍然對捐贈團體的行為感到震驚——甚至包括替他們工作的人在內。「我不了解他們的政策」，另一個捐贈團體的傘狀組織執行總監區善阿（Chhith Sam Ath）說。「政府學聰明了，他們知道捐贈人不是認真的。」他坐在椅子上傾身向前，悄聲地說，彷彿在吐露祕密。「他們並沒有堅持自己所說的。有時候，我不認為某些捐贈人真心想要跟貪汙作戰。」

年復一年，外國捐贈團體持續跟面帶微笑的衛生部長開會，接受他的奉承和寵溺。他們達成協議，開展新專案，然後和友人或伴侶到新開的希臘餐館享用晚飯。為了蓋一間新診所，捐贈人拿錢出來之後，副部長就有錢付清他兒子的學費，部長助理也能替車子換新輪胎，而他的部屬只是塞了點錢進口袋。畢竟，政府的業務全靠錢才能完成。等到診所終於蓋好，卻因為剩下的錢太少，建商只好使用便宜而不牢靠的建材，提高建物會在下次刮起暴風時傾倒的風險——就像是磅通省學校的那棟新樓一樣。

聯合國代表官員布洛德力克是位個頭大、身材結實的紐約人，他是標準的聯合國官僚，似乎只對展現聯合國工作的正面形象感興趣。他坐在大尺寸的皮質椅上，身邊圍著幾名幕僚人員。「捐贈人與國際社群正在變聰明」，他聲稱，「我們占了上風，一點一滴地削除壞瘤。我們深入探討，貪汙議題會如何影響人民。」

相對的，布洛德力克手下其中一個單位、聯合國兒童基金會的駐柬埔寨負責人布里朵則埋怨，捐贈團體過於自滿，「我們過分安於自身的控制機制，很難加以改變。」捐贈團體「深植且容許依賴心態」，瑟里善（Theary Seng）說，他在當地一個遊說組織「社會發展中心」擔任總監。回過頭來說，畢竟柬埔寨政府依靠外國金主的援助，是從十五、六世紀吳哥王朝隕落後就有的事——先是泰國、越南，後來的法國、美國、聯合國，以至於全球非政府組織與捐贈團體。

不過有一些捐贈人指著瑟里善和其他批評者的鼻子說：「看哪，這個政府並沒有那麼糟。」「這裡有自由的媒體」，世界銀行資深專員吉普（Peter Jipp）展露笑顏，「你在別的國家找不到，像是寮國和越南。公民社會網絡正在發展，所以，用捐贈社群的話來說，這些人是鬥士！」

賈拉布呂把這全看作尖銳的諷刺。「至少政府可以利用我們。」她說，「我們的存在幫了他們一點忙。政府需要國際社群的錢，所以他們可以這麼說：看看柬埔寨促進和保護人權聯盟，他們是自由的！」

森朗西黨資深國會議員莫淑華喜歡把她的案例帶到華府分享，如同她的老大森朗西常做的事。「在柬埔寨，民主的核心一應俱全。」她對著美國國際民主研究院的聽眾說，「不過你得仔細查看品質和功能，它們實際上只是表象。」

不自由的新聞媒體

報紙編輯似乎抱持同樣的觀點。《金邊郵報》創辦人暨執行編輯海耶斯是個憤世嫉俗的頑強新聞記者，來自美國麻薩諸塞州。不過他承認，政府需要媒體自由的表象，好讓捐贈團體放心及開心。儘管如此，洪森仍在一九九四年控告《金邊郵報》誹謗，並且自此連番威脅要提起告訴。

高棉文的報紙通常淪為政府或政黨附屬，立場相當明確，然而他們一樣會成為政府發怒的標靶。二〇〇八年夏天，兩名頭戴深色面罩的男子飆騎黑色機車，在金邊市區街上射殺了步行的金山博（Khim Sambor）和他二十一歲的兒子。金山博是《高棉公論報》（*Khmer Conscience*）的記者，報社站在反對黨立場，自然時常撰文猛烈抨擊政府。那一年，政府控告二十五名新聞記者誹謗，或是相關的汙衊罪名。洪森在二〇〇九年夏天提告的幾起誹謗訴訟，最終迫使數家反對言論報紙關門。

大體而言，政府並不那麼在意兩家英語報紙。除了捐贈團體、外交人員和部分政府官員之外，國內幾乎沒有人懂得閱讀英文。儘管如此，即便是那些英文報紙也只能得到現有的自由容忍度。

直到二〇〇八年為止，《郵報》大多每週發刊一次。「我們是週報的時候，我什麼都看。」海耶斯說，「有時我會做些刪修，或是調整語氣」以避免激怒政府官員。他朝那天發行的報紙比了一下，裡頭有篇訪談對政府發出諸多批評。「我傳了訊息給職員：『我們得更小心。我們可能會因為這篇文章被修理！』」

二〇〇九年，政府控告《柬埔寨日報》誹謗，由於他們引述一位反對黨政治人物批評柬埔寨軍隊的發言。《日報》未曾做出指控，只是引述某個人的話。這不就是報紙每天應該做的事嗎?辛必索（Sin Visal）法官仍然對法庭宣告：「報紙刊出的文章造成柬埔寨人民誤會，損害軍隊將領的名聲。」政府沒有在出刊前檢視或審查報導，但是，法律訴訟和威嚇迫使編輯自我審查。

這些事經過報紙報導，捐贈人全都知道。他們也知道自己的形象不好，辦事成效受到質疑。他們清楚自己對洪森和政府的持續支持，就像是把他撐起來的道具。他們知道許多政府高官，嘴上說多憂心貪汙，背地裡坐擁財富。「財政部裡有一些改革者」，一位世界銀行資深成員觀察，「不過，我認為即便是他們也都有貪汙。」所以，有些捐贈人以微小、試探性質的步驟來處理這個難題，「善治」就是他們的宣傳標語。

然而，連那些專案都遭受到合理的質疑。「非政府組織對政府顯得無甚影響力，現在他們卻說最好趕快進行善治專案。」美國國際民主研究院主管亞洲專案的曼尼凱斯（Peter Manikas）表示，「他們認為可行的理由沒辦法說服我。」

世界銀行一項關於治理的專案，成為此種荒謬行事的典型代表。二〇〇九年，世銀撥款二千萬美元給「要求善治」專案，用意在於幫助「草根團體、獨立媒體、貿易聯盟等等」，要求柬埔寨政府「透明負責任」。世銀表示，「專案將提升非國家人員有效參與政府的能力，以支持更好的發展成果，並讓治理得到改善。」

那麼，世界銀行打算怎麼花這二千萬？答案是直接交給政府。世銀金邊辦公室經濟學家古英柏解釋計畫時，臉上毫無表情，沒有露出一絲他內心認為這整個主意荒謬至極的線索。他指出，「這筆錢的一小部分會給非政府人員」，或是非政府組織，並解釋世銀甚至連這麼做都得向政府取得許可。「但是我們認為，政府本身可以做許多事來增進透明度。假使政府不對外透露訊息，這一切能有什麼好處？大眾無法完成任何事。」他坐在世銀舒適、有空調的會議間，世銀成員時常在他身旁的白板上展示開發計畫。「所有的模式都已經在柬埔寨試行。」他微笑承認。在這個房間裡，世銀職員也曾構思他們的森林與土地註冊專案——同時卻忘了抬起頭來望向窗外，看到軍人砍倒森林，開發商焚燒居民的家。

「對他們來說，這裡像叢林。」歐蘇菲克（Ok Serei Sopheak）說。這位前政府官員現在擔任世銀的顧問。「要了解此地人的心理特質沒有那麼容易。」

被漠視的醫療需求

外國醫療非政府組織也不夠常看向窗外。問他們任何一個人過去幾年做到了什麼，他們多半會說：我們打敗了人體免疫缺陷病毒（愛滋病毒）！經由外國政府和私人團體的刺激和資助，柬埔寨人口的愛滋病毒感染率從超過三%，降為低於一%，這是公共衛生的重大勝利。然而值得敬佩的成就卻掩蓋了黑暗的現實。

在柬埔寨工作的醫療專家，將國家的健康政策留給日內瓦、華盛頓或柏林的官員決定，他們地處優渥且善變無常；金邊和馬德望的本地官員無從置喙。這使得國家的健康政策扭曲，對於病患最迫切的需求只盡了微薄努力。

「人人談愛滋」，柬埔寨醫療組織執行總監索穆尼醫生埋怨，「愛滋病只影響〇・〇九%的人口，而糖尿病如今影響一〇%的民眾生活，卻沒有人談論。替糖尿病人籌錢，三十次裡有二十五次募款不足。」

世界衛生組織駐柬辦公室總監歐萊瑞解釋，國際捐贈人「想把錢給當下的大事，馬上給。」在二〇〇九年，「流感是那件大事」，這個病症更廣為人知的名字是禽流感。

來自瑞士的醫院總監瑞奇納醫生語帶嘲諷。「他們關心禽流感，因為鳥可能會飛去加州。」他說，「但是蚊子只能飛一百二十哩遠。」因此，瘧疾和登革熱這兩種蚊子帶原疾病的資金短少。「二年前，國內有兩萬兩千名感染登革熱。世界衛生組織關心過這件事嗎？從來沒有。他們關心禽流感。」

瑞奇納指出，柬埔寨僅有九人感染禽流感，他的醫院卻塞滿患有瘧疾、登革熱和腦炎的孩童。沒有一家柬埔寨醫院配備細菌實驗室，捐贈團體倒是在金邊一家醫療研究所裡設置實驗室——進行禽流感實驗。「傳染病、傳染病、傳染病。」索穆尼醫生搖搖頭說，「如果你關心人民的生活，眼裡就不會只有傳染病。」

「你知道的，乞丐沒得選擇。」另一位世界衛生組織的醫生衛藍（Paul Weelen）反擊。「捐贈人排定順序，先做其他國家已經完成的。沒錢的話，什麼都不會發生。」

國際捐款鞏固洪森地位

唐寧還是大使的時候，聯合國占領和第一次全國大選剛結束，「許多國家投入大筆資金在聯合國占領行動」，他說，「而且我們用盡力氣，要聯合國和其他組織在那裡開設分部。我們很想看見顯著的功績能持續下去，深深沉溺在這種想法裡。」

如今聯合國頭子布洛德力克說，「我們可說是陷入僵局，面臨許多挫折。」他是在說關於貪汙的爭論，不過那也是社會上大多數捐贈團體用來自我安慰的隱喻。「我們持續參與政府」，但是從中所得的實在微不足道；「我們得改變專注在法律上的狹隘觀點，往個體尋找著力點」，直接導引到柬埔寨人身上。同時，政府學會如何將捐贈人玩弄於股掌間。「資深反對黨領袖遭起訴、無確證卻被定罪的案例所在多有，隨後罪名受到寬恕，（藉此）在重大捐贈會議前使國際捐贈團體態度軟化。」聯合國人權理事會於二〇〇八年二月二十九日發布的報告裡指出。

政府官員也沒放過捐贈人的自滿，用以辯護自我行為。每當有人權團體發出聲明，批評政府未能通過反貪汙法，新聞部長喬甘哈里會這麼反擊：「假如政府做得不好，那麼捐贈人就不會給柬埔寨援助。他們不會把幾百萬美元白白送給我們浪費。」

因此捐贈社群不斷空談。繼續給洪森錢讓他保有權力，一年給得比一年多。他們熱切期盼餐廳或文化據點新開幕的消息，「你知道的，皇家金邊大學有間小戲院，在副校區，二〇〇二年和二〇〇三年存在過。」聯合國教科文組織駐柬主任金奈說。「可是政府在二〇〇四年把這塊地賣給開發商，他們就把這間戲院給拆了。有另一間戲院遭到燒毀，那塊地同樣被賣給開發商。」對多數在柬埔寨工作的人來說，這則都市傳說會令他們聯想到土地掠奪與貪汙，金奈卻不這麼想。相反的，他繼續以惋惜的口吻說：「從文化的角度來說，二〇〇二和二〇〇三年這裡曾擁有好時光。現在我仍然渴求類似的文化場所出現。」

一九九二年和一九九三年，聯合國與已開發國家耗費三十億美元、投入超過兩年的時間，拯救柬埔寨於深淵之中，並且為它敞開進入現代的大門。隨後世界轉身離去，而柬埔寨回歸自吳哥王朝承襲而來的習性。有一陣子，美國和部分國家怒氣橫生，試圖懲罰洪森，尤其是在一九九七年的「政變」過後。然而經過一段時間後，整個世界就只是放棄了，一番努力白費。對他們來說，柬埔寨成為不過是另一個悲傷的小國家，如同塞內加爾（Senegal）和寮國——無法拯救，甚少留意。這段時間裡，捐贈人和非政府組織在柬埔寨安居，他們過得優渥，工作令人稱羨。每個人都因小小成就而驕傲，深信一旦緩解某個問題，人民的生活就會改善一些。然而他們也逐漸成為這一切的推手。

到二〇一〇年為止，捐贈人總計至少給出一百八十億美元。政府靠他們提供社會福利，再對外人幾乎所有的作為居功，於選舉期間吹噓這些「成就」。政府官員從捐贈人戶頭裡分贓，長期過著舒適生活。事實上，「政府成功說服捐贈人付政府雇員薪水加給，給付頻率驚人地規律，儘管每一個捐贈組織的規章，或多或少均反對如此作為。」美國國際開發總署的貪汙報告點出。

二〇〇八年十二月決議捐出十億美元的會議舉辦前不久，柬埔寨人民黨榮譽主席韓桑林再次爽快應允，政府「將會確保永續發展、降低貧富差距、提倡社會正義的相關法律與公平裁決，以及消滅土地搶奪、砍伐森林、非法捕魚，預防國家收入損失以及強化公共秩序。」站在講台上，他微笑扮演慈善的寫照。

然而到了二〇一〇年，柬埔寨八〇%的人民依然赤貧且教育程度不足。登革熱流行疫情稍緩，霍亂隨即在全國爆發，而瘧疾、肺結核和痢疾一直很常見。幾乎每十名柬埔寨人中就有一人患有糖尿病。世界衛生組織的數據則指出，每年將近有一萬人死於腹瀉相關疾病，其中大多數是兒童，全部的病例均可輕易做到事前預防。每天有五位女性因難產而死。❹

政府於二〇〇九年通過一項法案，使土地掠奪在某些條件下合法，並且開始出售政府部會位於市區精華地段的大樓，將雇員分配郊區。紅頂商人劉明勤買下屬於宗教部的其中一棟建物。（劉明勤的公司也是菩薩省尤加利樹林場，以及摧毀萬谷湖的背後推手。）另一家與洪森擁有密切關係的開發商獲得許可，買下位於暹粒市區的殖民時期政府總部，暹粒省政府則移往距離市中心超過十哩（約六・二公里）的新址。

這時，洪森試圖展現他對於全球經濟危機時期過度鋪張的敏感度，承諾「我們將不會為政府官員耗資購車」。數週後，政府表示他們與一家租車公司簽下十五年合約，將由他們供應官員一百輛賓士二八〇S大型房車，配有司機。同時間在首都以外，這個國家有九五%的面積尚未鋪設道路。

柬埔寨人權發展協會的報告指出，二〇〇九年有兩百三十五名「人權捍衛者」因為自身的工作遭控告犯罪，達到前所未有的高峰。國民平均壽命依舊停滯在六十一歲，國民人均所得也困在五百至六百美元之間❺。不過，四二%的兒童仍苦於發育不良；居住在市區外的柬埔寨家庭，低於二〇%有廁所與乾淨用水。至少三分之一的人民，每天的生活花費均少於區區一美元。

一百八十億美元的援助款項究竟做成了哪些事？「那些痛苦，那些折磨永無休止，即使柬埔寨收受全球最高的人均外援所得，如此已超過五年。」侯克（Bert Hoak）與柴普（Ray

❹兒童死於腹瀉相關疾病以及生產死亡的數據，來自世界衛生組織官員與醫院人員。
❺譯註：換算約台幣一萬五千元至一萬八千元間。根據二〇一二年的數據，柬埔寨人均所得微幅成長至八百八十美元，約台幣二萬六千四百元，在全球一百六十九個國家中排行第一百三十九，列為「低收入國家」。同在亞洲的寮國則為一千兩百六十美元，與巴基斯坦並列第一百三十一位。台灣則以略超過兩萬美元的所得，介於南韓與葡萄牙之間。

Zepp）二〇〇八年寫在一個柬埔寨新聞部落格❻。侯克在金邊開書店和民宿許多年了，柴普撰寫過一本柬埔寨的旅遊指南。他們就像許多外國人一樣，曾對這個國家與人民懷抱感情，如今逐漸變得頹喪與憂傷。「即使有外援，森林砍伐面積日益增加。」他們寫道，「即使有外援，侵犯人權，殺害新聞記者、編輯、異議人士事件日多，而且還會繼續下去。我們的持續援助，只會幫助延長這齣悲劇，成為專制暴政的支柱，使生態日日遭受毀壞，甚至到了無法回頭的境地。」

二〇〇七年《柬埔寨日報》報導，「一位不具名的西方外交人員表示，曾短暫討論延後下次（捐贈會議），直到反貪汙法實行。然而此激進提案相當短命，很快就被駁斥。」

假如捐贈社群真的挺身反抗洪森，會發生什麼事？要是他們團結一心，宣告扣留人道需求之外的援金，直到洪森實現對捐贈人許下的教育、醫療、糧食安全、貪汙、公共衛生、土地掠奪等種種承諾，會怎麼樣？

在此同時，世界糧食計畫署會繼續替學校供餐；其他組織會協助貧窮的父母取得身分證明卡，使他們免費接受醫療照護。窮戶直接得到的每一種人道救援都繼續實行。不過其餘所有舉措全部暫停，包括「善治」和他種政府官員從中獲利的專案。當然，洪森和索安不會收手，他們將持續掠奪土地賣給紅頂商人，甚至從河底抽砂石賣給新加坡。

但是多數政府雇員會發現，他們就此必須靠真實的薪水過活，也就是五十五或七十五美元（約新台幣一千六百五十至二千二百五十元）的月薪。更重要的是，第一世界會鄭重聲明——甚至比聯合國占領行動更加強勢，因為柬埔寨人太快察覺聯合國是隻沒牙缺爪的老虎。如今，經過數十年的共謀與忽視，已開發國家至少能說：我們為柬埔寨人民站出來發聲，服務人民是你們的職責。

政府穩固、不可動搖的地位可能會陷入存疑。當柬埔寨人民黨無法再是成員的穩定依靠，或許行之經年的模式會開始崩毀。也許，只是也許。一千年後，柬埔寨的統治者終將被迫給人民他們應得的，也許。

---

❻ http://www.mekong.net/cambodia/aid_ess.htm。

CAMBODIA'S CURSE
THE [redacted]

第十六章

柬埔寨式的赤柬大審

備受禮遇的殺人凶手

英沙里是赤柬統治制度的關鍵思想工程師。一九五〇年代，他跟桑洛沙，也就是波布，在巴黎念同所學校，從而策畫一場屍橫遍野的革命。赤柬掌權後，英沙里就任外交部長。

赤柬政府下台，兩百萬人民慘遭殺害的事實浮出水面。流血叛亂多年後，一九九六年英沙里接受洪森特赦，旋即搬回金邊，住進豪宅——以柬埔寨的標準來說。他的新居位於執政黨官員房舍區，跟參議院高爾夫球場在同一條街上。在那裡，他舒服地跟赤柬受害者當鄰居，受大隊警衛保護。

對於在柬埔寨工作的外國人來說，不管是捐贈團體或外交官，這就跟容忍戈培爾（Joseph Goebbels）[1]和赫斯（Rudolf Hess）[2]在二戰後搬回他們柏林的家，平和舒適地度過餘生沒兩樣。不過，赤柬頭子公然與群眾一同生活，柬埔寨人倒是完全不在意。問任何一個人怎會如此，而你所能得到的回應只有一副困惑表情。

如果不考慮別的層面，英沙里滿足了這個國家盛行的無罪文化。這麼一個雙手沾滿兩百萬人民鮮血的人，沒有受到懲罰，沒有指責，也沒有報應；那麼，要接受這裡一名新聞記者被殺、那裡一名工會成員送命，起重機駕駛騎機車在路上遭撞橫死，甚至僕人從屋頂被拋出去，又有多難？如同遊說組織總監瑟里善所言，赤柬的罪行「是底限，三十年過去了，我們仍然拿自己跟赤柬相比。今天的政府可以奪取十條人命，甚至一百條——但是跟兩百萬比起來，算得了多少？這仍舊是柬埔寨人的標準。」而多數外國政府也是這麼想。

或許大部分柬埔寨人對於前赤柬殺人凶手安居於市保持緘默，其他國家的外交人員卻大為震驚。如同聯合國駐柬人權官員漢莫柏格（Thomas Hammarberg）在一九九〇年代晚期的微妙發言：「這導引出矛盾的情況。首先，關於正義的嚴正討論明顯無可避免。」同時他指出，在一九九七年「政變」前的日子，洪森和拉那烈雙方都在討好赤柬，希望吸收這批鬥士加入即將開打的戰爭。

漢莫柏格和聯合國的其他人仍然相信，赤柬領導人是大屠殺凶手，怎麼可以放他們在城市裡縱情玩樂，應該要送上法庭審判才對。一九九七年四月，聯合國人權理事會通過決議，要求漢莫柏格「徹查來自柬埔寨的任何請求，以協助回應過往對柬埔寨與國際法規的重大違逆，作為達致全國和解、強化民主、傳遞個人責任問題的途徑。」

聯合國期望，至少要把赤柬領導人送交審判。實際上，越南嘗試過同樣的事。一九七九年，越南搬演一場作秀大審，將赤柬領導人判處死刑——在他們未出庭的狀況下。（不久後西哈努克國王給予赦免。）然而聯合國在另一項官方的保守陳述裡，認為那場審判「有瑕疵」。旁觀者不禁感到疑惑：距離那場「有瑕疵」的占領行動和全國大選僅隔數年，聯合國幹嘛又跳進來蹚渾水？不過對人權官員而言，赤柬領導人再度現身金邊的日常社群，這件事欺人太甚，

❶ 譯註：戈培爾（一八九七—一九四五）是納粹時期的德國國民教育與宣傳部部長、全國文化院院長、全國作家協會主席，大力推行各種反猶行動。

❷ 譯註：赫斯（一八九四—一九八七）為納粹黨副元首，掌管外交與軍事以外的所有事務。

他們實在無法忍受。

「政變」前那段時間，漢莫柏格曾詢問聯合執政的兩位總理拉那烈和洪森，是否願意請求聯合國協助，展開赤柬領導人的審判。雙方都表示同意，雖然很容易猜出他們心裡在想什麼。在那個時候，兩個人的注意力聚焦於即將開打的戰爭。一想到審判，洪森無法不考量政府裡許多成員也曾在赤柬政府裡當官。儘管如此，他們都在一封請求協助的信上簽了名，理由是：「柬埔寨缺乏處理這種重要程序的資源或經驗。」他們當時忙於爭權奪位，無暇爭論此事，日後再想辦法撤回就是了。

一九九七年七月的街戰開打後，關於審判的討論暫時中止。而當洪森以勝利者之姿現身，地表上幾乎每個國家都氣憤難當，指責他發起的政變。有陣子，柬埔寨在聯合國的座位再度空蕩無人，等待有人做出決定——應該照拉那烈抗議的歸屬於他，或是洪森。安全理事會和聯合國大會都不想跟洪森扯上關係，舉行審判的想法只好喊停。

就在那時候，魏德曼派抵金邊，擔任新的美國駐柬大使。他表示身負華府授意，要力促柬埔寨政府舉行審判。「這是從人們的信仰延伸而來」，他說，「相信法律規章存在嚴謹實在的結構，任何犯下違背人性罪行的人，都應該遭到審判。」不過，「這裡才剛發生過政變，瀰漫著沒人願意仰賴柬埔寨人主持正義的氛圍。」

華府的國務院、國防部和司法部，一直拚命跟泰國和其他國家協商，好讓美國抓到波布，祕密帶往泰國，再飛去能拘禁並審判他的地方。據了解，空軍已為這次行動做好準備，島國帛琉也表示將拘留波布。在一個已經對屠殺感到麻木的世界，近期發生的慘事多不勝數；國務院官員希望表明立場，赤柬殺害的人民可是比盧安達死亡人數的兩倍更多，而且是波士尼亞死亡人數的近二十倍。《紐約時報》於一九九八年四月九日報導，柯林頓總統發出信函安排逮捕與羈押波布的運輸事項，直到他站上法庭接受審判。

然而波布在一九九八年四月過世前，始終待在他叢林中的老家；華府官員失望且氣餒。不過很快的，他們就把目光轉向赤柬軍事指揮官塔莫以及其他高層官員。對聯合國而言，波布之死「提醒著時間快不夠用了」，漢莫柏格向柬埔寨文獻中心陳述，「其他赤柬領導人也都老了。」❸

一九九八年，又有兩名赤柬頭子接受特赦，包括赤柬總理喬森潘和被稱為「二號人物」的農謝。他們現身洪森位於鄉間的宅邸，受到熱烈歡迎，洪森對他們說：「已經到了挖個洞、把過去埋進去的時候了。」洪森這段話時常被重新提起。這是一個想把赤柬領導送上審判台的人會有的態度嗎？

幾天後，據當地和國際媒體報導，喬森潘和農謝展開一趟旅程。美聯社一九九八年十二月三十一日的新聞描述如下：

> 兩位赤柬領導人今天開始度假，享受特赦的承諾。一位聯合國官員表示，世界仍然抱有期待，

❸ 漢莫柏格的陳述刊登於柬埔寨文獻中心的雜誌《尋找真相》，二〇〇一年六月十八日出版。

見到該為柬埔寨屠殺負責的人受審。在金邊享受貴賓待遇兩天後，喬森潘和農謝開始在國內旅行；一九七五至七九年赤柬掌權期間，同一個國度，在這兩人的協助下轉變為大型的奴工集中營。他們和家人搭乘昂貴名車，開往西哈努克的海灘度假村。這是旅程的第一段，接下來還會造訪古老的吳哥寺廟，以及兩人各自的家鄉。

洪森堅稱，他仍然想要審判赤柬。不過，使事態更為複雜的是，他在一長串事件中加入新的罪名，請求執行者調查：包括美國轟炸柬埔寨，以及中國對赤柬的支持。如此一來，不認為舉行審判對他最為有利的洪森，以及驚覺受困於自己起頭的種種程序的聯合國高層，雙方陷入天人交戰。事到如今，聯合國當然喪失了再去跟洪森打交道的動力。

其後數年，洪森和他的同黨一次又一次拋出反對意見，有時憂心會影響到國家局勢的穩定，有時抱怨此舉侵犯柬埔寨國家主權。洪森堅持審判必定得在國家法庭內舉行，即便他心裡明白，國內的法院系統徹頭徹尾遭到貪汙侵蝕。改革司法是洪森近期的競選政見，「假使外國人有權不信任柬埔寨法庭」，洪森表示，「我們也有權不信任國際法庭。原因何在？因為那些操控國際法庭的人過去支持赤柬。」

情況沒有改變，聯合國一再表示反對和拒絕。華府的政權已輪替，而當權者對於追捕年老的赤柬頭子不感興趣。「這變成一個如此困難、錯綜複雜、漫長，且異常艱鉅的過程。」魏德曼形容，最大的原因是「以聯合國的考量，以及其他人的想法，柬埔寨無人具有參與特別審判的資格，那沒有意義。祕書長希望從國際社群中指派聲望卓著的法官。」

最後，聯合國祕書長安南說他受夠了，不得不放手。洪森必須「改變他的立場和態度」，安南聲稱，並且「清楚傳遞，他想要一個可信的法庭，一場符合國際標準的可信審判。」直到那天到來，聯合國將退出討論。有幾個聯合國大使抱怨安南的決定，他叫這些人直接去找洪森。在金邊，洪森如此反駁：「我現在懷疑聯合國在玩政治伎倆，好保護赤柬。」

聯合國介入審判

十個月過後，聯合國安理會介入這場爭議，通過決議指示「祕書長恢復協商，不得延誤，並與柬埔寨政府達成共識，基於過去的協商結論，成立特別法庭來審判那些該為赤柬暴行負責任的嫌疑人。」如此一來，等於是撤銷了安南先前的命令。有太多國家不樂見安南的決定，包括美國在內。

很快的，柬埔寨和聯合國同意成立混合法庭，邀請來自柬埔寨與國際的法官和執行者，他們稱之為「柬埔寨法院內的特別法庭」，與國內聲譽不佳的法院系統做區隔。主管戰爭罪的美國無任所大使[4]薛佛（David Scheffer）造訪柬埔寨，想出了能讓協商繼續推動的點子。在薛佛的規畫裡，柬埔寨籍的審判法官可以占多數；然而至少要有一位國際法官同意，才能做出決定。薛佛稱之為「絕對多數」，而這模式成功突破僵局。「恐怕沒有歷史上的絕妙點子或先例

[4] 編按：無任所大使是代表國家的高級外交官，沒有固定駐所。

作為借鏡」，薛佛稍晚表示，「我只是試著想辦法，要如何與板凳上占多數的柬埔寨籍法官抗衡，後來決定至少要有一位國際法官贊同，好建立容納國際觀點的最低門檻。」以此類推，他補充，「這深深影響我的思考——尋常的刑事審判必須要陪審團一致通過。我們美國刑事法庭要十二名陪審員全都認為『有罪』，被告才會被判處刑責，那麼特別法庭也應該不只是多數法官贊同，就能做出判決。」經過薛佛的努力與六年的激烈討論，柬埔寨和聯合國在二〇〇三年終於找到雙方都同意的模式，用以審判赤柬政權殺人如麻的領袖。

眾人殷殷期盼，胸懷大志。「對柬埔寨而言，這將會填補空白的一頁。」新聞部長喬甘哈里說，「這告訴人們，你不能因為老闆下令就殺人。」從他口中聽到這句話感覺怪異，畢竟政府下令的暗殺事件層出不窮。不過有時候，只是有時候，政府官員似乎會在某種程度上偏離他們的職位，表達希冀一個更為正直敦厚國家的真誠期望，對國內民眾真心關切。即使如此，他們只敢偏離一些些，因為他們知道在這樣一個國家，說真話的後果可能是落入赤貧；僅僅是呼籲那樣的期盼，都可能丟掉工作——甚至很可能丟掉性命。

美國駐柬大使魏德曼認為，這場審判能夠「寬慰傷口，關閉這個章節；承認柬埔寨所承受的苦難，並展現國際社群將不會允許類似的事重演。」他補充「（國務院）深深相信，審判能在柬埔寨宣揚正義的風氣。法治系統雖然問題重重，假使特別法庭能遵照國際標準實行，就會是帶領柬埔寨人成長的示範教材。」聯合國則表示，審判會在柬埔寨一勞永逸地明示：「侵犯人權者，不可能逃脫懲罰。」

權力當局最終在二〇〇七年十一月十二日逮捕英沙里，關進城郊軍方的拘禁處。此地經過翻新，外觀看似引人注目的法庭大樓。英沙里的妻子英蒂迪（Ieng Thirith）也陪著入獄，她過去是赤柬的社會部長；還有吐斯廉S-21集中營司令官康克由（Kaing Guek Eav），有一萬五千名柬埔寨人葬身於此；以及另外兩位赤柬高層農謝和喬森潘。

二〇〇三年，也就是取得審判協議的三年後，聯合國律師托柏特（David Tolbert）原先在南斯拉夫國際法庭工作，他接到一通電話，請求他到柬埔寨整頓那裡的戰爭罪法庭。法庭沒有任何進展，陷入瓶頸。托柏特是高個且多話的美國北卡羅萊納州人，有一頭又長又直的金髮。他的笑容可掬，卻有點厭倦世事，工作使他碰觸到世界上最慘的屠殺事件中心點。如今他要把自身經驗帶到柬埔寨，那裡的問題截然不同。

至今法庭已籌備好些年了，不過當托柏特抵達時，「仍舊沒有行政領導人負責掌控法庭的管理事項，包括翻譯、口譯和證人保護計畫。國際這一方基本上將司法管理層面交給柬埔寨一方處理。」然而，「到位的司法管理十分有限。主管的柬埔寨工作人員實際上不具備知識或經驗，大多缺乏司法背景，儘管人數眾多」，達數百人。「那時候，法庭不可能舉行審判。」

托柏特花了幾個星期制定一系列建議，以推動程序，然後他回到南斯拉夫。幾乎過了一年，他接到來自金邊法院職員的電話：你建議新增一個職位，能否提供工作內容描述？托柏特才明白，這地方還是一潭死水。

二〇〇八年，聯合國祕書長潘基文（Ban Ki-moon）指派托柏特以特殊專家的身分擔任助理祕書長，再嘗試一次。托柏特很快發現，離協議成立法庭已經過了五年，「實際的進展非常稀少。我提議要減少三五%的預算，編制過於膨脹，他們請了十五名園丁，在我看來很像是創造就業機會的專案。」他追求四個特定目標：「財務穩定、使捐贈人對預算放心、為行政人員指出新方向，以及處理貪汙。」

是的，貪汙又一次釀成問題。柬埔寨職員被迫將自己三〇%的薪水交給上司。由於延誤與貪汙的指控，使新認識法庭的柬埔寨人失去信心，他們開始放棄原先對這場審判懷抱的至高期盼。不過，二〇〇八年的一項民調顯示，八五%的國人甚至不知道審判在進行。這不是那麼令人驚訝。既然是柬埔寨在管理法庭行政，完全沒有人想到要向大眾公告。柬埔寨公共機關的封閉和口風緊一向惡名昭彰，好把貪汙與怠惰藏起來。

洪森多年來與聯合國在審判議題上角力，據說他最關切的就是管控權。洪森想要確保聯合國不會在他的國家成立自治主體，以致他無法操控，好保護自己和曾與他共事的前赤柬友人。然而洪森和其他人很快就發現，**審判赤柬使柬埔寨的行事方式對全世界曝光——無能力勝任、貪婪而腐敗**。法庭裡一半的雇員是外國人，有些是聯合國雇員，大多來自西方世界，例如像托柏特這樣的人。跟往常一樣，柬埔寨的事通常在上鎖的門後解決，不被外界看到，就像是缺少後牆的兒童遊戲間。裡頭的景象可不好看。

「柬埔寨式」的貪汙法庭

芮恩（Heather Ryan）二〇〇五年到金邊，為索羅斯（George Soros）[5]成立的人權非政府組織「開放社會研究院」擔任法院監察員。她也是一位律師，並且與托柏特獨立作業，最後得到與托柏特類似的結論。

柬埔寨式的運作就是無法勝任。這個國家缺乏真正的司法系統，只有一堆審判庭，僱用一路靠著賄賂入學、畢業的律師和法官。他們的職位是買來的，依照收賄對象的指令做出判決——以及來自上頭的命令。他們就是無法了解或認識法律的真義。舉例來說，在拉達那基里省，警方扣押一輛曾在搶劫與雙屍謀殺案中使用的小貨卡，當作辦案證據。但是省法院法官索沙朗（Thor Saran）喜歡這輛車，拿走鑰匙就開回家了。他留置那輛車超過一年。有個人權團體抗議說：「正常情況下，證據會以原來的形式保留，直到上呈法庭。」司法部長這才介入調查，開除那名法官。

當柬埔寨司法人員與西方的律師和法官搭檔，雙方的差異顯而易見。芮恩舉例說明：「傳訊證人就是一個，他們並不在行。」法律傳訊不像警方或記者提問，態度要隨和且不咄咄逼人，證人才會放鬆，感覺能夠暢所欲言。至於柬埔寨人的作法，芮恩描述，「打給村長，叫他們聯絡證人和安排準備事項。這太過正式了。然後他們搭乘白色轎車現身，一行四、五個人」同進同出，成群官方扮相的人到現場去訊問。

接著在二〇〇七年，芮恩揭露收回扣的體系。「我們跟眾多職員談話，他們匿名來找我

---

❺ 譯註：索羅斯（一九三〇—）是美籍猶太裔商人，出生於匈牙利，在國際上是以放空獲利聞名的投資鉅子。他也樂於從事慈善，救助中歐、東歐、非洲等地的窮人，促進民主。

們。」他們告訴芮恩，柬埔寨職員總監尚威索（Sean Visoth）是下令主導三〇%回扣體系的元凶，根據地方媒體報導，每月獲利達三萬到四萬美元。回過頭來，尚威索必須把大部分回扣所得，上繳給為他安插此肥缺的政府官員。

柬埔寨的回應一如往常，官員抨擊芮恩。副總理索安宣稱，芮恩不能再踏進法庭，她觀察的是在法庭工作的外國人，他們並不真正了解柬埔寨。照這個結果看來，芮恩也未曾真正了解柬埔寨人。她帶著驚訝和惱怒的神情抱怨：「我呼籲展開調查，然而卻變成只議論我們的指控。」——以及攻擊她。芮恩正在學習柬埔寨人行事的不變法則。**如果指控一個柬埔寨人，他通常對指控內容不予回應，而是回頭來攻擊做出指控的人。**

法庭裡的柬埔寨法官把自己的薪水上繳回扣，這幾乎是確定的事，他們卻對芮恩的指控感到不快，發出聲明說芮恩必須「以適當方式更正這種不實指控，（因為它）使大眾困惑，並嚴重損害指派到特別法庭的全國法官之聲譽和正直。」

這些法官原來就沒有多高的聲譽。舉例來說，人權觀察組織於二〇〇六年十二月五日發布新聞稿，表示首席法官孔斯潤（Kong Srim）「素有仰賴政治慣例而非法律和事實來判案的名聲。他在被告未出庭的狀況下做出判決，在洪森的侄子寧索非（Nhim Sophea）遭釋一案扮演要角，不顧有力的謀殺證據而強勢運作，讓副總理人馬凱鐵克（Ky Tech）出任柬埔寨酒吧協會主席。」

無須多言，幾乎沒有人懷疑貪汙指控的真實程度。事實上，芮恩表示有些捐贈團體的友人告訴她，「這裡是柬埔寨，你還想怎麼樣？收手吧。」不久後，法庭解除尚威索總監的職務。

「這是避重就輕。」芮恩說。

儘管如此，芮恩的指控攪亂了法庭。支持審判的捐贈縮減；辯護律師開始遞出請願，指稱他們的客戶在貪汙的法庭無法受到公平審判；而那些關切審判的柬埔寨人愈發覺得夢想破滅。《金邊郵報》在二〇〇八年十一月二十一日指出，當年稍早由瑟里善的非政府組織舉辦的論壇中，「絕望跟不信任感浮出水面。許多與會者表達逐漸不抱希望，因為一再延誤，以及對於法庭人員的狀況缺乏資訊。」

為了平撫眾怒，尚威索指派了貪汙監察：首席法官孔斯潤和賈維斯（Helen Jarvis）。賈維斯是一位中年的澳洲籍女性，前圖書館員，長期作為柬埔寨政府的食客，隨後擔任法庭的公共關係人員。在這兩人之中，沒有一個會威脅到尚威索收受賄金回扣的行為。法庭觀察員立即將他們視為看守雞舍的狐狸。

法庭的行政層面由於激烈的指責漸漸分崩離析，法律層面則提出控告，傳第一位被告到庭說明：康克由，吐斯廉S-21刑求集中營的司令官，大家叫他杜赫（Duch）。警方在一九九九年逮捕康克由，他宣稱自從一九七九年起就成為基督教福音派信徒，並且告訴前來訪問他的人，他樂於得到機會悔悟。二〇〇七年七月三十一日那一天，他如願以償。

法庭控告他犯下泯滅人性的罪行，研究者發現他的手寫命令，下令處決多不勝數的受害者，通常被歸類為革命的敵人。警衛用刑求強迫他們承認莫須有罪名，一旦認罪就送去處決，用棍棒往後腦杓敲下去，然後棄置在萬人塚裡。在吐斯廉集中營，據信有一萬五千人如此死去。經過那麼多年，才等到杜赫遭受審判。

同時間，聯合國在二〇〇八年證實芮恩的貪汙指控，表示他們也掌握重要證據。疑慮解決前，聯合國決定保留審判資金。調查員發現「初步證據」，證實柬埔寨職員總監尚威索是貪汙的主導人。而托柏特成為聯合國送往金邊大隊協調人馬的第一人，試圖為柬埔寨的典型僵局找到出路。

托柏特的任務是說服副總理索安，把尚威索從現任職位上調離。索安是個惡劣的傢伙，沉醉於金錢、權勢和自大之中，他就是那個住在六萬平方呎宅邸的人。他身形肥胖，這是另一個具體的柬埔寨慣例，就像昔日的國王，現在只有政府高官才能得到多於飽足的食糧。有些聯合國官員給索安起了綽號，私下叫他「赫特人賈霸」（Jabba the Hutt），那是電影《星際大戰》裡討人厭的肥胖角色。

起先索安拒絕見托柏特，不久後他們約好時間，當托柏特終於踏進副總理辦公室時，索安表現得十分冷淡。托柏特回憶「那次會面很艱難，尤其是他跟我說教，堅稱什麼是應有的程序。」托柏特施壓，要索安開除應該為回扣問題負責的人。索安不從，「但是我極力堅持。」最後索安告訴托柏特，他會「在適當時機」處理這個問題。托柏特回家了，幾個月後，尚威索因病離職。他沒有回來復職，不過這麼做並不算解決問題。

有一大群聯合國和美國官員造訪柬埔寨，來見洪森或索安，試著討論出一套新的貪汙呈報系統。對這些訪客來說，至關緊要的是遭索賄的受害者要能夠向中立的第三方報告，也就是非政府人員。然而對政府來說，對這類事件維持全然掌控權也是基本要求。誰知道第三方會說什麼、做什麼？這時候法庭快沒錢了，職員好幾個月沒拿到薪水。

政府態度強硬得很。事實上，聯合國提起貪汙指控的時候，官員的反應一如以往，就跟芮恩二〇〇七年第一次將這議題公告周知那時一樣，他們選擇攻擊指控者。部長理事會發言人發出公告，政府現在「監控著所有（法庭）的國際職員，（因為）國際那一邊也有貪汙事件。」不必說，這位發言人後來把話收回。當他明白自己這麼說等於技術上承認政府索賄，突然堅稱柬埔寨一方的貪汙從沒有得到證實。

集中營凶手杜赫接受審判

二〇〇九年春夏杜赫出庭應訊時，這齣勾心鬥角戲碼才退場；杜赫震驚了在場人士。在開場聲明裡，他說他對於犯下的劣行感到抱歉。「我要向所有倖存的受害者，以及遭到殘殺者的家屬道歉。」前吐斯廉S-21集中營指揮官說。「我想表達我的後悔，以及衷心的惋惜。」杜赫坐在上等木做成的被告席，現在已是一位滿頭白髮的憔悴老人，武裝警衛隨侍左右。他六十六歲，比柬埔寨男性的平均壽命多活了五、六年，面向一列身著暗紅色長袍與黑白肩帶的法官。在他身後，柬埔寨人和外國人坐在旁聽席，透過大型全景窗觀看。第一排坐著幾位穿藏紅長袍的僧侶，他們被送進杜赫掌管的吐斯廉集中營，原本要被處決。

杜赫說了將近二十分鐘。「我現有的懇求是你們能網開一面，讓我尋求原諒。」他有可能面臨終身監禁，柬埔寨沒有死刑。其後幾天，幾位倖存的受害者做出可怕的證詞，描述刑求和不問緣由地處死。有些人提到電擊，倒吊的人努力不讓頭落入水桶內，還有被警衛扯掉手腳的指甲。

「每天晚上，我向外看月亮。」六十九歲的受害者布孟（Bou Meng）作證時回憶敘述，「我聽到人們哭泣嘆息，有人大喊：『媽媽救我，媽媽救我！』」夜裡警衛把犯人載往城市邊緣的刑場處死，布孟說，每天晚上他都等著警衛進來抓走他。「可是到了午夜或半夜一點，我就知道我又活過了一天。」

柬埔寨轉播了這場審判，人們用汽車電池供電的電視觀看。聽到布孟的證詞，有些人的反應怒不可遏；如今大屠殺凶手竟然舒舒服服地住在有空調的牢房裡，還供送到房裡的三餐。九〇%的柬埔寨人或許會同意布孟所說的：「我非常羨慕杜赫得到的待遇，我不明白為什麼法庭對他這麼好，比我們過得好太多了。」

有位電視觀眾是八十四歲的桑洛聶（Saloth Nhep），他的反應與眾不同。桑洛聶住在磅通市外圍的胚斯坡村（Prek Sbov），一天下午他洗完澡回家，坐在小屋裡的黑色吊床，沒穿上衣，全身濕淋淋。他臉上有深刻的皺紋，白髮稀薄。看待審判時，他冷靜有禮且富哲思。「我不知道怎麼說」，他表示，「我沒受過教育。但是那個法庭中並不全是柬埔寨人，有部分是國際法官。杜赫說話的樣子聽起來像在認罪，我記得他說如果當時不那麼做，有人會殺了他。」桑洛聶沒見過杜赫和任何一位被告，即使他們是他哥哥桑洛沙（也就是波布）的密友和夥伴。「頭號人物」波布在十一年前過世，那時桑洛聶很悲傷。「當我聽到新聞的時候，我很難過，感覺心跳都慢下來了。」他說。

就算臉上布滿皺紋、頭髮變白，桑洛聶和波布的長相驚人地神似。桑洛聶對胞兄仍有的憤怒，主要在於桑洛沙棄家人於不顧，而不是他造成兩百萬名柬埔寨人死亡。加入柬埔寨共產黨前，桑洛沙在法國讀書，而從法國回柬埔寨後，「他只來看過我們兩次。」桑洛聶埋怨。「他不關心家人，他從來沒有見過我長子一面。」桑洛聶尤其心痛，小時候他們兄弟倆是彼此最好的玩伴，常形影不離。

赤柬掌權的大部分時間，「我沒聽過波布這個名字，不知道他就是我哥哥。」桑洛聶回憶。就算身為總理的弟弟，他還是落入赤柬恐怖之中。跟哥哥不同，桑洛聶是不識字的稻農，正是赤柬尊敬的那種柬埔寨人。「他們對待我一如其他人，他們不知道波布是我哥哥，我也不知道波布是誰。工作非常辛苦，而且沒有自由。」一九九七年，他看到一張波布的海報，他牢牢盯著，嚇壞了。「我心裡想的只有他

84歲的桑洛聶是波布的弟弟，他在過世前幾個月憶述一生。

不該用這種方式領導國家，讓人們餓死。」在那之後，他說他沒有告訴任何人波布是他哥哥。問他為什麼，他只是聳聳肩。桑洛聶繼續工作，換取微薄食糧，直到一九七九年越南入侵。無論戰時或戰後，他再也沒見過哥哥一面。

桑洛聶對現有的生活感到滿足，休息時他的神情平和。村民尊敬他，人們知道他的過往，並樂於擁有像他這樣可親可敬的鄰居。「當今政府比上一個政權好」，他坦言，「可以自由旅行，而且我們能保有人身安全。」就像許多柬埔寨人，這些似乎就是他期待的全部了——還有一件事，他說，要看到他兄長的前同伴在金邊受審，定罪且入獄服刑。不過他未曾活著看到這一天，二〇一〇年二月四日桑洛聶就過世了。

大審勾起心理創傷

環顧鄉間，成千上萬的人無法收看審判轉播。他們沒有電視，也沒有聽廣播的收音機。柬埔寨文獻中心主任裕昌給自己一個任務：讓更多人們看到審判的過程。一天早上在金邊西方的實居省，人們八點前就慢慢聚集，都是中年人，有男有女，大多是貧窮的稻農——赤柬時期受害的倖存者。裕昌和中心職員帶了投影機和ＤＶＤ播放機，架設在靠近市中心的佛寺裡。放映的影片呈現了杜赫受審證詞的大要。「我想讓受害者參與法庭程序」，裕昌解釋。「有些柬埔寨人往前邁進，但是有些人還困在過去，那些人就是我們的目標族群。」一個小時內，約七十五位民眾牢牢盯著杜赫自述他的罪行，聽他訴說如何監督士兵處決受害者，從他們的後腦杓猛敲下去。在影片中，杜赫陳述駭人罪行、道歉並請求原諒時，他冷靜自若地直視法官，表現得仍然像是個指揮官。「我接到指示，用塑膠袋悶死囚犯。」他承認。

影片告一段落時，放映室裡一片沉寂，似乎感到震驚。裕昌的一位助理請觀眾談論剛剛看到的影像。畫面停格在杜赫表情嚴肅、幾乎帶著威脅地直接看向群眾。第一位舉起手的婦人，剛接過麥克風就哭出聲來。「原諒是不可能的。」她揉揉眼睛說。「他們殺了我的父親和兩個哥哥。」下一個中年男子訴說自己的六位家人如何死去，當他說話時，他的一雙棕色大眼睛充血發紅，淚水滿溢。「我還是個孩子，餓得發慌。」他描述，「他們沒有給吃的，有時候我會跌在地上昏過去，之後才又醒來。」討論就這麼進行下去。

問題顯而易見，柬埔寨幾乎半數成年人口，也就是三十五或四十歲以上的人，表現出創傷後壓力症候群的症狀。心理學家表示，對於這些患者來說，觀看類似於實居省村民看過的影片，就像是拿棍子插進蜂窩，會引發以下症狀：痛苦、憤怒，甚至是暴力行為。

史丹佛大學的心理學者瑞切特早先幾個月前往裕昌的柬埔寨文獻中心擔任顧問，他氣憤地回來。「文獻中心那些人欠缺關於焦慮以及創傷相關風險的背景與知識，但是這卻是他們每天要面對處理的主題。（影片播映結束後）必須對這些觀眾提供後續醫療照護，然而他們卻什麼都沒

柬埔寨文獻中心主任裕昌，身後是安置赤柬受害者頭顱的神龕。

有做。」

截至二〇〇九年夏天為止，文獻中心將超過一萬名村民載往金邊觀看審判，或是帶著剪接過的DVD影片到村子裡播映。瑞切特描述他曾參與過的其中一次「下鄉」之旅：

他們前往一個村落，召集人們，任何想來的人都好，人數約一百名左右，然後讓大家全部坐上卡車後方，開一個小時的車載到金邊。村民走進有空調的法庭，戴上耳機，聽杜赫描述刑求與殘殺。之後他們讓村民搭上原來的卡車回家。有些人可能會陷入情緒低潮。我問裕昌的工作人員：「對這些人有任何後續照顧嗎？」其中一個人回答：「我們網站上有提供資訊。」

瑞切特笑著搖搖頭。「我跟他說，『你開玩笑的吧！』他沒有。」

裕昌說他了解醫生的擔憂，但表示自己只是個學者，而不是臨床專家。他堅稱政府應該提供必要的心理諮商，當然他也明白政府不能更不會那樣做。柬埔寨全國僅有二十六位心理醫生，大部分在醫院工作，發送「讓帳單更貴」的藥丸，任職於跨文化社會心理組織的心理醫生慕尼索薩拉說。他是國內僅有的三、四位臨床心理醫生之一，談到裕昌和他的下鄉計畫時，不禁動怒：

像這樣的接觸可能會引發嚴重反應。這些人必須在碰到如此糟糕的事物前，先做好準備。我們會對他們簡報，先說明他們將會看到什麼。這些景象有可能引發恐懼、憤怒、想復仇的欲望等反應，而中心的職員不具有處理能力。加深創傷後壓力症候群可能導致驚慌不安下的攻擊行為，假如他們患有心血管疾病，也可能引發心臟病。如果他們不知道如何面對復仇的心理，他們可能會做出激烈的行為傷害他人，例如家庭暴力。假如患者位居領導階層，他可能會在工作時下錯誤判斷，或是做出侵略性的決定。當你憤怒時，就無法透徹思考。

替裕昌工作數年後辭職的索菲立忠（Sophearith Choung）表示，求去的部分原因來自於他無法繼續參與下鄉計畫。「有多少人死了，而我們什麼都不知道？我對於這項計畫心存重大疑慮，心懷罪惡感。問題在於心理健康可能會影響生理，我目睹有些人離開時情緒非常激動。我想了解生理疾病和心理健康有何關連。這樣的計畫內容我無法接受。」

在那場實居省的放映會，四十四歲的農夫尹秋（Yim Choy）對群眾大吼，說他曾經被編進兒童勞動大隊。「我無法原諒杜赫！」他以堅定而苦澀的語調聲稱。「親眼看過他把小男孩朝樹幹扔去之後，我怎麼能夠做到？」之後尹秋說，即便是現在，說起當年的事他還是會動怒。而他曾有段痛苦時光，試著要不再想起這些事；他甚至曾幾乎每一晚都夢到當年慘狀——創傷後壓力症候群的標準症狀。「我看到我的手被綁在身後。」所有事情讓他的憤怒持續至今。他握緊拳頭，脖子青筋畢露。

裕昌是個聰明開朗的人，在美國讀大學畢業。然而尹秋的案例暴露出裕昌不了解自身行為可能招致的後果，而且情勢也很清楚，他感到自己被邊緣化。文獻中心曾經是赤柬時期資料的唯一來源，但是審判奪去了那個角色，即使有許多證據是來自中心的存檔資料。而且現在來自跨文化社會心理組織的心理醫生還中傷他。「十五年前，有誰會想要談論赤柬的審判？」裕昌噘起嘴說。「跨文化社會心理組織沒有，他們離得遠遠的」，直到這件事變得熱門。「而現在他們關心這件事只是為了募資，僅此而已。可是我們一直在這裡幫助受害者，而不是欺騙他們。我們察覺到這個問題，盡全力去做。我們跟受害者長期維繫關係，他們信任我們。而且柬埔寨人是很好的跟隨者，他們會跟著領導者走，尤其是他們信任的人。」

這顯現出問題的癥結所在，裕昌面對的受害者並不特殊。裕昌的個性開朗，教育程度好，家境優渥。赤柬受害者則習於文化，遵從社會階層，跟隨他走在懸崖邊上。或許他是真的不了解自己造成了多少傷害。

實居省村落寺廟裡的放映會散場後，啜泣的赤柬倖存者拖著腳步回家。同時，裕昌帶著志工——大多是來自美國一臉稚嫩的年輕女孩，把他視為老師和智者——短暫地在附近繞繞。他們在一片林中空地停下來，村民蓋了兩層樓的玻璃紀念塔，裡頭全是赤柬受害者的頭骨。裕昌對志工描述了寺廟的放映會，而後他興高采烈地邀請志工到附近的餐廳吃午飯，「他們有最好的高棉式烤雞。」然後他們搭上小巴離開。

不過裕昌的受害者並不孤單。柬埔寨社會到處興起反對審判的聲音，尤其是年長的人。「創傷後壓力症候群，每個人都有。」新聞部長喬甘哈里說。「那是柬埔寨人不想再提起這些事的原因，他們的傷口比任何人想像的要深。」賈拉布呂哀嘆，她的聲音沉重且帶著傷痛。「創傷仍在，而審判揭開了傷疤。」賈拉布呂是柬埔寨促進和保護人權聯盟的主席。「現在他們說要清理傷口，可是沒有做到，反而血流不止！」

最後的贏家

回到法庭裡，貪汙指控的進展毫無希望。柬埔寨職員太久沒有支薪，即使是首席法官孔斯潤也突然決定，他想要宣告調查終結。「我把這看作我們最重大的挑戰。」他於二〇〇九年三月表示，「因為幾乎找不到合理的原因繼續無償工作。」

另一位聯合國官員詹森（Peter Taksoe Jensen），他是負責法律事務的副祕書長，與洪森和索安會面數次，試圖解決雙方歧見；聯合國堅持要獨立的貪汙監督，柬埔寨則對於維持掌控毫不鬆手。大約在那時候，有份來源不明、由國防部律師撰寫的政府備忘錄，清楚表示洪森一直以來對於審判的直接掌控。他和索安一手挑選了參與審判的柬埔寨法官，以及所有的柬埔寨籍法庭職員，即便這原本應該是政府最高司法執行官的職責。問起備忘錄時，政府官員迴避不答。而國際法官始終表示，他們想要將更多逍遙法外的赤柬高層領導人列為被告，例如前赤柬西南區司令官密斯木（Meas Muth）。

密斯木如今七十歲了，不過還是很活躍，而且富有。他沒有隱藏行蹤，住在西南部的馬德望省，隸屬於他還是赤柬司令官時掌控的區域。以柬埔寨標準來說，他的房舍十分鋪張，是棟三層樓的木造建築，由發電機供電，屋頂鋪著藍色瓦片，以東方式的掐絲細工裝飾。兩輛大型越野車停在前院，覆蓋訂製的遮陽罩。屋頂上有兩個接收衛星的小耳朵，供應室內的電視訊號。在許多訪談裡，密斯木堅稱起訴他是個錯誤，會使得國家動亂。「多送五個、六個、十個或更多人上法庭，那不是為了正義，反而會使柬埔寨動盪不安，造成不穩定。」他告訴美國之音廣播電台。

二〇〇九年夏日的一個下午，密斯木不在家，不過他的兒子、三十四歲的密斯沙布（Meas Savuth）在。他敬愛他的父親，指著一座木製神龕告訴我們，這是他為慶祝父親七十歲生日蓋的。從遠處看來有點像絞刑架。「我六歲時就跟父親分開。」密斯沙布說。他是個長相英俊、體態結實的年輕小伙子，穿著印花短褲，裸露上身。他一邊吃荔枝，一邊把殼丟到地上。密斯沙布在一九七四年出生，赤柬年代和父母同住，當時他的父親是軍隊司令官。

密斯沙布五歲時越南入侵，大多數柬埔寨人因此歡欣鼓舞，他的父母卻趕緊逃亡。他回憶，「所有人往四處奔逃，我母親逃往一個方向，父親不見蹤影。他們把我留給阿姨照顧，她卻被越南人殺害。所以我有了養父母，跟親生父母完全失聯。」那些年他從未上學，到現在仍然不識字。「不過在二〇〇二年，我聽說父親在此地。我那年找到這裡，見到我哥哥，但是他不信任我，不相信他見到的人是我，他聽說我被越南人殺了。他不相信我，我只好離開。（之後）我去找算命師，她告訴我，『你在女兒長大前，不能回去找你父親。』所以等到我女兒十三歲時，才回去找他。」那是二〇〇七年。「這次他們肯認我了。」

沿著路走，跟六十一歲的鐵匠西尤受斯（Sit You Sous）提到他的鄰居密斯木時，他看似興奮。赤柬掌權時，西尤受斯已經二十八歲了，他一心認為自己會死。他說自己被強迫到田裡工作，然而之前他從沒當過一天農夫。「其他同村的人在田裡圍著我，把我藏在身後，並且說我懂得做小刀、斧頭和大刀。」他光著上身，坐在自己的前院回憶。西尤受斯的孫兒們咯咯笑著，在泥地上的木箱裡爬進爬出。「有位赤柬士兵聽到了，把我拉出來。我嚇壞了，我以為他們要殺我。可是他們給我工具，要我做東西。我照做了，之後他們打仗時就只有要我做這件事。」即使現在，他還是在屋後開了一間打鐵鋪，有座腳踩的風箱。

在路的另一邊，西尤受斯的女兒在小溪邊洗衣服。她把衣服浸濕，攤平置放在肥皂水裡的洗衣板上，用刷子來回刷洗。西尤受斯說，他不知道現在要對密斯木做些什麼。「我不知道要怎麼感到憤怒，因為那是這裡的制度，不過那個政權的確很殘忍。我想我會留給政府處理，我仰賴政府，那是它的功能。」他從椅子上猛然站起，說他想要從屋子裡拿個東西出來。

他拿出一疊紙，上面有美國國務院的抬頭。「我申請去美國，因為我想要讓我的孩子看看已開發的世界。我夢想他們可以去現代世界，上比較好的學校，然後回來幫助這個國家。」那封信顯示，他在二〇〇六年初申請居留權。國務院寄這封信給他，只是表示收到申請，並且告知西尤受斯若無法在二〇〇七年六月一日前提供進一步文件，申請即失效——也就是兩年前。「我一直堅持要做到這件事」，他揮舞紙張解釋，「等著有人來，可以告訴我上面寫什麼。」

一旦要起訴更多嫌疑人的消息傳出法院外，洪森立刻發起攻擊。他曾說過，批評參與審理的柬埔寨法官的人「缺乏人性，他們是動物，連自己的父母都想侵犯。」至於新增列被告，他堅持「在我的掌控之下不會發生。聯合國以及支持波布從一九七九年到一九九一年占有柬埔寨聯合國席次的國家，應該先受到審判。他們應該判得比波布還重。」

那年稍晚，洪森提起不合邏輯的新主張。「如果你想要一個特別審判，但是不想考慮和平與和諧，要是戰爭再次爆發，死了二十萬或三十萬人，誰要負責？」他問道。「最後，我讓這個國家得到和平，所以我不會讓人毀了現狀。人民和國家不會被試圖將我們帶往不穩定的人給毀了。」

十年前各界剛開始辯論這場審判時，魏德曼回憶，包括西哈努克在內的幾名政府高層人士曾公開表達憂心，認為要求舉行審判，會導致仍然在拜林市活動的赤柬官員及其手下神經緊張，促使他們離開叢林，「再一次搗亂」。魏德曼補充，不過洪森當時從未表示過類似的擔憂。如今，總理並未說明他預測的動盪會如何與為何發生，既然赤柬已消聲匿跡。大多數的柬埔寨人無視杜赫的審判，社會上不存在已知的動亂跡象。洪森另一次猛烈抨擊大審時，提到更嚴厲的指控。「我寧願見到法庭失敗，而不是放任國家落入戰火。」

即便如此，超過一打的法律調查員坐在法院的辦公室裡，這群外國人由聯合國僱用，前來研究新的嫌疑犯，他們對洪森的說法毫不在意。而在二〇〇九年秋天，法庭做出宣告，將會起訴更多嫌犯。法官雖未指明道姓，推測大多集中在密斯木和另外幾個人身上。

國際法庭精疲力竭

二〇一〇年七月二十六日，法庭認定杜赫犯下違背人性的罪行，判處三十五年徒刑——對於監掌一萬五千人的虐待刑求與處死者而言，幾乎所有人的反應都認為判得太輕。而且杜赫甚至不會服完三十五年徒刑，扣除他已經受到監禁的時間和良好的合作態度，以及另一段關在軍監的非法監禁，法庭判決杜赫剩下十九年的徒刑。法官做出宣判時，杜赫六十七歲，代表他仍有機會在某一天以自由之身走出監獄。

這是柬埔寨歷史紀錄裡，第一次前政府高官因為違反人權遭判刑入獄。對明眼人來說，這也是柬埔寨唯一一次合乎國際標準的司法審判。然而許多倖存者仍舊感到不安。「這像是朝我臉上打一巴掌」，對杜赫做出不利證言的布孟說。另一位倖存者鍾梅（Chum Mey）在法院外的泥濘地上，對著群眾吼叫怨言：「我們是二度受害者，赤柬時期一次，現在又是另一次。他住的牢房那麼舒服，有空調，一天送餐三次，有電扇，什麼都有！」像大部分的柬埔寨人一樣，鍾梅過著簡陋的生活，以至於吃牢飯在她看來相當愜意。

參與法庭運作的大多數人懷疑，這是否會成為最後一次審判？畢竟杜赫是被告裡最年輕的一個。他的審判花了三年，而且他很配合，輕易就認罪。其他所有人則全然否認罪行。事實上，赤柬社會部長英蒂迪出言威脅，說任何指控她為殺人兇手的人，「會被詛咒下第七層地獄」。英沙里八十四歲，自入獄後曾因心血管疾病送醫數次，他已經不太能行走。喬森潘夫婦都七十好幾了，健康情況堪慮。農謝八十幾歲，身體好不到哪兒去。他們之中有誰可以活過三年？

不僅如此，參與審判的每個人到現在早已精疲力竭。踏出每一步，都得跟洪森和索安硬碰硬，面對人身攻擊和操弄。審判的相關報導大多集中於貪汙、政治操弄和資金短缺，再也沒有人提起審判能重擊無罪脫身與不公義的想望。事實上，**審判展現了無罪脫身和不公義的新面相**。捐贈團體給法庭的錢超過一億美元，大家心裡都明白有部分落入貪汙之手。如今法庭再次伸出手來，僅僅是未來兩年的營運，就要求九千三百萬美元——時間上很有可能不足以完成下一場審判。

不過在二〇一〇年秋天，出乎眾人意料之外，法庭一次發出其餘四位被告的起訴書，控告他們違背人性、屠殺、謀殺與宗教迫害。考慮到被告的年紀和健康狀況，法庭計畫同時審判四個人。他們每一個人都是下令殺人的政府官員。跟杜赫不同的是，這些人或許從未親自動手殺害任何人。

聯合國和其他關注大審的國際組織都很開心。不過柬埔寨人幾乎毫無反應，跟以前沒兩樣。許多調查和坊間證據——我詢問每一個遇到的柬埔寨人——顯示，大多數人不關心這件事。他們沒有電視，有些人說家裡收不到轉播審判的頻道，還有些人聳聳肩，坦承自己不感興趣。他們太忙了，審判在日間舉行，那時正是下田農忙的時候。如果有時間看電視，他們想要看點能娛樂自己的節目。

審判或許終能使得一些赤柬領導人受到司法制裁，然而有太多期望伴隨而來：大審會喚醒柬埔寨人民，不再容忍無罪脫身，要求以赤柬大審作為範例，改革國家不靈光的司法系統。這些期待無一發生。

政府和聯合國對於遴選貪汙督察終於達成協議。他們選了柬埔寨的審計總長烏春（Uth Chhorn），一名看似獨立的官員。然而，柬埔寨政府裡沒有一個人是全然獨立的。歷經超過一年的爭執，聯合國最終似乎放棄了。

烏春主管國家審計局，負責檢視政府機構的財政。當然，坦承的報告必定會造成危害，所以審計局已經好幾年不曾發表報告。烏春做出報告時，政府制止他公告結果，即使法律明定審計局必須公開數據。假如烏春曾經對抗政府的不法要求，他的行為從未留下公開紀錄。如今他成為法庭的貪汙督察，受害者只得全心仰賴此人收受投訴報告。不過烏春並未得到調查權力或正式委任，在接受指派的前幾週，他曾透露真正的心意。烏春告訴記者，解決貪汙指控並非他的工作職責，相反的，他說他只會把投訴轉給聯合國高層——也會給副總理索安，以及其他柬埔寨官員。那些人很可能就是報告的投訴對象。他的作法，跟金邊市區的貪汙投訴辦事處如出一轍。

在前六個月裡，僅有四個人來見烏春。而在二〇一〇年，大審的捐贈人質疑烏春只打過幾通電話、不定期開了幾次會，他為什麼能夠乾領十四萬三百九十四美元的薪水？烏春的年薪被減為三萬兩千美元，他在法庭裡的角色被認定為無足輕重——完全不是聯合國想要的、志向堅定的獨立貪汙調查員。

洪森又一次擊敗了聯合國。

CAMBODIA'S CURSE

[redacted]

第十七章

受苦人民害怕改變帶來傷害

柬埔寨的個人主義

法國社會學者狄昂（Serge Thion）說得十分貼切：「解釋柬埔寨基本上是外國人的事。一個世紀以來，外國人提出各種解釋。」

在金邊市中心距離世界銀行的辦公室數戶的地方，離美國大使館也不太遠，有一家典範書局陳列一櫃又一櫃赤柬時期和柬埔寨其他時代的歷史書，全部用英文和法文撰寫，作者是西方史學家、新聞記者或編年史學者。柬埔寨人寫的書非常少見，如果有的話，幾乎全數是在西方受教育者寫的回憶錄，大多在描述他們的赤柬時期經歷。

有部分的解釋認為問題出在教育。直到法國占領柬埔寨以前，這個國家幾乎沒有書，僅有寫在棕櫚葉上的塗鴉短文。一九六〇年代擁有讀寫能力的柬埔寨人非常少，即使到了二十一世紀，不識字的情況仍然普遍。對於那些有能力書寫柬埔寨社會的少數人來說，他們大概會覺得這件事太冒險。西哈努克佛教大學政治學教授田納立（Tieng Narith）在二〇〇七年寫了一本關於柬埔寨現代社會的書——後來沒出版，只作為他的課堂教材——隨即遭到逮捕。一位法官認定他「印行偽造文件」，判處兩年半徒刑。然而教育並不是唯一的解釋。

數十年來，外國作者一路摸索，試著理解柬埔寨人民矛盾的個性。這麼說或許過於簡化，不過每個國家都擁有某種共通的人格特質，即使並不是展現在每一位國民身上。

試著了解柬埔寨的外國作者，有時會陷入淺薄的刻板印象和概括認定。在十九世紀和二十世紀初期，法國作者反覆描述柬埔寨人「順服且懶惰」。這些人喜歡說柬埔寨人種植足夠餵飽全家人的稻米後，就會回家休息。假如施肥或雜交稻種使收成量加倍，他們只會種原來一半的面積。英國作者修爾特持有同樣的主張，斷言「懶惰已植入這個國家的某部分形象，成為無法跟上鄰國腳步的解釋。」

柯伊（Michael Coe）寫了一本關於柬埔寨吳哥王朝時期的書，將一則傳說作為柬埔寨人民性格的比喻。他敘述泰國大軍在一五九四年攻打洛越城（Lovek），這個城市「四周設有竹圍籬，入侵者朝防線發射砲彈，內藏銀幣。高棉人為了撿錢，砍除竹籬，頓失屏障。」洛越城很快就陷落了。

柬埔寨歷史學者錢德勒院長提出他對於柬埔寨人民性格的分析，同時評斷其他作家的觀點：「柬埔寨內在的穩定傾向，在殖民作者看來時常淪為荒謬的浪漫主義；人們願意接受當權者定義的現狀，柬埔寨歷史上幾乎每一段時期都是如此。由於鄉間居民未曾受邀參與任何政權，反抗當權者對他們來說不太有立即的好處。」

另一位學者與作家維克瑞加入美國政府一項援助計畫，一九六〇年代初期在柬埔寨的學校教書。他學會高棉文，依著自身的熱情研究這個國家。在他其中一本著述裡，描述了一九六二年造訪柬埔寨偏遠村落，看見「模樣野蠻的男孩們」，手拿「插在木棍上的死蜥蜴，像是剛抓的鮮魚那樣」，要帶回家給晚餐加菜。村子位在班迭棉吉省的邊角，維克瑞發現那裡的居民「表現出異常的敵意」，村民明白表示「不喜歡城裡來的人」。不過維克瑞也記載當地有「珍貴的民俗技藝」，村民製作美麗的絲綢；他提議想買幾條，然而村民拒絕，說只做給自己用。無論維克瑞給多少錢，對他們來說並沒有價值，因為「市場裡沒有他們想要的物品」。他們跟歷史學者描述的農夫一樣：多種點米能幹嘛？維克瑞斷言，「因為氣候因素、地理位置難到達，以及個性上不兼容」，這些村民和全國許多類似村落「演進成幾近獨立、自給自足的生活型態，只想要不受打擾。」

而情況持續如此。北卡羅萊納大學教堂山分校醫學博士索尼斯（Jeffery Sonis），二〇〇六和二〇〇七年調查柬埔寨人的創傷後壓力症候群普及程度，派出訪查小組到全國各地。他原先想要請受訪者在表格上簽名，後來放棄了。索尼斯發現柬埔寨人對外人疑心重重，他後來才知道，「在赤柬時期，他們要你在表格上簽名，然後就殺了你。如今換成不誠實的商人，要你簽署表格，隨後就奪走你的土地。」這些人誰也不信任，他們只想要不受打擾。

柬埔寨人會第一個跳出來告訴你，他們沒有真正的國家認同，很少自覺是「柬埔寨人」，多年來未曾改變。「活下來的本能戰勝一切」，婦女事務部長坎莎霞薇說，「活下來不代表對他人伸出援手，假如你幫忙，還可能受到背叛。為了活下來，許多人做過成串壞事。所以人們更加傾向個人主義，只為自己著想，把生存擺在第一位，壓根不曾想到社會。」

那位醫院總監瑞奇納醫生親眼見證這項結果，他醫院裡的急診室醫生拒絕跟病人說話。「在赤柬之後，沒有人跟彼此說話，他們不想事後受到審問。」即使是現在，「老一輩的醫生仍然自我孤立，不跟其他人說話」——包括病人。然而這種潛藏的人格特質，遠早於赤柬統治時期就已經存在。西哈努克習慣稱呼為「個人主義」，有一次還將這種特質描述成「整個國家的缺陷」[1]。

歷史學者錢德勒認為，時至今日，「社會裡沒有誰是你可以依靠的，人們不覺得社會真的存在。」由於柬埔寨與鄰國的爭戰從沒有間斷過，這種人格傾向，在柬埔寨歷史上大多時候都很管用。面對深入國土的外國軍隊和只為自己設想的國家領袖，多數柬埔寨人只在乎家庭和村落生活，那是他們僅有的避風港。在赤柬時期，利己主義是至高無上的價值觀。為了活下去，柬埔寨人必須像淡榮村長柯刻重那樣。他描述，「我以在樹林裡挖到的野生馬鈴薯果腹，我偷偷這麼做，沒告訴任何人。」當時他周遭有許多人瀕臨餓死邊緣，這是全國各地諸多工人共同的處境。

然而到了二十一世紀，**盛行的個人主義，卻注定了柬埔寨人得繼續餓肚子，沒辦法認得幾個字**。大體來說，他們不能、也不願替自己站出來發聲。

世界等級的矛盾情結

試想今天換成保加利亞人、印度人、馬來人、玻利維亞人、波蘭人，或任何其他主政者自稱民主的國家，要是他們的政府年年賣掉收成，放任人民食糧不足，會怎麼樣？把上千人民

❶ 在近代史上，柬埔寨人有一度團結起來，對特定議題達成熱切共識。二〇〇八年七月，聯合國教科文組織將柏威夏寺（Preah Vihear）列名為世界遺產，這間小廟位於泰柬邊境上，擁有九百年歷史。可預見的，曼谷和金邊因此產生嚴重爭執，由於兩國爭執柏威夏寺的主權已有數十年。不消多久，雙方都把軍隊開往邊境，雖然並未真正開戰，仍有幾名士兵在短兵相接時身亡。有趣的是，柬埔寨人這次聚集起來，支持國家領導人對抗他們長期的敵人——暹羅人，投入軍事僵持。《金邊郵報》編輯海耶斯寫道：「記憶裡的第一次，全體柬埔寨人為了單一議題團結起來，意見一致且態度狂熱。」

從自家驅逐，焚燒房舍，棄置無家可歸的人到空地，再把他們原有的土地賣給開發商，又會怎麼樣？官員積累大量私人財產，然而全國四〇%的兒童嚴重營養不良，以致發育遲緩；允許學校教師向六歲孩童收賄，容忍醫生敲詐病人，不付錢的人就讓他們等死；治理一個國家，卻有八〇%的人民生活條件與千年前沒什麼差異，每一天都面臨生存挑戰。上述任何一個國家的人民，難道會願意忍受這些情況嗎？甚至連伊朗那樣野蠻的神權國家，在二〇〇九年，人們都因為遭遇更輕微的事，憤而起身對抗政府。

但是柬埔寨擁有世界等級的矛盾情結。二〇一〇年，全國有六〇%的人口是在一九七九年後出生，也就是赤柬下台以後。前美國駐柬大使魏德曼表示，「你會以為，假如人們舉目四望，發現鄰國都比較繁榮，他們就不會想要繼續在泥濘稻田裡討生活。他們會希望政府有更多作為。」實情卻不然。共和黨國際事務協會每隔幾年，就會調查柬埔寨全國人民對當前議題的看法。他們派出調查員，走遍全國與人們訪談，包括城市和鄉下、年輕人與年長者、富人和窮人。共和黨國際事務協會由美國政府出資，一九九七在手榴彈攻擊事件中受傷的阿伯尼就是協會雇員。協會高層長久以來厭惡、甚至是痛恨洪森，然而年復一年，他們卻發現七五%到八〇%的柬埔寨人對現有生活感到滿足，他們不期待得到更多了。受訪者說，這個國家正朝著對的方向走去。

二〇〇九年二月十四日，《柬埔寨日報》刊出其中一項調查結果，顯示八二%的受訪者認為國家走在正確的道路上。報紙上其他的新聞標題包括「聯合國警告：營養不良兒童遽增」、「土地糾紛案檢察官遭控不公」、「專家抨擊政府預算不透明」、「班迭棉吉省男子強暴兩名六歲幼童遭起訴」，以及「總理之子晉升為一星上將」。

受訪者說，他們滿意政府提供的基礎建設：道路、橋梁、水井和學校。共和黨國際事務協會亞洲區總監薛勒（Kimber Shearer）試圖解釋這項看似矛盾的發現，薛勒分析：「人們把建造這一切的功勞歸給洪森，無論真正蓋學校的人是誰。」事實上，柬埔寨人口中那些基礎建設，大多是國際捐贈者或紅頂商人蓋的。調查結果並非首聞，二〇〇三年亞洲基金會執行的類似調查也得到相仿結果：僅有九％的人說「國家正朝錯誤的方向發展」。❷

洪森政府把調查結果當作政績認可，大肆吹噓，使共和黨國際事務協會高層有苦難言。然而，正是人們所持觀點背後的道理，讓洪森持續保有執政權。假使八〇％的人在鄉間窮苦過活，僅滿足生存的最低限度——基本上在挨餓、赤腳、不能識字——那麼，他們又怎會關心報紙上說的犯罪、貪汙或瀆職新聞呢？大部分的人擁有電視，但是政府管控所有的頻道。常態新聞節目時常轉播洪森身處某個村落，朝一位紅頂商人比一比，要求他新造一條道路或橋梁，「（他說）依要求餽贈。」美駐柬前大使穆索梅利主張，「控制電子媒體是嚴重的問題，直到他們開放電視和廣播前，不，你不能希求自由公平的選舉。」

當地人權團體在網站放上各式各樣的報告，詳述政府的濫權行為。柬埔寨促進和保護人權聯盟在官網上強打的報告，包括：「軍警在柬埔寨西北部沒收土地，焚燒並鏟平民房」、「柬

❷ 此項亞洲基金會執行的柬埔寨民意調查發表於二〇〇三年五月十六日，並公布在其官網上。

埔寨教師與校長發生土地爭議，遭判誹謗罪」。可是誰在看這些報告？或許是新聞記者和其他的非政府組織。柬埔寨商業部二〇〇九年的報告指出，全國網路普及率停留在〇．一四％，也就是一千三百五十萬柬埔寨人口裡，約有兩萬人擁有網路服務。（即便如此，政府仍然從二〇一〇年開始討論網路審查，表示「假如有網站攻擊政府，或刊出如色情一類的不適當圖片，又或者是違反政府原則，我們就可以全部擋掉。」）

羅伯特住在柬埔寨西部超過兩年了，他加入耶穌會服務，到當地給予村民協助。二〇〇八年大選期間，羅伯特與數十位村民談話，觀察到有個主題反覆出現：「人們十分擔憂柬埔寨人民黨敗選，他們非常害怕改變。」畢竟數個世紀以來，柬埔寨一旦面臨改變，總會通往悲劇，落得屍橫遍野。

暹粒省政委會主席詹蘇法說，他的政府「鼓勵人民改變生活方式，訓練他們改種商業作物、養雞或豬隻，也提供小額貸款。」不過，他面對的不是一群極度保守、拒絕改變的人嗎？「你提的問題點出了現況。我們面對的最大挑戰是人民的心態，他們不想要改變。這會需要很多時間，需要教育。」同時，「如果有辦法達成的話，我們的目標是改善基礎建設——更好的道路、橋梁，以及替偏遠地區居民蓋灌溉渠道。」

主席轉向另一個處境相似的問題。「現今很大一部分的挑戰來自漁業。」他說。由於漁獲量嚴重下滑，政府試圖要在產卵季執行禁漁令。問題是，一直以來柬埔寨人的主食是米飯和魚，少有其他食物。洞里薩湖每年一度的洪汛，將數百萬條魚沖進洞里薩湖。從湖中溢出的水淹沒稻田，深入內陸達好幾哩，魚卵在水中載浮載沉。

在金邊郊外一處人類免疫缺乏病毒暨愛滋病患者收容所，住民們閒度下午，仍舊為了幾天前失去城裡的家感到沮喪，心情低落又餓著肚子。接著到了傍晚，其中一人走下營地後方的稻田，把小魚網抛入水裡，帶回幾十尾小魚，每尾至多兩英吋長。收容所的氣氛為之一變，小孩咯咯歡笑，面帶微笑的父母連忙撿拾木枝，在土窯裡升火。晚餐上桌了！誰來告訴這些人，現在不准捕魚？

撇開這些不談，二〇〇九年洪森仍然下達禁漁令。總理在電視上告訴民眾，假如你們吃魚卵，就等於吃下幾千條魚。然而說服柬埔寨人停止抓魚，就像叫他們不要種稻一樣，根本是不可能的事——或是接受小額貸款改種經濟作物，如同詹蘇法主席提議的那樣。

枝諾卓（Chnok Trou）是菩薩省洞里薩湖畔的搬運漁工，她負責把漁獲從小船搬去位於碼頭盡頭的批發商。她住在竹子搭建的棚屋，約有八呎長乘上八呎寬，高六呎。每年洞里薩湖洪汛期間，枝諾卓和其他搬運漁工會把居所搬離水邊移上山坡，等到水退了再搬回去。她住在一長排小棚屋的末端，有數十間之多，屋頂上大多高高豎起綁在竹竿末端的電視天線，隨著微風擺盪。

而現在枝諾卓沒事可做。「這裡每年有（禁漁令）好多代了」，她解釋，「不過今年管得特別嚴，勝過以往任何一年。」她上一季攢了點錢，希望能靠存款撐過這段期間。前幾年，禁漁令的魚產卵期間「還是會有些漁獲」。枝諾卓搖搖頭說，「我們今年可能會把存款用盡。如果真是這樣，我們在明年以前得借錢買吃的。」

就在此時，有艘汽船在她面前靠岸，船上有四名戴草帽的男子，把六個大冰塊搬下船，單邊各有六呎長。他們把冰塊放上卡車後斗，揚長而去。那些冰塊是用來做什麼的？枝諾卓看起來有點尷尬，她停頓一陣子，然後輕聲說：「那是用來讓魚保鮮的。」

住在拜林市附近的六十一歲鐵匠西尤受斯說，他年復一年投票給柬埔寨人民黨，「因為他們照顧貧困家庭，還有做到發展和建設。」他指向一座小木橋，橫跨在流經他屋旁的小溪上。「他們一九七九年一月七日解放了這個國家，所以我出於感激投票——也為了保護自身安全。他們是執政黨，我相信他們。」

大約同一時間，蓋洛普公司（Gallop）公開一項在全球執行多年的重大調查，他們訪問了成千上萬的民眾，請他們為自己的幸福指數評分，看是屬於「欣欣向榮」、「掙扎」或「受苦」。柬埔寨人的自我觀感是亞洲國家裡最黑暗的，僅有三％的受訪者認為自己的處境是欣欣向榮，另外七五％說是掙扎，有二二％在受苦。❸不過他們大多深信這是自己的命運。若是問西尤受斯是否滿意現有生活，他點點頭說，「是的，我滿意。就像老一輩的人常說，生活很苦，但是我活下來了。」

莫淑華是國會的反對黨成員，她說她的政黨努力推動全世界反對黨通用的「改變」口號。有那麼多貧困而苦痛的人民，他們怎麼可能不想要改變？「可是我們不能再喊著要改變了。」她皺著眉說，「因為人們不想要改變。」

三十六歲的天恩住在馬德望省的偏遠郊區，鄰近拜林市。她種玉米維生，賺的錢剛好足夠餵飽一家人。在言談中，她主動坦承自己不識字，然而態度卻冷漠、不親近人。她對政府不滿，說：「他們沒有為我們做任何事。」天恩跟政府的唯一接觸，是她有一次染上瘧疾，不得不去醫院看病。

「我得付醫院六、七萬柬埔寨幣。」天恩說，等於是十五到二十美元。「但是醫生來替我看病的時候，他說我應該再付他五萬柬幣，當作打賞。我去的是馬德望醫院。付了打賞費之後，我得到很好的照顧。」

問她如何看待自己和整個國家的未來？天恩噘起嘴，聳聳肩，彷彿在說：**我不知道。不關我的事。**

❸ 蓋洛普公司在二〇〇九年發布全球幸福感調查，表示「結果基於電話與面對面訪談，共計超過十三萬七千人受訪，受訪者年齡均為十五歲以上，在二〇〇五至二〇〇九年間對一百三十九個國家進行訪查。」

結語
黑暗中的一點微光

另類的「石油危機」

二〇〇二年，柬埔寨政府將沿岸勘油權賣給雪佛龍石油公司（Chevron Oil Company）。當然，政府從未對此公開表示過什麼，也未曾揭露收到多少錢，又花去哪裡了。雪佛龍的口風一樣很緊，在緬甸營運多年後，雪佛龍的公司政策似乎是盡可能避免讓商業涉入政治。

一年內雪佛龍就找到石油，縱使蘊藏量和市場運銷情況仍未明朗。接著在二〇〇五年，雪佛龍發布聲明表示：「此項探勘計畫的前四口油井均有斬獲，我們非常振奮。」兩年後國際貨幣基金估計，十年內柬埔寨可望從石油業獲得十七億美元的年營收。這時恐慌四起。

柬埔寨新成立國家管制機構，而洪森將石油管控權給了副總理索安。這家新公司全然祕密運作，有人權團體控訴，國有石油公司職員被禁止使用電話。洪森提到用獲利來減緩貧窮與提升發展，沒有人相信他。

國際貨幣基金敦促柬埔寨，要在抽取第一加崙的石油前趕緊通過財政管理法。組織的駐柬代表內默思（John Nelmes）說：「關鍵之一是他們得施行強大的宏觀經濟管理。代表預算的方針要很健全，將資金導向具有生產力的用途上。」

內默思的建議替捐贈人和外交官的群體意見開了第一槍。他們警告，**設立國有石油公司形同縱容貪汙官員分一杯羹，將會塑造完美公式，成為日後困擾柬埔寨的另一個嚴重弊端：石油課題**。世界銀行對柬埔寨施加壓力，要他們簽署開採產業透明行動協議，這是一項公開揭露石油與天然氣營收的國際協定。「這對佐力克來說是大事。」一位世界銀行高層官員說。他口中的佐力克（Robert Zoellick）是世界銀行總裁。

不過在二〇〇八年，洪森表示拒絕，並說外界對他石油政策的批評是「精神失常」。到了二〇一〇年秋天，反對的政治人物對這一切感到挫敗至極，他們寫了封訴狀，寄給二十二位美國參議員，信裡說：「柬埔寨政府正在災難性地抽取我們的石油蘊藏」，由於政府核發「九十九年的特許權，供開採廣大綿長的土地」裡潛藏的石油；「交易私下進行，對象是一小部分位居執政黨高層的盟友。」一如往常，這項行動並未帶來成效。

要是不受監控，任憑石油帶來的財富漫溢洪森政府，會帶來什麼後果？捐贈團體和非政府組織憂心，洪森將再也不會容忍他們。如同柬埔寨促進和保護人權聯盟主席賈拉布呂所說，現在「政府有用得到我們的地方。我們的出現，多少能幫到他們一點。他們需要國際社群給的錢。」**有了石油的收入，政府或許再也不需要捐贈人的援金**。洪森會不會關閉促進和保護人權聯盟，接管所有的報紙，告訴美國國際開發總署和世界銀行少管閒事？「我們思考這件事有一陣子了」，世界銀行駐金邊職員古英柏表示。「傳出的有限資訊顯示，石油的蘊藏點可能更加分散，經濟效益也就遞減。或許那是聽起來不算好消息的好消息，塞翁失馬，焉知非福。不過我不想要全往樂觀的一面想，實情如何還未揭曉。這就是為什麼我們得試著去開發制度」，以使政府開支透明化。「還有，沒錯，我們的確出現了急迫感。」

接著二〇一〇年到來，急迫感的理由更形清晰。美國證券交易委員會展開調查，關於某家石油公司是否在二〇〇七年用兩百五十萬美元賄賂柬埔寨政府官員，以取得石油探勘權。當時有位部長林建霍（Lim Kean Hor）形容那筆錢只是「茶資」，作為檯面下賄款的委婉代稱。洪森在三年後聽說證券交易委員會的調查，他說那筆錢流入某項「社會基金」，資助學校和醫院，「不是檯面下的交易」。不過他拒絕回答那筆錢的明確花用狀況。走遍全國與各地方首長交談，訪察學校和醫院，沒有一個人曾向我提到類似的新計畫。而新設立的反貪汙機構，當然選擇不接下這起案件。

好像還嫌這一切不夠棘手，近十年來，中國成為柬埔寨最大的單一捐贈國。當所有捐贈人於二〇〇八年十二月捐出幾近十億美元，其中兩億五千七百萬美元來自中國。實際上北京還耗資好幾十億美元，建造水壩、道路和其他基礎建設。中國的援助不帶任何附加條件——不過當然**洪森得替北京的「一個中國」政策背書，不承認台灣**。洪森也做到了，除此之外，中國人完全不在乎他會不會實行反貪汙法或停止土地掠奪。「來自中國的貸款與捐贈，使柬埔寨某部分免於來自國際上其他國家的政治壓力。」洪森有一次如此評論。二〇〇九年，洪森為中國替他蓋的一座新橋梁揭幕啟用時，大力讚揚他的新朋友——過去一度資助赤柬，當時遭受洪森的尖酸埋怨。「中國資本共有六十七億美元用在柬埔寨」，洪森誇口說，中國人的援助「幫助鞏固柬埔寨的政治自主」。

如此一來，柬埔寨將往哪裡去？「我變得好消極。」社區法律教育中心執行總監嚴必若感嘆。他重重嘆一口氣，搖搖頭說：「那些外國人和捐贈團體，他們說柬埔寨比過去好得太多了。但是我覺得悲傷且憂慮，我們正從懸崖邊墜落！」

金邊的萬谷湖社區有位居民，望著發出惡臭的湖水，由於開發商持續填入砂土，水面已經快要漲到他腳下的地板。在住屋的一側，他寫上宣言：「停止驅逐！」而政府告他誹謗。

「這就像是歷史上的王國再次降臨，只不過現在是二十一世紀。」柯菲容（Keo Phirum）說這話時，顯得既納悶又憤怒。他是森朗西黨的地方顧問。

政府終究在二〇一〇年實行某種形式的反貪汙法，執政黨立委在國會急推法案，沒有留多少時間讓反對黨立委和公民社會領袖細究。聯合國駐柬代表團負責人布洛德力克公開指出，自二〇〇六年以來，政府未曾邀任何人檢視過草案。柬國外長何南豐（Hor Namhong）馬上寄給布洛德力克一封威脅信，抱怨他「公然干涉柬埔寨內務的行為，完全無法讓人接受。」外長警告，「重複犯下這種行為，將迫使柬埔寨皇家政府做出『列入不受歡迎人物』的決定。」此言意味著政府考慮把布洛德力克驅逐出境，無視於聯合國二十年前努力促使柬埔寨人在世界上重獲新生，而布洛德力克正是他們的後繼者。在那之後，布洛德力克堅稱在這個聯合國投注三十億美元打造的國家，他必須保持「低調」。

「柬埔寨還不算是完美的民主政體。」柬埔寨駐美大使恆韓說，「我們必須改進自己。」不過，所有可得的證據顯示，**這個國家正快速往反方向駛去**。

「我不知道這樣對不對」，前政府官員歐蘇菲克就事論事地說，「但是許多人認為我們朝著緬甸的模式發展。」

比北韓和海地人過得更糟

如此多年來，柬埔寨人受到眾多領導人欺壓，以至於他們不再對政府抱有期待。事實上，他們深信任何改變即使不造成傷亡，也會充滿苦痛。如同維克瑞說的，他們只想要不被打擾。

全世界有數十億人活在邪惡、專制獨裁的政府之下。在達爾富爾和南蘇丹，成千人民住在小小的草棚裡，甚至比柬埔寨人的家屋更為原始；身上穿的是美國人捐給國際善意（Goodwill）的舊衣服。我在南蘇丹遇見一位住在倫貝克（Rumbek）的年輕男子，他穿著來自阿肯色州克萊斯勒經銷商的破舊工作制服，胸口處有塊補丁，繡著原來衣服主人的名字——克萊姆。儘管如此，平均而言蘇丹人仍然比柬埔寨人富裕。蘇丹政府屠殺成千上萬的人民，不過遭受到反抗者的回擊，最終形成軍事對峙。柬埔寨人做不到這種事。

在緬甸，一小群自私自利的軍事政權只懂得鎮壓人民，鮮少替他們做什麼事。二〇〇八年有個熱帶氣旋侵襲緬甸，政府卻拒絕讓許多國際援助團體運送食糧和藥物入境，深怕他們會危及統治權。不過在尋常時候，緬甸人可是生產力十足，每畝地的稻穫量幾乎是柬埔寨的兩倍，社會也較為繁榮。偶爾他們會發起民主示威，即便知道政府必定會加以反擊。柬埔寨人做不到這種事。

在北韓，執政者緊緊管控人民，他們不知道外界正在發生什麼事，國內偶爾會發生饑荒。

人們只知道政府廣播電台告訴他們的消息，不過幾乎所有北韓人民家裡都有電，能聽收音機，只是時不時會中斷供電。北韓的人均收入是柬埔寨人的三倍，且政府至少有供應少量的食物配給。柬埔寨可不然。

海地依舊是西半球最貧苦的國家，也名列世界上最窮的那些國家之中。和柬埔寨一樣，大部分居民缺乏電力、廁所和乾淨飲水。不過從各層面來看，海地人都過得更好。舉例來說，聯合國兒童基金會的報告指出，五歲以下的海地兒童有二九％患有中度或嚴重發育遲緩，多半出自營養不良。柬埔寨的數字是四二％。二〇〇七年，海地的網路普及率是一〇％，柬埔寨則是幾近於零。

當然，柬埔寨不是唯一貪汙的國家。穆索梅利擔任美國駐柬大使時，他說他「一直告訴柬埔寨人，因為貪汙，我們每年大約送六百位美國政府官員去坐牢。這提醒了我，我們也是一個貪汙的社會，而送貪汙的人去坐牢是正確的事。承認貪汙沒什麼好可恥，真正可恥的是否認罪行，並且不採取行動。」

事實上，柬埔寨政府成員幾乎從未遭到定罪，甚至連現行犯被抓到也不會有事。二〇〇七年黎渥廉（Ly Vouchleng）擔任國家上訴法庭主席時，爆出她收受三萬美元賄款，作為釋放牢裡兩名人口販子嫌疑犯的代價。她丟掉工作，不過很快又被指派為部長理事會的法律顧問。二〇〇九年政府拔掉何金揚（Ke Kim Yan）軍隊總指揮官的職位，因為他被抓到涉及好幾宗不正當的土地交易案。過不到兩個月，洪森指派他擔任副總理。而在二〇一〇年春天，內政部長薩肯的助理因詐欺遭到金邊法院定罪，判處兩年徒刑。他收受兩萬五千美元賄金，交換一個部裡的工作機會。判刑那一刻法院就當庭釋放他，說之前服刑的幾個月已然足夠。

許多國家曾有過歷史上的黑暗時期，徒留傷心故事，還有不少國家仍舊由當初迫害他們的領導者統治。然而**除了柬埔寨以外，沒有一國因為近期發生的慘劇受害如此之深**；沒有其他人民經歷過，國內四分之一的人口被自己的領導者殺害——而且當令人痛恨的政府垮台後，取而代之的是疏於照顧人民、貪得無厭的領導人。沒有其他國家如此盛行創傷後壓力症候群和種種創傷心理疾病，一代傳給下一代，還有可能再往下傳，使整國的人格變得黑暗。

上述加總起來，給了柬埔寨人世界上僅有的混雜虐待經驗，深深毒害他們。然而綜觀歷史，以及柬埔寨人超過一千年來不抱怨言的順服狀態，他們似乎不在乎。

有一度，僅有這一次他們勇於作夢。世界強權讓他們破天荒自主選擇國家領導者。幾乎所有的柬埔寨人都擁抱這次機會，投票率達九〇%。不過他們遭到領導者的背叛，而世界也遺棄他們。

如今大多數人再度不抱期望，滿足於自身已擁有的事物。他們沒有抱負，沒有夢想。他們想要的只是不被打擾。

洪森下台前僅能漸進改變

或許十個柬埔寨人裡有九個不抱期望，對世事漠不關心，不過改變正在發生。即使是對於一個迷失在過往的國家，現代世界依舊步步蠶食，雖然比幾乎所有的地方都來得慢，仍然無可阻擋。

後來變成駐柬大使的昆恩，一九六〇年代晚期還是派駐在越南的美國國務院官員，他看著越南南部的村民把茅草屋頂換成金屬——人類學家衡量社會進步的一種方法。不消多久，他就發現人們在家裡聽收音機和看電視，隨後又看到父母把小孩送去上中學。昆恩歸功於美國當時在越南南部修築的道路，認為有助於村民經商。一九九〇年末就任駐柬大使後，昆恩力促華府建設更多道路。然而漸趨嚴重的暴力事件，到第一總理拉那烈的「政變」達到頂峰，造成昆恩的計畫停滯。

十年後中國介入，開始修築重大道路和橋梁，尤其是在偏遠郊區。其中一些地區有了道路之後，少數農夫開始考慮買拖拉機。說真的，他們買的機種只算是附有犁刀的摩托車，不過比起趕牛拉動綁有石塊的犁，已經躍進了好大一步。

一九六〇年代越南開始變得富裕，是因為他們採用美國人引進的現代種稻技術，使得產量增加，財富也增加。而在另一方面，柬埔寨人抗拒改變。馬德望市的楊省孔（Yang Saing Koma）博士是農業研發中心的主席，他知道得比誰都清楚。「最重要的只不過是改變你的想法」，他說，「問題是，你必須找到更好的方式向農民解釋新技術，用非常簡單的說法。」他的團隊嘗試這麼做時，「我們要求他們做前導計畫，（在一小片土地上）先試試看。只要這麼做，就會有些人願意接受。不過現在政府也進來了，他們也要推動農業改革。」

農民會多快接受現代農業技術還很難說，但是郊區的金屬屋頂、摩托車，甚至出現少量的手機，在在預示了漸進的改變。

這個國家也愈發富裕起來。洪森縱有再多不是，他帶給柬埔寨人一件非常重要的事：超過十年的穩定平和，人們好幾個世紀以來首度得以過著可預見未來的生活。穩定不只對柬埔寨人重要，也鼓勵更多遊客前來參觀赤柬過去在金邊的據點，以及吳哥王朝在吳哥窟留下的遺址。旅遊業是柬埔寨經濟的三大支柱之一，而且持續在成長。東南亞的投資基金經理人卡皮透（Leopard Capital）分析，二〇〇八到二〇〇九年的遊客數會增加二六％，而在二〇一〇的前半年會有一百二十萬人造訪柬埔寨，再次獲得驚人成長。

國際投資的腳步依然緩慢，也不太可能有顯著的增長，由於商業人士深知一踏上柬埔寨國土，就會有好多隻手立刻伸進他們的口袋，現在僅有少數西方企業夠膽嘗試。不過柬埔寨與鄰國間的商業發展迅速，在二〇一〇年第一季，柬埔寨與越南間的貿易量與去年同期相比，成長了一二七％。

然而上述進展，都只能避開柬埔寨最大的問題而行——洪森和他的柬埔寨人民黨。詢問來自各方的柬埔寨人和專家有關未來的事，他們都同意**直到洪森下台前，這個國家不會發生徹底的改變**。洪森出生於一九五二年，所以他可能會一路執政到二〇二〇或二〇三〇年代。「到二〇一三年我就六十一歲了，而且還很勇健。」洪森在一所大學的畢業典禮上發表演說，「即使只算到現在，我也已經是亞洲執政時間最長的總理，創下歷史紀錄。」二〇一〇年洪森染上H1N1流感，不過在那之後仍然看似身強體壯，也未流露半點要讓出執政權的意思。

詹森在一九七〇年代擔任美國大使館的政務官，他娶柬埔寨女子為妻，一直跟這個國家保持密切互動。他時常造訪柬國，追蹤每條新聞。他表示，「只要洪森還掌權，意味著很可能未來二十年都是如此，就很難看到基礎的改變上軌道。」詹森和其他人也指出，柬埔寨的都市裡有愈來愈多大學畢業生，每年有四萬人進入大學就讀，另外還有許多人出國念書。在這些學生裡，許多人對政府感到十分懷疑，等到時機成熟，他們似乎已經準備好要推動變革。

年輕人等待改變時機

歷史學者錢德勒數十年來關注柬埔寨並撰寫相關書籍。「我上個月造訪柬埔寨幾所大學，跟一大群學生面對面。」錢德勒在二〇一〇年夏天告訴我。「一長串提問的人」排著隊，「有些人甚至在後續寄來電子郵件，他們問了許多尖銳深入的問題。」那是前所未見的事。錢德勒說，以往學生很被動，不具批判性格。

「我正式會見過一位聯合國教科文組織的法籍官員，他告訴我，進入聯合國體系服務的當地人員，素質一年高過一年。」錢德勒接著說。聯合國和非政府組織工作人員告訴我同樣一件事。由於以上種種，錢德勒認為**至少那些受過教育、住在都市的柬埔寨人**，**「不會只是坐著等事情發生」**，不再是如此了。「這不代表他們對政治事務魯莽行事，而是比過去的柬埔寨人更加願意質疑，表達反應。」

成千受過教育的柬埔寨年輕人不再默默接受現狀，與過去好幾代的學生不一樣。可是他們能做什麼？以現在來說，能做的不多。要是大發議論或號召組織，可能會賠上性命。沒人想看到兩名戴頭盔、騎無照機車的男子從後方逼近。

除了等待之外，他們的選擇有限。等著洪森下台，或是某個不可預見的外部事件擾動現況。而當那天到來，相較於其他國家面臨類似處境者，這群柬埔寨人擁有獨特優勢。**無論聯合國的占領犯了多少錯，它確實留給柬埔寨人一份延續至今的禮物——真正民主的政治體系。**柬埔寨人習慣投票，政府適當畫分為執行、立法和司法三支，有權相互查核。目前的政權扭曲體制，變成一黨獨大、官官相護的鬧劇。不過要是交到對的人手上，所有的不公可望受到導正。

還沒看到「足以凝聚扭轉局勢能量的一系列事件、行動與社會氛圍」，柬埔寨人葛平梅（Gaffar Peang-Meth）表示。他的博士學位是出國念的，畢業於美國密西根大學，在國內任何時期都十分少見。葛平梅剛從美國關島大學的政治學教職退休。他說不只是學生和剛畢業的人感到不滿，「我也認識有些當今政權的人（在軍隊和政府都有）不太高興。」

或許，只是或許，葛平梅提議，「**如果在正確的時機，抓到正確的點，就能改變原來看似無可動搖的局面**。你可以說我愛作夢，不過想法萌生夢想，而夢想會釀成行動。」

上述加總起來，不比希望散發出的溫暖氣息實在多少。不過對柬埔寨人來說，那已經是很久很久以來最能作夢的時刻。

謝辭

我要感謝許多人。《外交》雜誌的編輯霍吉（James Hoge），由於他的信任，我在二〇〇九年春天替他們寫了第一篇關於柬埔寨的文章。在蒐集資料做功課的時候，我看到撰寫這本書的可能性。普立茲危機報導中心慷慨贊助旅行經費，調查報導基金會也是。寫完那篇雜誌文章後，我第一本書的編輯奧斯諾斯（Peter Osnos）相信我可以寫出這樣一本書，而本書的編輯瓊斯（Lindsay Jones）非常出色。謝謝你們。

在柬埔寨，《柬埔寨日報》的傑出記者潘阿娜（Phann Ana）花了兩個夏天擔任我的研究助手和翻譯。我也和范良（Van Roeun）與馮寶霞（Phorn Bopha）短時間共事，他們都很能幹。美國的政務官詹森時時追蹤柬埔寨近況，他讓我隨時得知最新進展。還有漢尼塞（Luke Henesy），他在史丹佛大學擔任我的研究助理，不怨勞苦。

最想感謝的是我的家人。研究和書寫這本書的同時，我還執筆每週一次的專欄並且兼顧史丹佛大學的教職，這需要投入驚人的時間。我的妻子莎布拉（Sabra），以及本書英文版題獻的對象，我的女兒維若妮卡（Veronica）和夏洛特（Charlotte），她們願意忍受我，甚至鼓勵我，一直如此。

關於消息來源

過去兩年，我訪談超過兩百位柬埔寨人以及熟悉柬埔寨的外國人。我讀了十二本書，以及另外幾本的部分篇章，更別提數量龐大的政府和私人機構文件與報告。《柬埔寨日報》和《金邊郵報》是重要且可靠的消息來源。我的個人資料庫裡存有七千三百八十七篇數位檔案。

當然，比上述更重要的是，我曾在二〇〇八和二〇〇九年走訪柬埔寨好幾個月。回首投身新聞業的三十多年經歷，柬埔寨的日子是我擁有過最動人、甚至可說是驚心動魄的回憶。

書中引用某個評論、聲明和消息來源時，我大多直接註明，如同報紙和雜誌文章的作法。所以在訴說故事時，通常把詳細的出處和日期都列入。引用的書目表列在「參考書目」❶。若有引述某人的發言卻未註明出處，那代表是我直接訪談得來的。有些情況是官員的公開發言，雖然找不到出處，但是他的話已經受到廣泛報導，不會是造假。

❶編按：中文版為方便讀者查閱，直接將註釋及參考書目羅列於當頁。

附錄　柬埔寨大事年表

扶南　約一世紀—五五〇

真臘　五五〇—八〇〇

高棉帝國　八〇二—一四三二

法國殖民時期　一八六四—一九五三

日本占領時期　一九四〇—一九四五

法國重新占領

約六八年：扶南立國。奉印度教為國教，受印度文化影響甚深。

六三〇年：北方崛起的屬國真臘兼併扶南，建立真臘王國。

七一三年：真臘王國分裂為陸真臘和水真臘。

八〇二年：闍耶跋摩二世統一高棉帝國，建立柬埔寨史上最強盛的吳哥王朝。

一二九六—一三〇八年：因陀羅跋摩三世統治範圍擴及今泰國、寮國、越南、馬來西亞。

一四三二年：暹羅（泰國）入侵，吳哥被攻破，遷都金邊。

一八三四—一九〇四年：諾羅敦一世在位。

一八六三年：諾羅敦國王與法國簽訂條約，以伐木和採礦權交換對鄰國侵略的保護。

一八八七年：法國將柬埔寨納入法屬「印度支那聯邦」。

一九〇四年：西索瓦國王即位，與法國聯手，把暹羅人從柬埔寨西邊的領土上趕走。

一九四〇年：二戰期間被日本占領。

一九四一年：西哈努克親王繼承王位，以極權手段統治柬埔寨二十九年。

一九四五年：日本投降，法國重新占領柬埔寨。

一九四六年：西哈努克舉辦議會成員的選舉，是柬埔寨頭一次民主大選。發現結果對自己不利，便與結盟者發起政變，拒絕接受人民的選擇。

一九四七年：西哈努克國王頒布實施君主立憲制的憲法。

柬埔寨王國
一九五三—一九七〇
（西哈努克統治時期）

一九五三年：柬埔寨王國宣布脫離法國獨立。

一九五四年：日內瓦國際會議各方代表簽署印度支那三國停戰協定，法國被迫撤軍。

一九五五年：西哈努克國王退位，成立政黨，此後十五年以國家元首身分統治柬埔寨。

一九六五年：西哈努克切斷與美國的外交關係，轉而與中國結為友邦。

一九六七年：柬埔寨共產黨展開全國軍事起義。

高棉共和國
一九七〇—一九七五
（龍諾政府時期）

一九七〇年：西哈努克赴巴黎度假，總理龍諾在美國策動下發動政變，成立高棉共和國。西哈努克親王成立柬埔寨民族統一陣線、柬埔寨王國民族團結政府。

民主柬埔寨
一九七五—一九七八
（赤柬統治時期）

一九七五年：赤柬軍隊攻入金邊，占領全國，赤柬和西哈努克聯手推翻龍諾政權。

一九七六年：頒布新憲法，改國名為民主柬埔寨。施行恐怖統治，屠殺人民。

一九七八年：越南入侵柬埔寨，趕走赤柬政權，並任命韓桑林為總理。

柬埔寨人民共和國
一九七九—一九九一
（韓桑林政府時期）

一九七九年：越南占領金邊，成立柬埔寨人民共和國。

一九八一年：洪森出任柬埔寨人民共和國政府副總理兼外交部長，掌握國家實權。

一九八二年：西哈努克就任赤柬主席，與喬森潘、宋雙組成民主柬埔寨聯合政府。

一九八五年：越南削弱韓桑林的權力，改讓洪森掌權擔任總理。

一九九〇年：柬埔寨四方代表在雅加達會晤，組成全國最高委員會。

一九九一年：簽署「巴黎和平協定」，延續十三年的柬埔寨戰火終於熄滅。

聯合國監督時期
一九九二—一九九三

一九九二年：三月十五日，聯合國柬埔寨過渡時期權利機構成立，接管並在柬埔寨維持和平行動兩年。

一九九三年：五月二十三日，聯合國柬埔寨機構主持柬埔寨統一後的第一次全國大選，奉辛比克黨獲勝。

洪森與拉那烈聯合執政時期

一九九三年：九月二十四日，西哈努克親王簽署實行君主立憲制和自由民主多黨制的憲法，再次登基為國王。同日，以拉那烈為第一總理、洪森為第二總理的王國政府宣誓就職。

一九九五年：森朗西成立高棉民主黨。

一九九七年：七月五日，人民黨和奉辛比克黨在金邊發生大規模軍事衝突，拉那烈流亡國外，次年獲准回國。

一九九八年：七月二十六日，舉行第二次全國大選，人民黨獲勝。再次與奉辛比克黨組成聯合政府，洪森擔任總理，拉那烈任國會主席，謝辛任參議會議長。

一九九九年：三月六日，赤柬最後一名游擊軍領袖被捕，赤柬至此完全崩解。

二〇〇二年：舉行市鎮政府選舉，人民黨控制絕大部分基層政權。

二〇〇三年：七月二十七日，舉行第三次全國大選，人民黨獲勝。奉辛比克黨和森朗西黨不承認大選結果，成立民主者聯盟。十月四日，西哈努克國王主持新屆國會議員就職宣誓儀式。但因各黨分歧依舊，國會未能正常工作，新政府尚未成立，由上屆洪森為總理的人民黨、奉辛比克黨聯合政府繼續執政。

二〇〇四年：三月十五日，拉那烈、洪森就新政府組成等關鍵問題達成共識。六月三十日簽署兩黨合作協議，同意組成以洪森為總理的聯合政府。

洪森執政時期

二〇〇八年：七月二十七日，舉行第四次全國大選，洪森贏得絕對多數，不須與他黨聯合執政。

二〇〇九年：赤柬集中營指揮官杜赫接受審判。

二〇一〇年：三月十一日，距離洪森首次承諾要實行反貪汙法的十五年後，國會終於通過這項法案。

全球視野65

東埔寨：被詛咒的國度

2014年4月初版　　定價：新臺幣420元
2021年1月初版第十五刷

著　者　Joel Brinkley
攝　影　Jay Mather
譯　者　楊芩雯
叢書主編　鄒恆月
叢書編輯　王盈婷
封面設計　廖韡
內文排版　陳玫稜

出版者　聯經出版事業股份有限公司
地址　新北市汐止區大同路一段369號1樓
叢書主編電話　(02)86925588轉5305
台北聯經書房　台北市新生南路三段94號
電話　(02)23620308
台中分公司　台中市北區崇德路一段198號
暨門市電話　(04)22312023
郵政劃撥帳戶第0100559-3號
郵撥電話　(02)23620308
印刷者　文聯彩色製版印刷有限公司
總經銷　聯合發行股份有限公司
發行所　新北市新店區寶橋路235巷6弄6號2F
電話　(02)29178022

副總編輯　陳逸華
總編輯　涂豐恩
總經理　陳芝宇
社長　羅國俊
發行人　林載爵

行政院新聞局出版事業登記證局版臺業字第0130號

本書如有缺頁，破損，倒裝請寄回台北聯經書房更換。　ISBN 978-957-08-4369-9 (平裝)
聯經網址 http://www.linkingbooks.com.tw
電子信箱 e-mail:linking@udngroup.com

家圖書館出版品預行編目資料

柬埔寨：被詛咒的國度/ Joel Brinkley著．Jay Mather攝影．
楊芩雯譯．初版．新北市．聯經．2014年4月（民103年）．
432面．14.8×21公分（全球視野：65）
譯自：Cambodia's curse: the modern history of a troubled land
ISBN 978-957-08-4369-9（平裝）
[2021年1月初版第十五刷]

1.柬埔寨史

738.41 103004018